中国近现代财政学名作新编丛书

刘守刚 刘志广 主编

瓦格纳
财政学提要

童蒙正—— 编著

刘志广—— 整理

上海远东出版社

图书在版编目（CIP）数据

瓦格纳财政学提要 / 童蒙正编著；刘志广整理 . —上海：上海远东出版社，2024

（中国近现代财政学名作新编丛书）

ISBN 978-7-5476-2009-0

Ⅰ.①瓦… Ⅱ.①童… ②刘… Ⅲ.①财政学 Ⅳ.①F810

中国国家版本馆 CIP 数据核字（2024）第 081533 号

责任编辑 王智丽
封面设计 徐羽情

瓦格纳财政学提要

童蒙正 编著 刘志广 整理

出 版 **上海远东出版社**

（201101 上海市闵行区号景路 159 弄 C 座）

发 行 上海人民出版社发行中心
印 刷 上海中华印刷有限公司
开 本 635×965 1/16
印 张 17.5
插 页 1
字 数 235,000
版 次 2024 年 6 月第 1 版
印 次 2024 年 6 月第 1 次印刷
ISBN 978-7-5476-2009-0 / F・733
定 价 68.00 元

目　　录

上篇　企业国家经营论

附　录

新编附录

主编的话

为什么要新编这套近现代财政学名作丛书？那个年代的财政学者的思考与努力，为什么在今天仍然值得我们重视？应该以什么样的原则来新编这套丛书？这是我们在新编这套丛书之前需要回答的问题，也希望借此使读者更好地理解我们新编这套丛书的初衷。

一

"财政是国家治理的基础和重要支柱"，财政学要完成这一使命，就要基于国家治理视角推进基础理论的创新。但基础理论创新从来不是"无中生有"或"前无古人"的事业，它必然有自己的发展历史与成长脉络。

对中国来说，推进国家治理体系和治理能力现代化所需要的财政学基础理论创新，主要针对的就是"二战"以后所形成的主流财政学的缺陷。这种财政学的核心概念和知识体系主要建立在新古典经济学这种选择范式经济学的基础之上，它以孤立个人主义作为方法论，以均衡分析和最优化分析为手段，将财政问题变成了一种工程技术问题，完全忽略了制度与历史等问题。可问题是，政府的财政行动兼具政治、经济、社会、法律与行政管理等多重属性，是在特定国际国内环境下人与人之间互动的产物，其中还始终伴随着各种价值判断和评估，这远非价值中立下的均衡分析和最优化分析所能适用的。此外，古今中外的历史都显示出，财政对国家和社会的演化产生了重要的决定作用，一国的财政史往往是其国家历史最为重要的组成部分，因此，财政社会学/财政政治学的研究都主张通过财政来探究国家的性质、前途和命运①。

在推进财政学基础理论创新时，我们要认识到，在财政学的研究传统或财政学思想史中，除今天主流财政学这种选择范式外，还存在基于欧陆传统的交换范式②，它将财政学看作是一个跨学科的研究领域，甚至是一个独立的学科。虽然当前我国财政学界对这一传统并不熟悉，但这一传统却是财政学最早传入中国时的主要传统，是从晚清至新中国成立前一直流行的传统。因此，从某种意义上说，我们今天推进国家治理视角下的财政学基础理论创新，就是要延续或回归这个在中国曾经存在并中断多年的传统，这也使中国学者的努力可以成为国际学术界自 20 世纪末以来重建财政学理论体系努力的一部分③。由于中国具有利用财政工具进行国家治理的悠久实践和思想传统，并且当前推进国家治理体系和治理能力现代化的努力所提供的鲜明的问题意识，将使中国学者有可能为财政学基础理论创新作出独特而重要的贡献。

二

虽然中国有丰富且源远流长的古典财政思想，但对近代中国来

①　财政社会学/财政政治学的上述主张可参见葛德雪：《财政问题的社会学研究路径》，载《财政理论史上的经典文献》，刘守刚译，上海财经大学出版社 2015 年版；熊彼特：《税收国家的危机》，刘志广、刘守刚译，载《税收哲人》附录，上海财经大学出版社 2018 年版。

②　关于财政学不同研究范式的辨析可参见马珺：《财政学研究的不同范式及其方法论基础》，载《财贸经济》2015 年第 7 期。

③　其中典型的代表就是美国财政学者理查德·瓦格纳，他根据财政社会学和意大利财政学传统而创新财政基础理论，代表作为《财政社会学与财政理论》（中文版即将由上海财经大学出版社出版）。

说，财政学的发展却主要是"西学东移"①的结果。自鸦片战争后，中国的古典财政思想从总体上并不适应现代要求，需要加以改造或发展。魏源（1794—1857）的财政思想，被称为"标志着我国传统的财政思想之历史变革的转折点"②。后来冯桂芬（1809—1874）等晚清学者继续呼吁"采西学"，但现代财政知识的传播在此时仍步履艰难。有些学者，因去国外考察后而由传统教条的卫道士变成现代财政知识的积极传播者，如王韬（1828—1897）；而有些人即使出使国外多次，也仍坚决反对西法，如刘锡鸿（？—1891）。就总体而言，到19世纪末期，中国引入和运用的是西方财政学知识，除马建忠（1845—1900）和严复（1854—1921）等少数人外，很少有人深入到财政理论的层面。对近现代财政理论的了解和理解的不足，也成为洋务运动派和维新运动派的重要局限。

在西方工业文明的冲击下，"近代中国人向西方学习的内容经历了一个由器物层次、制度层次到观念层次不断提升的曲折的历史过程"③。对财政理论的传播与研究正是这一过程的产物，近代留学生为此作出了卓越的贡献。其中，留日学生胡子清（1868—1946）于1905年在东京出版的《财政学》一书，被认为是中国学者出版的最早财政学著作④。不少留学生在留学期间系统学习了财政学，还有一些留学生的博士论文就是直接研究财政学或财政问题的，很多在国

---

① 与之对应的另一个概念是"西学东渐"，主要是指明末清初并且延续到清朝中叶，伴随着耶稣会士来华传教而展开的西方科技传入中国的历史事件，后来逐渐蜕变为"西学东源"，这使中国失去了通过吸纳西方近代科技来实现科技转型的机遇；而"西学东移"，主要是指晚清到民国随着中国睁眼看世界所带来的科技和近现代社会科学的引入。具体参见刘大椿等：《西学东渐》，中国人民大学出版社2018年版。

② 参见胡寄窗和谈敏：《中国财政思想史》，中国财经出版传媒集团、中国财政经济出版社2016年版，第573页。

③ 邹进文：《近代中国经济学的发展：以留学生博士论文为中心的考察》，中国人民大学出版社2016年版，第32页。

④ 参见许康和高开颜：《百年前中国最早的〈财政学〉及其引进者——湖南法政学堂主持人胡子清》，载《财政理论与实践》2005年第6期。

外出版，取得了较高的国际学术地位①，一些留学生甚至直接师从当时国际著名的财政学家②。这些留学生回国后成为传播和研究财政理论的主体力量，虽然他们有的进入学界，有的进入政界，有的则辗转于学界和政界之间，但他们在繁忙的教学或政务之余，仍积极从事国外财政学著作的翻译，或者撰写了大量财政学教材与专著。从数据上看，自晚清以来，财政学方面的专著和译著占据了经济类出版物的主体地位，根据《民国时期总书目（1911—1949）：经济》，财政类出版物有 2 181 种，其中，财政类著作出版物为 1 090 种③。胡寄窗对 1901 年至 1949 年间自撰和翻译的经济著作刊行总数进行的多角度统计分析表明，按照学科分类，财政学排在第一位，位于经济学原理和货币学之前④。

近代留学生对财政学的学习、研究以及国内财政类著作的出版繁荣，直接反映了财政在从传统国家治理迈向现代国家治理的过程中所具有的重要作用，很多当时的财政学著作直接回应了现代国家建设面临的重大问题，其中很多是基础性问题，具有超越时代的价值，他们对当时财政制度利弊的研究及对财政改革的思考，仍然值

①　在《近代中国经济学的发展：以留学生博士论文为中心的考察》一书的第四章，邹进文专门考察了近代留学生与财政学研究，其列出的留学生及其博士论文有：马寅初的《纽约市的财政》、朱进的《中国关税问题》、李权时的《中国中央和地方财政：中央、省、地方政府财政关系研究》、陈岱孙的《马萨诸塞州地方政府开支和人口密度的关系》、寿景伟的《中国的民主政治和财政：财政制度与思想发展研究》、尹文敬的《中国税制》、朱炳南的《经济剩余与税收》、陈友松的《中国教育财政之改进——关于其重建主要问题的事实分析》、田炯锦的《英美地方财政的国家监督研究》、刘炳业的《德国、意大利、奥地利、捷克斯洛伐克和波兰的资本税（1919—1923）》和周舜莘的《资本税》；其中，马寅初的《纽约市的财政》在 1915 年的《美国政治与社会学学会年刊》中得到美国宾夕法尼亚大学帕特森的积极评论，朱进的《中国关税问题》被列为纽约哥伦比亚大学丛书，寿景伟的《中国的民主政治和财政：财政制度与思想发展研究》的英文版在 1970 年获得再版，等等，具体参见邹进文：《近代中国经济学的发展：以留学生博士论文为中心的考察》，中国人民大学出版社 2016 年版。

②　如马寅初、朱进和寿景伟都师从著名财政学家塞利格曼教授。

③　参见北京图书馆：《民国时期总书目（1911—1949）：经济》，书目文献出版社 1993 年版。

④　参见胡寄窗：《中国近代经济思想史大纲》，中国社会科学出版社 1984 年版。

得今天的我们思考和借鉴。特别值得提及的是，那个古今中西交汇的年代也是财政学在我国的早期发展阶段，那批学者往往既有深厚的中国古典传统基础，又大胆吸收了来自西方特别是欧陆财政学的理论，从这些财政学著（译）作中，我们不仅可以看到学界先辈们接受、消化国外财政学思想的努力，还可以看到他们融通古今中外财政思想以构建中国特色财政学的努力。

三

虽然通过其他人的系统研究①，我们可以了解这一时期财政学著（译）作的一些基本情况，但每个人在做研究时，对思想与材料的取舍会有不同，原版原论始终是学术研究不可或缺的文献。这些年来国内也陆续再版了那个时期的部分财政学著作，但要么是单本（套）②，覆盖面非常有限；要么被纳入其他丛书当中③，学科特色难以凸显。同时，由于原本繁体竖排不大符合现代读者的阅读习惯，且很多著作出版时间已久、印数又非常有限，绝大部分图书馆所藏书目非常有限，且被纳入古籍或近代文献范围，借阅也存在诸多不

---

① 如邹进文：《民国财政思想史研究》，武汉大学出版社 2008 年版；邹进文：《近代中国经济学的发展：以留学生博士论文为中心的考察》，中国人民大学出版社 2016 年版；胡寄窗和谈敏：《中国财政思想史》，中国财经出版传媒集团、中国财政经济出版社 2016 年版；等等。另外，中国期刊网上还可以下载关于相关著作与学者思想的专业研究论文。

② 如三联书店 2014 年再版的孙怀仁的《中国财政之病态及其批判》；中央财经大学整理、中央编译出版社 2015 年出版的《崔敬伯财政文丛》（三卷）；上海社会科学院出版社 2016 年再版的达尔顿《财政学原理》的中译本；河南人民出版社 2018 年再版的霍衣仙的《中国经济制度变迁史》（主要涉及历代田赋、税制和币制）；等等。

③ 主要是指商务印书馆近年来出版的《中华现代学术名著丛书》，目前已经出版了财政学著作 7 本，分别为马寅初的《财政学与财政——理论与现实》（2005）、罗玉东的《中国厘金史》（2010）、何廉和李锐的《财政学》（2011）、万国鼎的《中国田制史》（2011）、陈启修的《财政学总论》（2015）、陈友松的《中国教育财政之改进》（2017）和陈兆鲲的 The System of Taxation in China in the Tsing Dynasty, 1644—1911 （《清代中国的税收制度》，2017）。

便。因此，综合各方面的情况，我们认为仍有必要挑选这一时期的部分优秀著（译）作，以丛书的形式集中进行出版。

在选择书目时，我们主要考虑下面几个因素：一是对于近年来已经新编出版的著（译）作，本丛书不再将其纳入出版计划，这样本丛书与已再版的书目可以形成互补关系；二是主题涉及尽可能广泛，以反映该时期财政学研究的整体面貌，涉及对财政学基础理论的探讨、对当时国家面临的主要财政问题及通过财政改革推进国家治理体系建设的探讨，以及对国内外财政史的理论性探讨；三是著作出版期限为1900—1949年，特别是辛亥革命前后、北伐战争前后及抗日战争前后这几个时间点的著作；四是将译著也纳入新编丛书，该时期译著的原版主要来自日本、德国、英国和美国，它们既反映了当时国际上财政学研究的现状，也构成中国财政学思想变迁的重要组成部分。

在丛书整理出版时，除了将繁体变简体、竖排变横排外，我们尽可能保持书的原貌，以此为基础进行必要的校订，主要涉及专有名词、个别文字和标点符号的调整（详情请参见每本书的整理凡例）。另外，为方便读者更好地理解所选书目的学术贡献及其与同时代同主题著作的内在联系，整理者为每本著（译）作写出了导读，并对文中提及的部分史实与原理加以注释。

相对于这一时期数以千计的财政学出版物来说，本丛书所选择和能选择的书目是极为有限的，还有很多优秀的著（译）作未能被纳入进来。但我们并不将之视为遗憾，因为新编出版本丛书的主要目的就是要让大家关注并重视这一时期的财政学著（译）作，进而推动财政学的基础理论创新。如果能初步实现这一目的，我们也就心满意足了。

感谢上海远东出版社将本丛书列入出版社"十四五"期间重点出版计划，不惜成本支持学术事业。感谢上海财经大学公共经济与管理学院及弘信资本的高建明先生慷慨地为本丛书的出版提供资助。感谢上海远东出版社曹建社长对本丛书的大力支持，他不仅亲自参

与了丛书出版的策划,更是经常亲自过问并安排相关工作的进度与
细节。感谢上海远东出版社诸位编辑悉心细致的工作,他们的精益
求精为丛书增色不少。最后,我们要特别感谢丛书中各本书的整理
者,他们在繁重的教学与科研之余,不计名利地加入到这一工作中
来,用他们的辛勤付出共同支撑了本丛书的出版。

上海财经大学公共经济与管理学院　刘守刚
中共上海市委党校(上海行政学院)经济学教研部　刘志广

整理凡例

为了读者阅读与使用的方便，本书在整理时除了将字体从繁体改为简体、将排版从竖排改为横排外，尽量保持原貌。整理者主要做了以下一些调整，主要的调整参见调整表。

1. 将原著中的"租税"改为"税收"。"租税"是中国过去国家征收的田赋和各种税款的总称，将 tax 译为"租税"是过去的做法，现在通常被译为"税收"；在政府财政收入来源中，"租"与"税"属于不同的来源，反映的社会关系也不同。另外，瓦格纳也是明确将税收与其他收入来源区分开的，并将税收作为近现代的产物，因此，它也与我国古代的"税"有所不同。

2. 对原著中一些西方学者的人名根据后来的习惯进行重译，如将"瓦格涅"重译为"瓦格纳"，但这主要限于大家熟悉的一些译名，对于一些不大熟悉的人译名，则保持原译。

3. 将原著中采用的一些日语词译成今天大家能够理解的词语，如将"手抖料"译成"手续费"。

4. 将因为排版变动原因而变化的表示方位的词加以改变，如将"左"改为"下"，将"右"改为"上"；另外对今天在用法上跟过去不同的词汇、对于原来排版错误的文字等也进行了调整，对一些生僻字词加整理者注。

5. 标题类型和标点符号尽量使用原版，个别地方根据今天的阅读习惯进行了调整。

本书主要调整参考表

调整前	调整后	调整说明
瓦格涅	瓦格纳	西方学者人名重译
布稜他诺	布伦塔诺	西方学者人名重译
西摩勒耳	施穆勒	西方学者人名重译
陆克	洛克	西方学者人名重译
久斯提	贾斯汀	西方学者人名重译
揆内	魁奈	西方学者人名重译
亚当斯密司	亚当·斯密	西方学者人名重译
斯泰因	史泰因	西方学者人名重译
普麟斯密司	约翰·普林斯·史密斯	西方学者人名重译
洛瑟	罗雪尔	西方学者人名重译
谢夫勒	谢夫勒	西方学者人名重译
马克斯	马克思	西方学者人名重译
贾斯汀	尤斯蒂	西方学者人名重译
不利益	不利	日语词，重译
手数料	手续费	日语词，重译
富签	彩票	日语词，重译
地所	地皮	日语词，重译
敏腕	有才干	日语词，重译
全般	全体	日语词，重译
不权冲	冲突	日语词，重译
租税	税收	根据原著含义调整
交通税	运输税	根据原著含义调整
透澈	透彻	用字改变

调整前	调整后	调整说明
集積	集聚	用字改变
倒底	到底	用字改变
豫防	预防	用字改变
豫先	预先	用字改变
豫想	预想	用字改变
帐目	账目	用字改变
发见	发现	用字改变
说罢	说吧	用字改变
演译	演绎	用字改变
实际家	实践家	用字改变
实际上	实践上	用字改变
明瞭	明了	用字改变
屡行	履行	用字改变
犹为	尤为	用字改变
左证	佐证	用字改变
唱道	倡导	用字改变
内国	国内	用法调整
自国	本国	用法调整
个个	个别或各个	用法调整
度数	次数	用法调整
地积	土地面积	便于理解
地代	地租	便于理解
劳银	工资	便于理解

整理者导读

时代精神与瓦格纳的财政学思想

刘志广

前　言

无论是对国内的财政学研究者还是学习者来说，阿道夫·瓦格纳（Adolph Wagner）都是一个非常熟悉的名字，他是一位德国著名的经济学家和财政学家，"瓦格纳定律"（Wagner's law）就是以他的名字来命名的，但除此之外，大家对他的经济学和财政学思想了解并不多。长期以来，国内外学者关于瓦格纳财政思想的研究也主要是围绕对"瓦格纳定律"的实证检验而展开的。但实际上，不仅瓦格纳的财政学思想远非"瓦格纳定律"这样一个实证性命题或假说可以概括，那种将"瓦格纳定律"简单地理解为财政支出占 GDP 的比重上升比与瓦格纳的本意存在较大差异。相较于国内各种论著对瓦格纳财政学思想的简要介绍，1931 年由黎明书局出版、由童蒙正先生编撰的《瓦格纳财政学提要》仍是最为全面最为权威的，它可以与《财政理论史上的经典文献》中瓦格纳的《财政学三论》[①] 一起帮助我们更好地了解和理解瓦格纳的财政

---

① 瓦格纳的四卷本《财政学》并未被全部译成英文，由马斯格雷夫（Musgrave）和皮考克（Peacock）主编并于 1958 年出版的《财政理论史上的经典文献》所收入的瓦格纳的《财政学三论》（Three Extracts on Public Finance）是由南希·库克（Nancy Cooke）从瓦格纳 1883 年德文版《财政学》（第 3 版）中节译出来的，期间相隔超过七十年。又近七十年后，瓦格纳著作的这一英文节译本才因刘守刚和王晓丹翻译出版《财政理论史上的经典文献》而在 2015 年有了中译本。参见瓦格纳：《财政学三论》，载马斯格雷夫和皮考克主编：《财政理论史上的经典文献》，中译本，刘守刚和王晓丹译，上海财经大学出版社 2015 年版，第 17—33 页。

学思想，这也正是它被纳入到《中国近现代财政学名作新编丛书》的主要原因。

为了更好地帮助读者理解瓦格纳的学术思想，也为了使整本书的厚度能达到现在的出版要求——原书稿仅六万字左右，整理者在原书附录的基础上增加了六篇新编附录，包括《对瓦格纳和科恩的财政学著作的比较》（1890）、《瓦格纳论政治经济学的现状》（1886）、《瓦格纳对法和经济学的早期贡献》（1982）、《自然法对瓦格纳公共干预理论的启示》（2010）、《瓦格纳与德国工业化发展》（1969）和《瓦格纳：从国民经济学家到国家社会主义者》（1940）。这些新编附录皆由整理者翻译自国外学术期刊，其出版时间跨度超过 100 年，而这也正表明瓦格纳学术思想的影响力与生命力。需要指出的是，对瓦格纳的学术思想并没有一致的评价，例如，就纳入本书新编附录中的论文而言，丹尼尔·科拉多（Daniele Corado）和斯蒂法诺·索拉里（Stefano Solari）在《自然法对瓦格纳公共干预理论的启示》的一处脚注中就认为埃瓦林·A. 克拉克（Evalyn A. Clark）的《瓦格纳：从国民经济学家到国家社会主义者》充满了理论上的误解和错误。限于自身的知识储备和认识水平，整理者没有对国内外相关文献中关于瓦格纳思想的各种评价分歧进行更多辨析，这些新编附录仅为读者在本书基础上进一步理解瓦格纳的学术思想提供一点参考。期待本书的出版以及整理者在导读中对瓦格纳经济学思想和财政学思想的初步梳理和思考能够引发国内一些学者能够对瓦格纳的学术思想进行深入研究，以澄清加在瓦格纳身上的诸多误解和曲解，同时也正视并理解瓦格纳学术思想中存在的问题。

一、瓦格纳及本书编撰者童蒙正先生简介

瓦格纳于 1835 年出生于巴伐利亚的小镇埃尔兰根，其父是哥廷根著名的生物学教授。他 18 岁入哥廷根大学，后又入海德堡大学，在 1857 年毕业并获得博士学位，曾先后在奥地利维也纳高等商业学

校、德国洪堡大学、俄罗斯多尔帕特大学和德国弗莱堡大学等任教，并在 1870 年成为柏林大学教授。瓦格纳积极参与政事，他不仅凭其学术地位成为当时德国"铁血宰相"俾斯麦的顾问，还长期担任普鲁士众议院议员。瓦格纳年轻时受到了曼彻斯特学派理论的深刻影响，甚至其博士论文也具有浓厚的曼彻斯特学派风格，这与他后来作为国家干预论的主要支持者的形象相距甚远。但这并不是瓦格纳形象转变的全部，他之后又从工业化的审慎支持者或讲坛社会主义者经对工业资本主义的批判而成为国家社会主义者①，再后来，他又从一名保守的国家社会主义者转向一位反对工业化的重农主义者或农业浪漫主义者②。瓦格纳思想的多次转向为我们学习和评价其学术思想带来了很大的困难。

　　好在瓦格纳的经济学思想和财政学思想主要形成于其成为国家社会主义者之前，这也使我们在理解其学术思想时主要关注他从曼彻斯特主义向国家干预主义转变的历程就可以了。瓦格纳四卷本《财政学》不仅奠定了他作为德国财政学权威的地位，更是在财政学思想史上使其成为曾与亚当·斯密的自由主义财政学相抗衡的社会政策学派财政学的主要代表人物。对此，熊彼特在其《经济分析史》中曾有明确的论述，即"《国富论》共分五编。最长的第五编占全书篇幅的百分之二十八点六，是一篇自成体系的关于财政学的论文，后来成了 19 世纪所有财政学论著的基础，直到财政学上的'社会'观点出现为止。所谓社会观点就是把税收看作是改革的工具，这种观点主要出现于德国"③。这里的"社会观点"主要与社会政策协会有关，该协会在 1872 年由瓦格纳参与创立。因此，我们可以说童蒙正先生当年在编写《瓦格纳财政学提要》时加了两篇关于社会政策

---

　　①　这也导致他在其诞辰 100 周年时被追认为是纳粹主义之父一一，参见本书新编附录六：《瓦格纳——从国民经济学家到国家社会主义者》。

　　②　参见本书新编附录五：《瓦格纳与德国工业化发展》。

　　③　［美］熊彼特：《经济分析史》（第一卷），中译本，朱泱等译，商务印书馆 1991 年版，第 283 页。

的附录，即《社会政策与社会政策协会》和《瓦格纳的社会政策主张》，那是符合对瓦格纳财政学思想的通常判断的。

《瓦格纳财政学提要》的编者是童蒙正先生①，他 1903 年生于浙江省衢州市龙游县，1923 年毕业于北京中国大学②商科，曾任职于北京《京报》经济版，并兼中国大学出版部主任，后任职于北京银行公会创办的《银行月刊》。童蒙正先生 1926 年冬留学日本明治大学，专攻财政金融学科；1929 年 4 月学成回国，任职于国民政府统计处《统计月报》。1930 年，童蒙正先生任国民政府主计处岁计局地方预算审核，同年任国防设计委员会专员，主持地方财政调查研究工作，主编有江、浙、赣、皖、鄂、湘、鲁、豫、陕、晋、冀、察哈尔、绥远、南京、北平、汉口等省市地方财政实地调查报告。抗日战争爆发后，任国民政府财政部钱币司技正帮办，不久调任外汇管理委员会处长，主持进出口外汇审核；1942 年起，任交通银行总管理处储蓄部副经理、经理；1947 年，任浙江省银行常务董事兼总经理，次年初辞职。在中华人民共和国成立前，童蒙正先生曾兼任南京中央政治学校、中央大学和文化学院等院校教授。1950 年，童蒙正先生应邀至上海商业专科学校执教，加入中国民主建国会；后进上海健轮织布厂工作；1958 年被错划右派；1982 年 10 月任上海市文史馆馆员；1985 年被平反纠错，恢复公职；1989 年去世。

在中华人民共和国成立前，童蒙正先生在工作之暇潜心著述，著作有《中国陆路关税史》《中国之汇兑》《关税论》《关税概论》《财政学》《中国营业税之研究》《瓦格纳财政学提要》《中国战时外

---

① 关于童蒙正先生的介绍主要整理自百度百科，参见：https://baike.baidu.com/item/%E7%AB%A5%E8%92%99%E6%AD%A3/10080425? fr = aladdin。

② 中国大学初名国民大学，1917 年改名为中国大学，是孙中山等人为培养民主革命人才而创办的。该校于 1913 年 4 月 13 日正式开学，1949 年 3 月，中国大学因生员缺乏及经费匮乏停办，部分院系教授及学生合并到华北大学和北京师范大学；1949 年春，中国大学理学院并入山西大学。所遗校舍成为今天教育部的办公场所。具体参见百度百科：https://baike.baidu.com/item/%E4%B8%AD%E5%9B%BD%E5%A4%A7%E5%AD%A6/5004972? fr = aladdin。

汇管理》等。其中，《瓦格纳财政学提要》是他在留学日本期间编撰的，其材料主要来自日本学者泷本美夫著的《瓦格纳的财政学》与松下芳男氏著的《瓦格纳的社会政策论》，内容主要包括"企业国家经营论"和"税收政策论"两部分。虽然全书不长，但却是对瓦格纳财政学思想提纲挈领的很好归纳。

二、瓦格纳的重要思想转向

在《经济分析史》中，熊彼特曾主张："经济学家本人是他自己时代和所有以前时代的产物，经济分析及其成果必然会受到历史相对性的影响，问题只在于影响程度的大小而已……在介绍经济分析之前，首先都要对'时代精神'特别是每个时期的政治背景加以简述……"[①] 对于瓦格纳所生活的那个时期的"时代精神"和政治背景，熊彼特也有过很为精辟的分析和结论，那就是，对于欧洲许多国家来说，"都放弃了经济自由主义和政治自由主义，虽然通常还保留着这个标签。尽管他们在利害关系上和文化偏见上无疑有所不同，他们有一点却是相同的：他们都赋予'国家'和'民族'即'民族国家'以中心地位或支配地位。因此，这种趋势通常被称为'民族主义的'，'新重商主义的'，或'帝国主义的'。"[②] 正因为如此，熊彼特不仅特别提醒"重要的是要注意社会政策同帝国主义、民族主义或新重商主义的关系"，还特别指出，"这种关系不是普遍存在的……在德国，这种关系则表现得明显得多。如果不考虑到那些认为民族自决和社会政策只不过是同一事物的两个方面的人，我们就不能理解这个时代"。另外，对于熊彼特这位财政社会学的重要创始人来说，财政政策就是一个观察时代之变的重要窗口，"既然没有什么东

---

① ［美］熊彼特：《经济分析史》（第一卷），中译本，朱泱等译，商务印书馆 1991 年版，第 30 页。

② ［美］熊彼特：《经济分析史》（第三卷），中译本，朱泱等译，商务印书馆 1994 年版，第 19 页。

西能像政府所采取的财政政策那么清楚地表明一个社会和一种文明的性质，因而可以预期，潮流和反潮流在这个领域内表现得特别明显"。① 考虑到瓦格纳是那样一位积极参与政事的德国学者，将熊彼特关于经济分析的主张以及他对 1870—1914 年（及以后）时代精神与政治背景的分析和结论作为理解瓦格纳财政思想的认识基础是最为恰当的了。瓦格纳的财政思想既是德国在快速实现工业化过程中其所面临的国际国内形势变化的写照，也对德国在 1870 年后的发展甚至在德国之外都产生了重要影响，并延续至今。

　　瓦格纳是在哥廷根这样一个相对固定的前工业化环境中长大成人的，他所经历的德国是由田园诗般的大学城和乡村风景组成的，这使年轻的瓦格纳对曼彻斯特主义的自由放任政策可能对他成长的传统社会所产生的影响一无所知，所以像很多与他具有相似经历的学者一样，他很自然地成了一名曼彻斯特主义者，积极反对国家干预。对其思想转变的原因和时间节点有不同的说法，如肯尼斯·巴尔金（Kenneth Barkin）在《瓦格纳与德国工业化发展》一文中认为，当瓦格纳在 1870 年来到柏林后，其所见已经大大超出了他曾经成长的环境，此时的柏林已经从德国北部的一个地方城市转变成了一个强大的工业帝国的首都，他既没有料到犹太人在柏林经济生活中的主导地位——这与他在 1860 年代所信奉的民族主义存在很大落差，也没有料到股票交易和房地产投机商交易中不受约束的利润动机，而他所观察到的工人阶级的肮脏生活更是触动了他，这些使他在来到柏林后不到一年的时间里完成了思想转变。但埃瓦林·A. 克拉克（Evalyn A. Clark）在《瓦格纳：从国民经济学家到国家社会主义者》一文中所认为的时间则要更早一些，刺激其思想转变的事件也有所不同。在克拉克看来，是 1866 年的奥地利战争与他在边境民族主义者中的逗留和普鲁士主义者的影响一起，完成了他的转变，

---

　　①　[美]熊彼特：《经济分析史》（第三卷），中译本，朱泱等译，商务印书馆 1994 年版，第 19 页。

这使他全心全意地接受了俾斯麦巩固德国统一所采取的不自由的和强硬的方法。

不管导致其思想转变的具体经历是什么，他对俾斯麦的态度是最为关键的，巴尔金在《瓦格纳与德国工业化发展》一文中也提到，与尼采（Nietzsch）和朱利叶斯·朗本（Julius Langbeh）等批评家对俾斯麦帝国粗俗的物质主义（materialis）的憎恶不同，瓦格纳从未动摇过对俾斯麦这位"铁血宰相"的崇拜，他所主要质疑的是工业资本主义的社会和政治影响，并相信这可以通过影响政治决策过程来缓和由急速工业化导致的社会对立，这也就解释了他为什么会担任俾斯麦的经济顾问和社会保障改革顾问。事实上，德国也是世界上最先在国家层面建立社会保障体系的国家，作为这一开创性事业的积极参与者，这可以说是瓦格纳为人类文明进步所做出的非常重要的贡献。

总体来说，瓦格纳所注重的是德国国家统一，这在其早期思想中主要表现为政治民族主义和文化民族主义——通过"血与铁"统一德国的"普鲁士使命"，和以德意志民族文化的神圣性维护其民族优越性；而在俾斯麦统一德国后，他开始转向经济民族主义，主要关注民族问题的经济的和"现实的"解决方案，他所主要担心的是工人状况的恶化所激起的社会对抗会破坏国家统一的根基。如果说瓦格纳的政治民族主义和文化民族主义与其同时代的民族主义思想家并无特别的不同之处的话，那他在经济民族主义方面则显然是一位重要的先行者和领导者。巴尔金在《瓦格纳与德国工业化发展》一文中就提到，瓦格纳用类似于马克思的语言批评自由竞争制度将工人视为商品，认为这不仅是非基督教的，而且是人类最糟糕的东西，导致工人成了激进分子和无神论者的牺牲品。因此，瓦格纳提出的警告是，如果曼彻斯特哲学继续不受阻碍地影响下去，德国社会将在富有的财阀和贫穷不满的大众之间呈现日益严重的两极分化。为了使工人成为社会的内在组成部分而不是被排除在外，瓦格纳认为国家必须进行干预，以恢复其既代表弱者也代表强者进行统治的义务。正是在这样的认识基础上，瓦格纳主张以税收作为改革工具，以减少工业资本主义导致的巨大财富不平等，这也是瓦格纳社会政策的核心主张。至于瓦格纳后来怎样转向国家社会主义并最终成为一名重农主义者或农业浪漫主义者——认为只有前工业化社会的基础才能产生必要的社会团结以确保一个统一和强大的国家，我们这里不多涉及。按照巴尔金在《瓦格纳与德国工业化发展》中的说法，这反映了瓦格纳在世纪末对德国工业化日益增长的担忧和失望，最终希望在现有体制和发展路径之外确保德国统一后社会秩序的稳定。另外，巴尔金还特别提到，瓦格纳的这种思想转变发生在俾斯麦被解职之后，也就是说现实的政治也迫使瓦格纳放弃了通过制度化来缓和伴随工业化而来的阶级冲突的希望。

三、瓦格纳的国家干预论及其政治经济学基础

尽管财政学研究在欧洲大陆可以追溯至官房主义传统，但真正使财政学系统化的还是亚当·斯密，这也确立了将财政学作为政治经济学或经济学之一部分的学科传统。连同斯密的自由主义经济学在德国占据主导地位，斯密的财政学思想体系也曾取代官房主义成为德国财政学的主流。瓦格纳能够成为社会政策学派财政学的主要代表，是从其反对斯密的自由主义经济学并建立新的经济学体系开始的，其系统性成果反映在他 1879 年出版的《政治经济学基础》[①] 中。这也给我们揭示了财政学基础理论创新与经济学基础理论创新之间的关系，也就是，要有财政学基础理论创新，必须先有经济学基础理论创新。

在历史上，德国与英国的学术交流非常密切，而且长期以来德国都扮演了对英国进行"输出"的角色，不仅英国常年有大量学生前往德国学习，德国的教授也频繁前往英国"送教"。但伴随英国随

---

①　Wagner，Adolph. 1879. *Grundlegung der politischen Ökonomie*. Leipzig：Winter. 该书在国内也被译为《政治经济学教程》或《政治经济学教科书》。

工业革命的崛起，斯密的自由主义经济学不仅反向输入德国，还取代官房主义在德国学术界占据了主流地位，这种局面在拿破仑战争之后特别是拿破仑大陆封锁政策失败后尤甚，童蒙正先生在附录中所提到的约翰·普林斯·史密斯（John Prince Smith，1809—1874）及其组建的自由贸易党就为这些思想的传播所发挥了重要作用。但英国商品大量涌入对德国手工业及其社会造成的冲击也引发了一些德国经济学家的反思，在十九世纪上半叶最著名的代表就是德国经济学家李斯特（List）和罗雪尔（Roscher）等，针对德国工业化的需要，李斯特在 1841 年出版了《政治经济学的国民体系》，罗雪尔在 1843 年出版了《历史方法的国民经济学讲义大纲》。与斯密、李嘉图等基于比较优势的自由贸易理论或交换价值理论的"世界主义经济学"不同，李斯特建立了基于生产力理论的国民经济学，进而提出了包括保护关税在内的一系列发展生产力的政策建议，其核心要义就是国家对经济进行干预是加速本国生产力发展必不可少的条件。如果说李斯特国民经济学所主张的国家干预论主要是对英美等国工业化经验的理论化①并主要指向关税保护这一实际上曾为英美等国采取的国际贸易政策的话——这一主张实际上深刻影响了之后几乎所有落后国家的工业化赶超政策②，而随着德国工业化快速推进所

---

①　李斯特的经济思想深受美国开国元勋汉米尔顿工业化思想和英美等工业化实践的影响。他在《政治经济学的国民体系》一书的序言中写道，"我认真地、勤勤恳恳地学习了那个现实生活的书本，同我以前研究、经验和思考的结果作了比较"，这里所说的"那个现实生活的书本"就是指美国的工业化，而"以前研究、经验和思考的结果"则与他在序言中提到的"我到奥地利、匈牙利、瑞士、法国和英国去游历"有关。其书共分为四编，第一编为"历史"，第二编为"理论"，第三编为"学派"，第四编为"政策"。在"历史"编中，李斯特通过讲述意大利人、汉撒商人、荷兰人、英国人、西班牙人与葡萄牙人、法国人、德国人、俄国人和美国人的历史得出的一个重要的历史教训是，"在国家利益上的这种冲突还没有停止以前，换个说法，就是一切国家还没有在同一个法律体系下合成一体以前，这个政策[限制政策]是不能舍弃的。"参见［德］李斯特：《政治经济学的国民体系》，中译本，陈万煦译，商务印书馆 1961 年版，第 7—8、116 页。

②　日本在明治维新后推行的工业化深受李斯特思想的影响，主要通过日本，李斯特的思想也早在 20 世纪初就已传入中国并得到系统的介绍。关于李斯特经济学思想在中国的传播与影响，参见梅俊杰：《李斯特在华 120 年：与中国同路的赶超发展先驱》，https://new.qq.com/rain/a/20220616A07UQL00。

导致的日益加剧的社会矛盾，瓦格纳的政治经济学所主张的国家干预就更多指向了国内政策。但无论是李斯特还是瓦格纳，他们都在当时占据国际主流地位的自由放任主义经济学体系之外推进了经济学基础理论创新，但这种创新并非真的是要全面否定斯密的自由主义经济理论，这在实践中就表现为李斯特的关税保护只是其主张走向自由贸易的"必经之路"！

将斯密的经济学理解为自由放任主义经济学——完全反对国家对经济进行干预，这只是后来者对斯密理论的理解或诠释，李斯特和瓦格纳所反对的也正是这种面目的斯密主义经济学。实际上，斯密本人也并非完全的自由放任主义者，这从罗斯巴德这位较为彻底的自由放任主义者对斯密经济理论的不满就可以看出来。在罗斯巴德看来，不仅"在《国富论》中，自由放任变成了仅仅是一种有限制的假定，而不再是一个严格的规则"①，而且斯密对自由放任开出的例外清单也是惊人地长，所倡导的政府干预事项以及所倡导的税收名目都是特别地多，这些都是罗斯巴德所反对的对自由市场的干预。因此，李斯特和瓦格纳的经济学所反对的是自由放任主义而非斯密的经济学，恰恰相反，斯密的经济学可以与李斯特和瓦格纳的经济学进行对话和衔接。基于落后国家工业化赶超的需要，李斯特和瓦格纳的经济学理论都更加突出了国家间利益的差异以及一个国家不同发展阶段对发展道路和发展政策的不同选择，他们的努力建立和巩固了国民经济学（national economics）在经济学理论体系中的地位，也使他们成为国际著名的经济学家。正因为如此，《经济学季刊》（*The Quarterly Journal of Economics*）在 1886 年第 1 期刊发《瓦格纳论政治经济学的现状》时在"编者按"中称瓦格纳是"一位在世的最杰出的经济学家"。

---

① ［美］罗斯巴德：《亚当·斯密以前的经济思想》，中译本，张凤林等译，商务印书馆 2012 年版，第 730 页。

从《瓦格纳论政治经济学的现状》来看①，瓦格纳的国家干预论是基于其对人性或决定人的行动的动机的看法的。瓦格纳将决定人的行动的不同的动机还原为五种，其中一种是非利己主义的，四种是利己主义的，包括（1）自身的产业优势以及对自身匮乏的恐惧；（2）对惩罚的恐惧和对认可的希望，也许是对奖励的希望；（3）荣誉感和对耻辱的恐惧；（4）采取行动和行使权力的冲动，以及对不采取行动的结果的恐惧。这些动机以不同的组合出现从而决定了不同的行动，瓦格纳认为对这些动机的组合及其相对强度施加一些影响是有可能的，而且可能是可取的或必要的，其主要依据是由民族利益所决定并在实在法中得到支持的道德法则。也就是说，瓦格纳主张社会的进步取决于那些符合道德法则（其本身受制于历史的发展）和民族利益的动机是否以适当的组合和适当的强度出现。考虑到当时德国工业化的需要及工业化所引发的社会矛盾，瓦格纳主张必须寻求适当的实际措施让这些不同的动机发挥作用，以为正确的工业习惯和健全的经济立法铺平道路，这些具体措施包括：管理生产，抑制投机，增加工资，确保就业，缩短工作时间，管理童工和女工，引入劳动保险，干预文化领域，税收改革，将垄断企业、银行、通信等国有化，等等。而为了让人理解和支持这些措施，就又必须启发和教育公众舆论，以唤起每个人的良知，从而唤起公共的良知。

瓦格纳的政治经济学与法哲学关系密切，其《政治经济学基础》等著作可以让他被视为法和经济学的先驱，迈克尔·胡特（Michael Hutter）在《对法和经济学的早期贡献：瓦格纳的〈政治经济学基础〉》中对此作了很好的总结。瓦格纳在《政治经济学基础》中对财产权问题高度重视，他接受了财产权不是绝对的或不受限制的观点，在先说明资本中的私人财产是增加国民资本最有效的法律形式之后讨论了限

---

① 由于瓦格纳的《政治经济学基础》尚未被译成中文，笔者也未找到该书的英译本，所以在此也只能先借由《瓦格纳论政治经济学的现状》这篇文章来理解瓦格纳的经济学思想。

制私人资本权利的范围和内容的论据，从而进一步从理论上阐明规定利息、租赁、租金、工厂劳动和社会保障的法律并不与资本中财产的私人组织相冲突。如果说《瓦格纳论政治经济学的现状》可以帮助我们理解为什么要对经济进行干预的话，那胡特的《对法和经济学的早期贡献：瓦格纳的〈政治经济学基础〉》可以帮助我们确信瓦格纳主张的干预并不是要去破坏基本的财产权规则，而丹尼尔·科拉多（Daniele Corado）和斯蒂法诺·索拉里（Stefano Solari）的《自然法对瓦格纳公共干预理论的启示》则有助于我们更好地理解瓦格纳为什么将干预的职能交予国家。在科拉多和索拉里看来，瓦格纳的国家干预论是对亚里士多德思想中仍然具有明智性的遗产的具体表达，它们自官房主义以来就一直影响着德国经济学；而瓦格纳所主要依赖的克劳斯学派不仅提出通过形而上学来确定共同善（common good），还试图将一些积极因素引入有机主义的社会方法中。在瓦格纳看来，正义是效率的共同要素或前提，政治和正义是优先于效率的。因此，瓦格纳的国家是一个"伦理国家"（ethical state），它代表了瓦格纳国家干预论所依据的由民族利益所决定并在实在法中得到支持的道德法则，这样的国家应该确保发挥"文明化"作用或为共同体的文明化努力做出贡献。因此，瓦格纳是借助十九世纪的自然法理论强化了有机共同体（organic community）的概念，从而使国家和累进税在经济中的作用增加合法化的。

相较于李斯特从历史出发再将经验上升为理论的研究路径，瓦格纳基于其对人性的看法并通过演绎建立理论的做法更亲近亚当·斯密的方法，并与休谟的主张相一致，即"一切科学对于人性或多或少有些关系，任何学科不论似乎与人性离得多远，它们总会通过这样那样的途径回到人性……任何重要问题的解决关键，无不包括在关于人的科学中间。"[①] 但也正是因为与斯密对人性的看法不一

---

① ［英］休谟著：《人性论》（上），中译本，关文运译，商务印书馆 1980 年版，第 6—8 页。

样①，瓦格纳提出了与斯密不同的理论主张。如果说国家干预论在斯密理论中只是附带的并且只是附加在其理论之上的话②，那瓦格纳的国家干预论则是其理论的中心并且是其理论的逻辑生成物。这就产生了一个有趣的分野，后人在理解斯密的国家干预思想时往往强调抽象原则，而瓦格纳虽然在理论上得出了国家干预的必要性认识，但却反对根据一个抽象原则来应用其理论，相反，他主张对国家干预的领域及国家干预的程度都要具体情况具体分析。相较于李斯特来说，瓦格纳的经济学思想基本被世人忽略了，但从《瓦格纳论政治经济学的现状》来看，瓦格纳的经济学思想应该比李斯特更成体系、更具理论一般性，因而也更应该成为国民经济学的经典。只可惜在笔者所接触的中文和英文文献来说，对其经济思想的介绍还是太少，也希望未来能有研究从瓦格纳的德文著作和其他德文文献中全面呈现瓦格纳的经济思想。

在此还需要指出的是，通常很多人将瓦格纳看作是新历史学派的主要代表人物，很多中文网站③以及一些专著④中都是这样介绍的，但这种认识可能是不恰当的。虽然瓦格纳确实是与一些新历史学派的成员共同参与组建了社会政策协会，但他只过了几年便愤怒退出并加入了中央社会改革协会（Zentralverein für Sozialreform）这个小而保守的组织，并在该协会与基督教社会主义运动合并后成立的新教社会党中长期担任领导者，并一直主导着该党的社会和经济的纲领（platforms）⑤。巴

---

①　关于斯密对人性的看法，可以参考：［美］科斯：《亚当·斯密论人性》，载［美］科斯：《论经济学和经济学家》，中译本，罗君丽和茹玉骢译，格致出版社2014年版。

②　也就是说，斯密的国家干预思想只是其直觉或经验的产物而非其理论的逻辑产物，所以他关于国家干预什么是采用列举法的。

③　如"MBA智库·百科"中对新历史学派的介绍，https://wiki.mbalib.com/wiki/新历史学派；"中文百科专业版"对瓦格纳的介绍，http://zy.zwbk.org/index.php?title＝瓦格纳。

④　如贾康等：《财政学通论》（上），中国出版集团东方出版中心2019年版，第131页。

⑤　基督教社会主义运动是由宫廷牧师阿道夫·斯托克（Adolf Stöcker）领导的，在合并成立的新教政党中，瓦格纳在领导层中一直处于第二的位置，并在1881年成为该党名义上的主席。由于斯托夫更关心促进工人中的宗教复兴，并与犹太人对德国生活日益增长的影响作斗争，所以该党在社会和经济方面的纲领一直是由瓦格纳主导的。这也说明我们并不能简单基于社会政策协会来讨论瓦格纳的学术思想，或者说，我们需要将瓦格纳的社会政策思想与社会政策协会的主张区别开来。这也是为什么在整理本书的出版时，整理者要在童蒙正先生的附录之外再增加新的附录的重要原因。

尔金在《瓦格纳与德国工业化发展》一文中提到了这件事，并将其原因主要归于他与社会政策协会的同事无法达成一致。当然，我们不知道这些与其不一致的同事是否包括那些新历史学派成员，巴尔金所明确点明的是更具天主教思想的领导层。另外，从《瓦格纳论政治经济学的现状》一文中，我们可以看到瓦格纳也是当年方法论大辩论的积极参与者，这与世人似乎只把这场辩论看作是门格尔与施穆勒之争存在差异。而且特别让我们感兴趣的是，在这两个学派之间，瓦格纳持中间立场，并且坦率承认他更倾向于门格尔的观点，而不是施穆勒的观点。在瓦格纳看来，科学家的能力程度与能力种类各不相同，因而在研究时会有不同的倾向、不同偏好、不同方法，每种偏好和方法都有其优点和缺点，演绎法更有助于系统性研究，归纳法则更擅长于专题研究甚至是微观研究。据此，瓦格纳反对将经济学家划分为对立学派，认为那样不仅无助于深化研究，还会导致拉帮结派、排外、蔑视持其他观点的人等问题。因此，瓦格纳的明确主张是，为了使通过演绎得出的结论有效，必须引入归纳法，归纳过程是对演绎的修正和补充。显然，这也是门格尔真正的意思，他一直希望做的就是将理论、历史与经济变革相结合，其对演绎法的极端捍卫更多是辩论的需要而非其实际主张①。正因为如此，瓦格纳声称，他必须和门格尔一起坚持认为，我们科学的真正职责是通过历史和统计与演绎相结合，发现不仅仅是具体的个别事实，而且是典型的和普遍的事实。瓦格纳关于不能根据一个简单规则而应该根据具体情况逐案决定国家是否应该干预的观点也正是他所秉持的方法论的自然结果。如果我们不将瓦格纳归入新历史学派，那能不能归入历史学派或旧历史学派呢？这在经济学思想史的研究中也是常见的，《瓦格纳财政学提要》的编撰者童蒙正先生也是如此看的。

_____

① 　门格尔(Menger)相信自己的《国民经济学原理》为德国历史学派提供了一般性综合理论，并曾将其恭敬地献给当时德国旧历史学派的奠基者和领袖人物罗雪尔(Roscher)，但并未获得罗雪尔和德国历史学派的认同。相反，门格尔被看成是德国历史学派的挑战者。

但从我们前面进行的比较研究来说，我们发现瓦格纳基于人性进行演绎以建立国家干预论的方法也使其与李斯特这位历史学派的先驱和罗雪尔这位旧历史学派的重要创始人相区别，熊彼特在《经济分析史》中也提到，瓦格纳"觉得自己是在反对历史主义这个意义上是'理论家'"①。也许对瓦格纳经济学思想的最恰当的称谓既不是新历史学派，也不是历史学派或旧历史学派，而是一位实现了理论系统化的国民经济学家②，这才与瓦格纳在方法论大辩论中的立场及理论追求相一致。

四、瓦格纳的主要财政学思想

瓦格纳终是以社会政策派财政学家而非国民经济学家被写入经济学思想史的，其理论的重要特征就是利用国家财政政策来矫正德国因快速工业化而产生的社会弊害。对于瓦格纳在财政学思想史上的贡献，日本学者坂入长太郎在《欧美财政思想史》中将其概括为："他把财政学看成国家经济，使官房学与古典学派相结合；他使古典学派将财政学作为经济学的一部分，从政治经济学中独立出来；他把财政学归纳成理论的、系统的科学，形成独立的社会科学——瓦格纳的德国正统派财政学。"③ 虽然这种认识在学术界几成共识，但我们还是必须认识到，瓦格纳的财政思想离不开其经济思想，财政政策正是落实其国家干预主张的具体手段。因此，从瓦格纳身上所体现的经济学思想与财政学思想的密切联系来说，很难说瓦格纳真正将财政学构建成了一个独立于政治经济学的社会科学。我们可能

---

① ［美］熊彼特著：《经济分析史》（第三卷），中译本，朱泱等译，商务印书馆1994 年版，第 151 页。

② 李斯特和罗雪尔也都是国民经济学家，但他们的理论显然不如瓦格纳那样系统和完整。

③ ［日］坂入长太郎：《欧美财政思想史》，中译本，张淳译，中国财政经济出版社1987 年版，第 312 页。

还是应该像看待亚当·斯密一样看待瓦格纳，将财政学思想看作是其作为一个国民经济学家的经济学思想的重要组成部分。

瓦格纳的财政学思想除是对自己经济学思想的落实外，也是对德国在十九世纪以来的财政实践和基于德国国情对财政学基础理论所进行创新的集大成，而且正是这种集大成成就了瓦格纳在财政学思想史中的地位与名声。对于瓦格纳之前德国财政思想的发展及其历史背景，日本学者坂入长太郎在《欧美财政思想史》中有很好的梳理和总结①，其中就包括：劳（Rau）在 1832 年出版的《财政学》，试图通过古典学派和经济理论的分析方法将财政学从官房学中分离出来并建立其理论体系；李斯特在 1841 年出版的《政治经济学的国民体系》，主张经济发展阶段论并建立了国家经费支出的生产性理论；罗雪尔在 1843 年出版的《历史方法的国民经常讲义大纲》，主张社会的整体的国家依靠赋税而存在，从而与私权的国家依靠封建领地相区别；迪策尔在 1855 年出版的《从人民经济关系观察国家公债法》，主张国家财政与国民经济的关系是在相互作用中促使国民经济发展下去，因而将公债作为生产性的投资支出时，其性质是生产性的；史泰因在 1860 年出版的《财政学教科书》，强调从政治、社会、经济生活的联系去理解财政，并基于国家经济循环提出赋税再生产学说；谢夫勒的《赋税政策原理》和《赋税论》，基于社会有机体理论，主张将国民所得在国家需要与私人需要之间均衡分配。正是在这些已有探索的基础上，瓦格纳将德国的官房学派与英国的古典学派相融合，在有机的国家观念下，建立了作为其经济民族主义的国家经济的财政论。

瓦格纳是德国财政学家劳（Rau）的学生，其原来的计划是出版新版的《劳的财政学》（Rau's finance），但他很快发现自己对国家干预的具体看法与劳的观点之间存在较大分歧，这促使他下决心进行

---

① 　具体参见：［日］坂入长太郎：《欧美财政思想史》，中译本，张淳译，中国财政经济出版社 1987 年版，第三篇"社会政策学派财政论——19 世纪后半叶德国古典学派财政理论的建立"之第一章"19 世纪前半叶德国财政论"和第二章"德国财政理论的展开"。

新的创造，所以我们会看到瓦格纳在阐述对相关问题的看法时常常会与劳的观点进行对话，这在童蒙正先生编撰的《瓦格纳财政学提要》中也得到反映。但这种新创造的难度与工作量远远超过了瓦格纳当时的设想，以至于它变成了一个漫长的出版计划。最终，瓦格纳的《财政学》有四卷之多，其厚度或内容之丰富甚至都有令人生畏之嫌，这也使其至今未被完整地译成英文和中文。美国著名财政学家塞利格曼（Edwin R. A. Seligman）在 1890 年的书评中将其与德国同一时期出版的科恩（Cohn）的《财政学》进行了比较。在塞利格曼看来，瓦格纳的计划是如此全面，他的方法是如此令人困惑，并且涉及如此多的重复，特别是，随着研究的推进，瓦格纳不断地进入到一部百科全书式的细节之中。因此，尽管塞利格曼承认瓦格纳是一位敏锐的原创性思想家，但他更倾向于科恩的《财政学》，即使后者在他看来没有包含任何可以被称为对财政科学的标志性贡献的内容，其主要原因就在于其清晰的风格和哲学视野。因此，对瓦格纳财政学思想的把握，其难点可能不在于其思想的艰深，而是要从其细致琐碎的表述中窥见其主张。

童蒙正先生编撰的《瓦格纳财政学提要》保留了瓦格纳的文风，以其上篇"企业国家经营论"为例，我们就可以看到瓦格纳的讨论是极其细致的，并且这还是从其原著中萃取后的结果。实际上，瓦格纳的主张从思想上看还是简单明了的，就如童蒙正先生在其书上篇第八节"企业国家经营论结论"所概括的，瓦格纳所论的要旨是："国有的森林、田野、矿山、银行、铁道，在今日尚可看做国家的经济事业，今后仍可作为国有而保存之为是。唯可为国家直营事业的，仅森林与铁道，其他唯例外的场合为国有且可直营之而已。国有财产并官业，为一时学者大大排斥的。但在瓦格纳氏看来，决不是一概可排斥；唯加以适当的改良，使适应新时代的要求就是。就中森林与铁道，今后尚与手续费税收并为国家的一大财源，尚更加以改良，以防止陷于税收负担的过重之弊才好。"虽然瓦格纳的企业国营政策基本都是以财政为手段来施行的，但我们并不能根据该部分内

容在童蒙正先生编撰的《瓦格纳财政学提要》中的篇幅和处理（将
其与下篇"税收政策论"并列）来判断说企业国营问题在瓦格纳的
财政学思想上占有如此重要的地位，这应该是超出了该内容在瓦格
纳四卷本《财政学》中的地位，起码在塞利格曼的书评中并未特别
提及这方面的内容。但瓦格纳关于企业国营的论述可能很好地体现
了其在官房主义传统与英国古典学派之间进行融合的努力：一方面，
瓦格纳遵循官房主义的传统，将企业国营当作是政府财政收入的重
要来源；另一方面，瓦格纳又受英国古典学派的影响，试图将企业
国营限定在有限的场合而非根据财政需要任意进行扩张，按照亚
当·斯密的说法，"以利润为王国收入的主要部分，只是最初期、最
幼稚政治状态下的事情"①。

　　瓦格纳财政思想中最重要的还是其建立在有机体国家论基础上
的税收政策思想②。按照经济行为的心理动机，瓦格纳将国民经济社
会的经济组织区分为私人的经济组织、慈善的经济组织和共同的经
济组织，它们互相补充，构成国民经济有机整体。以权力体为中心
的共同经济就是财政，而财政功能与历史发展阶段相对应。瓦格纳
以"同族时代"、"市民时代"和"社会时代"之划分来考虑财政的
功能，认为在亚当·斯密的"市民时代"之后的"社会时代"是必
须推行社会改良或社会政策的时代，并认为"社会政策"的国家的
目的不能限于"市民时代"的国家的法治和权力目的，还必须加上
文化与福利的目的。与私人经济相比，国家的这些目的不仅必须被
有机地结合起来一并加以实施，还应该得到优先考虑，因此，必须
通过限制私人经济的利己活动来实现国家目的。联系国家的这些多
重目的，瓦格纳论述了财政的经费体系，它们与国家通常的活动范

---

　　①　[英]亚当·斯密：《国民财富的性质和原因的研究》（下），中译本，郭大力和王
亚南译，商务印书馆 1974 年版，第 376 页。
　　②　由于不能阅读瓦格纳的德文著作，以下内容主要根据日本学者坂入长太郎的
《欧美财政思想史》中第三篇第三章"德国古典学派财政论——瓦格纳社会政策财政论"
进行整理所得。

围一起都由议会决定。据此，瓦格纳提出了三项财政原则，一是应
当有正当自主的财政监督组织；二是应遵守节约的原则；三是应兼
顾国民所得与财政需要的关系。瓦格纳发展了自李斯特以来德国财
政学思想中已经成型的公共支出的再生产费学说，其对税收政策的
讨论是建立在其所发现的国家经费膨胀规律也即瓦格纳定律的基础
上的，税收政策是弥补国家经费缺口的重要手段。但税收只有在纳
税者一年间的生产在维持其生活与能力后仍有剩余的时代才能作为
经常的财政制度。

　　瓦格纳除认可税收的纯财政目的外，也认为税收具有对所得和
财产分配进行干预调整的社会政策的目的，后者被认为是瓦格纳的
社会政策论的立足之本，大概也可以被看作是目的税思想的重要源
头①。我们要看到，这在当时的德国包括英国也是在学界反思自由放
任政策后开始盛行的观点，正如熊彼特在《经济分析史》中所提到
的，在那样一个财政比较宽裕的时期，"诸如马歇尔这样的大学术权
威不仅开始赞成当时认为过高的直接税——包括遗产税在内——而
且还开始甘冒违反格拉德斯通派财政精神的大罪，而拥护这样一种
政策，即征税不仅是为了获得财政收入，而且是为了改变（'纠
正'）收入分配善"②。但正如目的税的实际效果在现在的一些实证
研究中受到质疑一样③，瓦格纳以税收来改良社会的主张在当年就

----

　　①　目的税也被称为规制型税收,其实践应该早于目的税理论本身。庇古最早对
这种类型的税收进行了经济分析,从理论上明确了利用税收对市场结果进行调整的政
治前景(the political prospect),奉行这种观点的人也被称为是庇古主义者。

　　②　[美]熊彼特:《经济分析史》(第三卷),中译本,朱泱等译,商务印书馆1994年
版,第287页。

　　③　如Barnett和Yandle通过对庇古后来主张的研究表明,庇古本人并不像他的现代
门徒一样是一个"庇古主义者"。实际上,他更为出色之处也许在于他解释了为什么他的
税收理念在建议它们最初被使用的地方却难以得到实行。同时,Barnett和Yandle在该研究
中还以美国各州征收的酒税和经合组织国家征收的环境税为例进行了实证研究,结果
也表明这些目的税的征收结果与其声称的征收目的并不一致,而这也证明了庇古的实际
主张,那就是寻租利益和政治家可能会毁掉任何想从"庇古税"中获得有效结果的希望。
参见: Barnett and Yandle, "Regulation by Taxation", in Backhaus and Wagner, (ed.),
Handbook of Public Finance, Kluwer Academic Publishers, 2004, pp. 217—236.

受到怀疑。童蒙正先生在书中就提到学者间对此起了非难之声以及瓦格纳的回应，特别是在瓦格纳以征收关税的目的不是为财政收入而是保护国内产业为例来为自己的主张进行辩护时。只是这一辩护显得有些牵强，一是李斯特当年主张通过关税对国内产业进行保护时并未被称为社会政策，瓦格纳也未将自己以税收作为改革工具的主张追溯于李斯特；二是征收关税的实质在于保护产业并不能证明瓦格纳所建议的税收能够达到改善分配和缓和社会矛盾的目的。坂入长太郎在《欧美财政思想史》中所引用的日本学者井藤丰弥教授的评论与今天的研究者对瓦格纳这一主张的质疑是一致的①。井藤丰弥教授以瓦格纳所主张的所得税的累进税制为例提出，"其基本目的不在社会政策，而同其他赋税一样，在为筹划国家经费。在资本集中日益发展，贫富悬殊日益扩大的高度资本主义社会，累进税不外乎是愈来愈重要的财政手段⋯⋯总之，作为瓦格纳所举的社会政策赋税的实例的累进税，也应该被理解为是在高度资本主义经济生活中，以筹集不断膨胀的国家经费为基本目的纯粹财政的赋税。但是，在分担一定数额的赋税后，人们就会考虑到如何使赋税所产生的社会作用，经济社会招致的损失最小，也就是使社会的牺牲最小。仅仅从这一点来看，瓦格纳的赋税理论尚具有社会政策的意义。"②

瓦格纳的税收政策主张是加重富裕阶级的税收负担并减轻低所得者税收，并以此一方面与自由贸易主义划清界限，另一方面也和

---

① 如 Barnett 和 Yandle 的研究向我们指出了这样一个事实，即我们所观察到的加在我们身上的目的税可能仅仅是政治性努力的结果，它披着反罪孽的外衣，但却是受寻求财政收入这一目的的驱使。所以 Barnett 和 Yandle 最后得到的结论是，今天没有纯粹的庇古税在运行，有的仅仅是这样一些税收，由于溢出成本、非完全知识和其他生活特征导致应税行为的边际社会成本超过边际社会收益，需要对这些情况进行矫正的故事为这些税收提供了合法性，以税收进行规制只有在税收不会消除应税的事情时才能起作用。参见：Barnett and Yandle, "Regulation by Taxation", in Backhaus and Wagner, ed., Handbook of Public Finance, Kluwer Academic Publishers, 2004, pp. 217—236.

② 转引自[日]坂入长太郎：《欧美财政思想史》，中译本，张淳译，中国财政经济出版社 1987 年版，第 305—306 页。

当时所谓的社会主义主张相对抗，因此，其税收理论也被认为具有"二重影响"。以此为基础，同时考虑税收在经济上所受到的限制①，瓦格纳从四个维度九个方面确立了税收的最高原则，也即指导制定税收政策的方针。根据童蒙正先生编撰的《瓦格纳财政学提要》，这些原则包括：（1）财政政策上的原则，含收入应充分的原则和收入应可动的原则；（2）国民经济上的原则，含不可误税源选择的原则和不可误税种选择的原则；（3）公正上的原则，含负担应普及一般的原则和负担应分配平等的原则；（4）财务行政上的原则，含课税应明确的原则、手续应便利的原则和征税费节约的原则②。对于这些原则，瓦格纳都以其风格进行了详尽的阐明。日本学者坂入长太郎将这些原则与亚当·斯密的税收原则③进行比较，指出虽然按现代税收理论去衡量会存在许多问题，但这些原则主要是针对德国当时的政治经济社会形势而提出的，也有其适用性④。考虑德国财政学本身的官房主义传统，也许还可以进一步将瓦格纳的税收原则与官房主义的代表人物尤斯蒂（Justi）的税收原则进行比较。美国乔治·梅森大学的理查德·瓦格纳（Richard E. Wagner）教授在一篇讨论官房主

---

① 瓦格纳提出了五个方面的限制，具体参见本书第二篇第二节第三项"税收征收的限制"。

② 由于翻译上的原因，这些原则在中文上有不同的表述，如在坂入长太郎的《欧美财政思想史》的中译本中，这些原则被称为：（1）财政政策原则：课税的充足性和课税的可能性；（2）国民经济原则：正确税源的选择和税种的选择；（3）公正原则或公正赋税分配原则：课税的一般性和课税的均等性；税务行政原则：课税的明确性、课税的便利性和最小课税费用。参见［日］坂入长太郎：《欧美财政思想史》，中译本，张淳译，中国财政经济出版社 1987 年版，第 306—307 页。

③ 在《国富论》中，斯密提出了关于一般赋税的四种原则，一是平等原则，即按各自能力的比例或各自在国家保护下享得的收入的比例缴税；二是确定原则，即税收是确定的，不得随意变更；三是便利原则，即缴税的日期与缴税方法，须予纳税者以最大便利；四是经济原则，须设法使人民所付出的，尽可能等于国家所收入的。参见［英］亚当·斯密：《国民财富的性质和原因的研究》（下），中译本，郭大力和王亚南译，商务印书馆 1974 年版，第 384—386 页。

④ 具体参见［日］坂入长太郎：《欧美财政思想史》，中译本，张淳译，中国财政经济出版社 1987 年版，第 307—309 页。

义传统的当代价值的论文中对尤斯蒂与斯密的税收原则进行了比较①，他认为尤斯蒂的税收原则不仅完全包含了斯密提出的四项原则，还包含有两个斯密没有提及的准则，一是税收绝不能剥夺纳税人的必需品或使他减少其资本以缴纳税款；二是税收既不得损害纳税人的福利，也不得侵犯其公民自由。照此来看，尤斯蒂的原则确实比斯密更为严格，它们意味着对政府征税权施加更多的限制，但瓦格纳并没有将这些内容纳入其税收原则之中，其原因主要可能有二，一是这两个原则与其将税收作为改革手段所要做的事情相冲突；二是瓦格纳是将国家整体利益置于公民个人利益之上的。另外，我们也还要关注到瓦格纳对自己所说的税收原则的说明，那就是不能将这些原则极端化，因为这些原则会因时因地因技术变迁因时代思潮或法制发达程度等而变化的。事实上，按照《瓦格纳财政学提要》中瓦格纳自己的说法，这些原则在被认识到之前就已经被实践了，是历史的范畴，它们不是演绎的结果，而是归纳的结果。所以瓦格纳主张，理论家在论及税收改革时，不可陷入绝对的纯理主义。

另外，在童蒙正先生编撰的《瓦格纳财政学提要》中没有涉及的一项重要内容是瓦格纳的公债思想，我们可借坂入长太郎在《欧美财政思想史》中的探讨作一简单介绍②。瓦格纳区分了三种公债：(1) 来自国民经济中现实处于自由资金状态的资本公债；(2) 来自外国国民经济资本的公债，也就是外债；(3) 来自国内资本的公债，也即这些资本是从国内其他生产部分那里夺来的。瓦格纳认为，采取 (1) 和 (2) 比采取税收要好，但要避免 (3)，此种公债利少弊多。但从整体上说，瓦格纳认为公债有助于维护有产者即向公债提供资本的人的利益，却加重了下层工人阶级的负担。另外，瓦格纳

---

① 参见 Wagner, R. E. "The Cameralists: Fertile Sources for a New Science of Public Finance," in Jürgen G. Backhaus, ed., Handbook for the History of Economic Thought (Dordrecht: Springer, 2012), pp. 123—135.

② 具体参见［日］坂入长太郎：《欧美财政思想史》，中译本，张淳译，中国财政经济出版社 1987 年版，第 309—311 页。

还谈到以公债吸收国内闲置货币资本的问题，认为在繁荣之后的停滞时期以公债吸收资本是胜过课税的方法，这被美国哈利斯（Seymour Edwin Harris）教授认为是瓦格纳的伟大功绩，因为他把政府开支与经济景气结合起来了，从而成为倡导以财政政策调节宏观经济的先驱。

五、"瓦格纳定律"之争

对瓦格纳财政学思想的概述不可能离开"瓦格纳定律"，日本学者木村元一教授甚至认为这是当时财政学中唯一得以定立的规律[①]。按照实证经济学的研究"套路"，"瓦格纳定律"（Wagner's law）被当作是"瓦格纳假说"（the Wagner Hypothesis）来处理，认为瓦格纳通过预言经济发展过程将伴随公共部门的增长而引起了人们对政府规模的关注。因此，现有对瓦格纳定律的理解或描述都包含有对瓦格纳假说的实证检验，对这个假说的实证检验也被认为对公共政策和财政可持续性等具有重要的现实意义[②]，其方法主要遵循了皮考克（Peacock）和魏斯曼（Wiseman）在 1961 年出版的《英国公共支出的增长》[③] 中的做法，那就是将政府视为一个外在于民众的财政实体（a fiscal entity）并用政府支出总额为基础来度量其规模。

只是长期以来的众多实证检验并没有达成一致结论，其原因首先在于对瓦格纳定律的理解或描述有很大差异。Magableh 在其 2006 年的博士论文《对瓦格纳公共支出增长假说的理论与实证分析》

---

① 参见［日］坂入长太郎：《欧美财政思想史》，中译本，张淳译，中国财政经济出版社 1987 年版，第 303 页。

② 参见：Priesmeier, C., and Koester, G. B. (2013), Does Wagner's Law Ruin the Sustainability of German Public Finances?, FinanzArchiv / Public Finance Analysis 69, pp. 256—288.

③ Peacock, A. T., and J. Wiseman (1961): The Growth of Public Expenditure in the United Kingdom. Princeton: Princeton University Press.

中将这些理解或描述主要分为六种类型[①]。（1）Peacock 和 Wiseman 认为公共支出应以高于国民收入增长率的速度平稳且持续地增长，并假设公共支出的增长与公共服务需求的变化相关，需求的这些变化主要是由于人均收入和人口的增长。因此，政府支出水平是一个关于国民收入的函数：$GE = f(GNP)$。（2）Gupta 认为政府支出要快于国民收入的增长速度，他使用人均指标来度量政府规模和经济发展，其函数关系为：$\dfrac{GE}{P} = f\left(\dfrac{GNP}{P}\right)$。（3）Pryor 认为在一个不断增长的经济体中，公共消费支出占国民收入的比重会越来越大，公共消费支出是对政府支出的狭窄定义，其函数关系为：$\dfrac{GC}{GNP} = f\left(\dfrac{GNP}{P}\right)$。（4）Goffman 认为随着经济增长，公共支出增长的速度将超过人均 GDP 增长的速度，其函数关系为：$GE = f\left(\dfrac{GDP}{P}\right)$。（5）马斯格雷夫（Musgrave）认为随着人均 GDP 的增长，政府支出占国民收入的比重的增长速度将超过人均国民收入增长速度，其函

① 参见：Magableh, M. A. ʼuf. (2006). A theoretical and empirical analysis of the Wagner hypothesis of public expenditure growth, https://researchdirect. westernsydney. edu. au/islandora/object/uws:3718. 以下关于 Magableh 对瓦格纳定律的研究都引自他的这篇博士论文，不再特别标注。这六种类型分别涉及的文献为：

Peacock, A. T., and Wiseman, J. (1961): The Growth of Public Expenditure in the United Kingdom. Princeton: Princeton University Press.

Pryor, F. L. (1968): Public Expenditures in Communict and Capitalist Nations. London: George Allen & Unwin Ltd.

Goffman, I. J. (1968): "On the Empirical Testing of Wagner's Law: A Technical Note." Public Finance, 23, pp. 359—364.

Musgrave, R. A. (1969): Fiscal Systems. New Haven and Lodon: Yale University Press.

Man, A. J. (1980): "Wagner's Law: An Econometric Test for Mexico: 1925—1976." National Tax Journal, 33, pp. 189—201.

Gupta, S. P. (1967): "Public Expenditure and Economic Growth: A Time-Series Analysis," Public Finance Review, 22, pp. 423—471.

数关系为：$\dfrac{GE}{GNP} = f\left(\dfrac{GNP}{P}\right)$。（6）Man 认为公共支出占 GDP 的比重

的增长将快于 GDP 的增长，其函数关系为：$\dfrac{GE}{GDP} = f(GDP)$。另外，

从具体的实证结果来说，也有线性和非线性等不同的结论。

　　要打破这一众说纷纭的认识困局，需要先回到要验证的理论或假说本身。Magableh 在其博士论文中通过回到瓦格纳著作的相关英文译文来探寻瓦格纳的原初表述。Magableh 认为，瓦格纳关于国家行动扩张的主张中有两个方面的内容被后来者忽略了，一是瓦格纳认识到政府相对规模的扩张一定是受到某种上限限制的，因为政府规模的扩张会增加纳税人的负担；二是瓦格纳虽然主张以政府支出这一财政维度来度量国家行动的规模，但他同样认识到"规制行动"（regulatory activity）也是经济中国家行动的另一维度。规制通常被定义为不同于支出、税收和直接提供服务的情况，在某些情况下，规制行动与财政行动是互补的，但在某些情况下，它们之间又具有竞争性或替代性。在 Magableh 看来，由于不同国家在不同时期政府规模扩张受到的限制不一样，规制行动与财政行动之间的关系也可能不一样，忽略这些方面并缺乏对相关内容进行细致处理的实证研究也就可能会得出不同的结论了。进一步地，Magableh 通过对瓦格纳原著英译本的研究，认为瓦格纳假说包括了五个方面的关键要素：（1）瓦格纳观察到的那些公共支出增长的国家正处于从农村农业经济向城市工业经济转型的过程中；（2）瓦格纳倾向于从政府支出所代表的国家财政方面来衡量这种增长，但他还认识到规制行动也是国家行动的另一个维度；（3）瓦格纳倾向于通过收入增长来衡量经济发展，使用人均国民收入数字反映人口变化；（4）瓦格纳认为以公共活动为代表的公共经济是社会系统的有机组成部分，它将随着整个经济的增长而按比例增长；（5）瓦格纳认识到，政府不可能永远增长，必然会受到某种限制。

　　Magableh 对瓦格纳原著相关英文译文的归纳，显然已经足以让我们认识到瓦格纳所实际表达的意思要比被检验的内容更为复杂。

Magableh 在讨论瓦格纳的原初陈述时只直接引用了两句话，一句是从 Biehl 在 1998 年发表的论文中引用的瓦格纳 1911 年的一个表述，即"从历史上看存在一个明显的趋势，那就是随着经济的进步，公共活动会进行扩张"①。另一句是 Hutter 在 1982 年发表的论文中引用的瓦格纳 1879 年在《政治经济学的基础》中关于公共活动与私人活动关系的一句话，即"为了最大化物品总量和最优化分配，必须寻求两种体系的结合。最优组合将随着经济行动所处环境的变化而变化"②。Magableh 引用这里的第二句话作为第一句话的潜在假设，以强调瓦格纳的有机国家观，并将其解释为瓦格纳注意到经济中的政府规模与经济中经济行动的总体水平之间的关系。这对于理解瓦格纳定律确实是非常重要的，瓦格纳的有机国家观不同于凯恩斯主义将政府规模理解为是外在于经济的看法。我们前面提到，各种对瓦格纳定律的实证检验都基本接受了皮考克（Peacock）和魏斯曼（Wiseman）1961 年在对英国公共支出所做研究时的处理方法。皮考克和魏斯曼在承认瓦格纳基于事实观察并对其进行解释的研究方法比纯粹为了满足逻辑而不顾事实的研究方法对其更具吸引力的同时，也明确拒绝了瓦格纳的有机国家论。在他们看来，有机国家论是瓦格纳主张的两个重大缺陷之一③，这一理论并不优于对国家性质的其他解释，而且他们也不认为该理论适用于不同的社会。但皮考克

---

①　该段英文原文为："Historically there exists a clear tendency for an expansion of public activity together with the progress of the economy . . ."，参见 Biehl, D.（1998）："Wagner's Law: An Introduction to and a Translation of the Last Version of Adolph Wagner's Text of 1911," *Public Finance / Finances Publiques*, 53, p. 107.

②　该段英文原文为"In order to maximize the sum of the goods and optimise distribution, a combination of the two systems must be sought. The optimal combination will change as the context of economic activity changes"，参见 Hutter, M.（1982）："Early Contributions to Law and Economics: Adolph Wagner's Grundlegung," *Journal of Economic Issues*（pre-1986），16, p134. 整理者已将该文译出，参见本书的新编附录三。

③　皮考克和魏斯曼认为瓦格纳主张的另一重大缺陷在于瓦格纳的兴趣在于公共支出的长期趋势，而他们认为公共支出的发展还有其他方面，例如支出增长的时间模式，也同样重要。参见：Peacock, A. T., and J. Wiseman（1961）：*The Growth of Public Expenditure in the United Kingdom*. Princeton: Princeton University Press, p. ⅩⅩⅩⅲ.

和魏斯曼的这种结论是断言性的，并未为其结论提供详细的辨析，其意在于提出自己的"政治性"主张，即"政府喜欢花更多的钱，公民不喜欢付更多的税，政府需要关注公民的意愿"①。这种"政治性"主张的实质就是将政府看作是一个独立于公民的实体，这和凯恩斯主义理论的主张是一致的。因此，那些基于凯恩斯主义理论框架对瓦格纳定律进行实证检验的研究，从根本上误置了自己的重要理论基础。

特别值得我们关注的是皮考克和魏斯曼在书中对瓦格纳定律的评述②，其文献依据是瓦格纳在 1890 年出版的德文版《财政学》。令人诧异的是，在这样三页多以"瓦格纳定律"为小标题的内容中，皮考克和魏斯曼仅直接引用了瓦格纳原著中的一句话，他们认为这句话表明瓦格纳的核心主张，即"（国家行动增加的）规律是对进步国家进行经验观察的结果，至少在西欧文明中是如此；社会进步的压力以及由此产生的私人经济和公共经济相关领域的变化，特别是强制性公共经济，为此提供了解释、理由和原因。财政紧缩可能会阻碍国家行动的扩张，其阻碍程度受到财政收入的制约，而不是像通常那样反过来。但从长远来看，一个进步民族的发展愿望将永远克服这些财政困难"③。但从瓦格纳的这句话却无法直接得出他们所认为瓦格纳定律——"瓦格纳……主张政府支出的增长速度必须高

①　Peacock, A. T. , and J. Wiseman (1961): *The Growth of Public Expenditure in the United Kingdom*. Princeton: Princeton University Press, p. ⅩⅩⅩⅲ.

②　详见: Peacock, A. T. , and J. Wiseman (1961): *The Growth of Public Expenditure in the United Kingdom*. Princeton: Princeton University Press, pp. 16—20.

③　其英文原文为:"The law [of increasing state activity] is the result of empirical observation in progressive countries, at least in Western European civilization; its explanation, justification and cause is the pressure of social progress and the resulting changes in the relative spheres of private and public economy, especially compulsory public economy. Financial stringency may hamper the expansion of state activities, causing their extent to be conditioned by revenue rather than the other way round, as is more usual. But in the long run the desire for development of a progressive people will always overcome these financial difficulties. "参见 Peacock, A. T. , and J. Wiseman (1961): *The Growth of Public Expenditure in the United Kingdom*. Princeton: Princeton University Press, p. 17.

于产出的增长速度"①。相反，这段话让我们看到了瓦格纳定律的"真相"，它指的是国家行动增加的规律，这在坂入长太郎在《欧美财政思想史》中阐述瓦格纳定律时曾直接引用的瓦格纳德文原著的两句话可以得到进一步证明。其中，第一句是"财政经济就是为筹集完成国家总体经济机能的任务所必须的物质辅助手段（物质财富、货币），而不能不进行的活动。由此可见，财政经济范围必然随各时期的国家任务、国家活动的范围以及种类而决定"，第二句是"不同国家及时代比较，进步国家中央及地方政府的活动呈现有规律的扩大的趋势。这种扩大既系外延的又系内含的。即在中央及地方政府不断提出新任务的同时，有的职能也在进一步扩大。于是国民经济的要求，乃更广泛更充裕，为满足这些涌现的需要，可由中央及地方政府经费增加的统计上，雄辩地说明这一点。"② 从这两句话来说，瓦格纳的意思是较为明确的，即尽管政府财政经济范围必然随不同时期的国家任务、国家活动的范围以及种类而不同，但对于处于工业化进程中的国家来说却表现出一个共同的趋势，那就是政府会加入新职能或扩充原职能，这可由政府经费在统计上的增加得到证明。

如果瓦格纳原著中关于瓦格纳定律的表述主要是这几句话，那么瓦格纳定律真正要指明的是政府职能新增或扩大的趋势性事实，而非政府经费膨胀的趋势性事实，后者只是被用于证明前者的一种可能证据。因此，那些将瓦格纳定律表述为政府经费膨胀规律或国家支出膨胀规律的认识，以及各种基于政府经费增长概念与国民收入概念间关系来理解瓦格纳定律，都是将证据等同于需要被验证的结论本身，而要被验证的结论则成了解释该证据的原因。就瓦格纳所意图揭示的瓦格纳定律来说，这些实证研究可能是陷入了因果倒

---

① Peacock, A. T. , and J. Wiseman (1961)：*The Growth of Public Expenditure in the United Kingdom*. Princeton：Princeton University Press, p. 17.

② ［日］坂入长太郎：《欧美财政思想史》，中译本，张淳译，中国财政经济出版社1987年版，第302页。

置或本末倒置的误区。之所以说是可能，那是因为受语言能力限制，整理者本人并未读过瓦格纳的德文原著，因此也无法基于其前后语境来确凿地证明瓦格纳定律的真正含义，上述判断只是基于少量已有英译或日译段落进行推断得出的，希望今后能有研究者基于德文原著全面引证和阐述瓦格纳的瓦格纳定律。当然，作出上述判断也并不是要否定这些实证研究的价值，而是说它们与瓦格纳所表述的瓦格纳定律是否得到证实无直接联系，它们其实只是受到了瓦格纳所关注问题的影响或启发，正如皮考克和魏斯曼在其 1961 年的研究中所承认的。

六、"瓦格纳定律"的真实含义再讨论：最为直接的证据

非常令人诧异的是，国内外大量对瓦格纳定律进行实证检验的研究几乎都没有引证或参考瓦格纳的《财政学三论》（*Three Extracts on Public Finance*），它由库克（Cooke）节译自瓦格纳 1883 年德文版《财政学》，被收入由马斯格雷夫和皮考克主编、1958 年出版的《财政理论史上的经典文献》，并作为该文集的第一篇论文。更令人诧异的是，即使是皮考克本人在 1961 年与魏斯曼合作的对瓦格纳定律进行实证检验的研究作也未将其作为参考文献，更勿论直接引证了。《财政学三论》包括"财政经济的性质""税收的基本原则"和"税收分摊中的正义"三个部分，由于后两部分内容都在童蒙正先生编撰的《瓦格纳财政学提要》中涉及，所以这里主要就其中"财政经济的性质"来简单介绍一些瓦格纳财政学思想中不大为人所熟知的内容，而这些内容也有利于我们重新思考瓦格纳定律。笔者在这里所使用的是《财政理论史上的经典文献》的中译本，该中译本由刘守刚和王晓丹翻译、上海财经大学出版社在 2015 年出版，读者也可参考《财政理论史上的经典文献》的英文版。

总体上说，瓦格纳在"财政经济的性质"中主要是阐明财政经

济的性质与特别之处。在瓦格纳看来，国家的本质在于强制，国家以强制手段获取产品的权力和强制个人提供用力的权力都源于国家的强制性。瓦格纳用"公共活动"来表示国家用强制手段获取产品的行为，用"商业活动"来表示国家用自己的生产活动来获得收入的行为，它们共同构成了财政经济，以和私人经济相区分，而财政经济又与私人经济共同组成了共同体经济。在这种有机体视角下，不同组成部分之间的相对关系及其变迁是社会经济发展内部变动的结果。瓦格纳主要从五个方面考察了财政经济的性质和特别之处[①]，一是"财政经济是一个经济单位（economic unit），它以政府为主体、为国家而活动"，从事管理和行动的主体都是法人；二是财政经济的运行者是政府官员，"无数这样的'雇员'构成了极为复杂的官僚系统的一部分，对于国家活动的结果、数量与质量，他们通常缺乏个人利益方面的关切"，这会降低财政经济的效率；三是"财政经济供应货币资金给国家，以便国家完成被托付的任务。这些任务的主要部分，是提供非物质性商品"；四是"国家的生命被假定为无限"，这使国家可以做个体企业因生命有限而不能做的事情，如举借永久债券；五是"在一个民族的生活中，国家非常重要，国家的统治地位存在于且高于民众的经济生活"。瓦格纳将第五条看作是私人经济与财政经济最后且最重要的区别，但他并没有简单地将二者割裂或对立起来，他实际上仍然是从有机体的视角来看待二者关系的，民众利益是处理二者关系的出发点和落脚点，即"国家活动的目标恰当与否，应根据民众的利益来确定，国家活动的性质与内容应有助于目标的实现"[②]。

在"财政经济的性质"中，我们需要特别关注瓦格纳对国家以强制手段获得收入逐步取代以商业活动获得收入的解释、对财政经

<hr />

①　具体参见瓦格纳：《财政学三论》，载马斯格雷夫和皮考克主编：《财政理论史上的经典文献》，中译本，刘守刚和王晓丹译，上海财经大学出版社 2015 年版，第 19—22 页。

②　同上，第 21 页。

济兼具收支两方面特征的分析以及对财政经济进行规范和限制的主张,它们可能构成了瓦格纳自己讨论瓦格纳定律的基本框架。瓦格纳承认国家通过商业活动取得收入不仅具有悠久的历史,而且曾居支配性地位,但这种地位逐步地为国家以强制手段获得收入所取代。对这一历史事实的解释,瓦格纳提到偶然事件(如国家领地丧失或领土面积缩小等)能做部分解释,但认为经济史上发生的两件大事是更为重要的,一是"在生产手段(特别是土地)方面,法律理念上出现了私人所有权的概念,大多数土地和资本在实践中也被转到私人手中";二是"在今天,经济组织形式又从私人所有转向具有更多的集体性(或更多的强制集体性)"①。瓦格纳明确地将这第二件大事看作是第一件大事发生后历史进程的逆转,并认为,"这种转向往往成为起支配作用的原则,尤其体现在公共部门(特别是国家)活动不断扩张这一现象上"②。从这里的表述来看,瓦格纳实际上是将公共部门活动的扩张看作是解释国家财政收入主要来源发生变迁的主要历史原因。

瓦格纳强调要从收支两个方面来分析财政经济的本质,即"为了应对财政需要,或者供应国家支出,财政经济就得像一个所得或收入经济体那样运转。不过,它的所得以国家收入的面貌出现,因而财政经济的本质是它要同时发挥消费和收入两方面的功能"③。据此,瓦格纳认为,财政经济的特殊性是由它需要实现的功能而决定的,它带来了财政经济兼具收支两方面的特性,并认为这是掌握财政科学最需要重视的一点。虽然瓦格纳在这里并没有具体分析财政收入与支出之间更深层的互动关系——也可能是库克在节译时将有些内容省略了,但联系瓦格纳将税收政策作为推进社会改革以缓解社会矛盾的主张及其有机体视角,我们可以推断,瓦格纳应该不会只是从

---

① 具体参见瓦格纳:《财政学三论》,载马斯格雷夫和皮考克主编:《财政理论史上的经典文献》,中译本,刘守刚和王晓丹译,上海财经大学出版社 2015 年版,第17—18 页。

② 同上,第18 页。

③ 同上,第18 页。

有支出就需要有收入这样的简单联系来理解财政经济的这两个方面特性之间的关系。

正如瓦格纳从社会经济变化的历史进程来解释财政收入主要来源变化一样，其对财政支出的思考也是与社会需要紧密联系在一起的，而从其对税收的社会政策作用的考虑来看，其收入与支出所依据或所服务的社会经济变化过程是同一的而非分离的。这在瓦格纳关于公共服务支出的绝对水平或相对水平的讨论中可以得到一定程度的揭示。瓦格纳认为必须将公共服务的成本与公共服务的价值同时考虑来讨论公共支出水平，并且，"在考虑过程中，占据决定性地位的因素，既不是从国家性质出发的单纯政治因素，也不是单纯的、唯一的私人经济因素"①。接下来的一段话很少见到被国内外学者引用，但却可能是理解瓦格纳定律时非常关键的一段，瓦格纳认为这一段的说法可以被当作一项法则来运用（be taken as a rule），即"当公共服务的经济现值（从最宽泛的意义来说）更大时，当公共服务对一般生产率及'自由'的国民收入［罗雪尔（Roscher）定义的收入，即扣除用于民众基本物质生活需要之后的剩余国民收入］的贡献更高时，以及当非税收形式的国家收入（如来自国家的商业活动）比例很大时，国家支出数也应该更多。这种更多，既体现在绝对量上，也体现在相对量（以国民收入②的百分比来衡量）上。"③另外，瓦格纳在文中还提出了一个检验标准的主导性原则，包括绝对拒绝原则和相对拒绝原则，即"每一种国家活动或活动形式，每一项支出，如果给社会带来的牺牲超过了所带来的效用或价值，就应该予以拒绝（绝对拒绝原则）；如果私人个人或团体，或者像市政当局这样的公共组织，可以提供同样的服务并且成本更低，那么也应该拒绝由国家来提供相应服务（相对拒绝原则）"。我们可以将这些内容称为公共支出的瓦格

---

① 具体参见瓦格纳：《财政学三论》，载马斯格雷夫和皮考克主编：《财政理论史上的经典文献》，中译本，刘守刚和王晓丹译，上海财经大学出版社 2015 年版，第 24 页。

② 同上，第 23 页。

③ 同上，第 24 页。

纳规则（Wagner's rule），并将之作为对瓦格纳所说的公共部门活动增加可由政府经费统计来说明的正当性规定。

正是基于财政需要与国家活动之间存在着必然的联系，瓦格纳强调财政学有必要为此规定三个条件，"（1）存在着有效而独立的财政控制组织；（2）遵循节约原则；（3）在财政需要与国民收入之间取得适当的平衡"①。由于瓦格纳在文中明确表明，由于现在民众的经济生活已经高度依赖于国家，所以节俭原则只具有相对正确性，并且从来不是国家事务中的主导性原则，而第（3）个条件也能被纳入关于公共支出与公共收入间关系的讨论中——正如本文上面所处理的，进一步说，第（2）和第（3）可以被纳入到对第（1）个条件的具体讨论中，因此，这里最为重要的是瓦格纳关于有效而独立的财政控制组织的认识。在瓦格纳看来，"必须有议会对财政实行有效控制，这样，国家活动的范围和内容以及国家的财政需要才能被正确地、经济地加以确定。因此，最好的（至少是相对最好的）保障手段是让宪政程序来决定预算"②。但瓦格纳并没有赋予国会以决定国家活动及内容的最高权力，而是将合理结果的产生看作是政府和国会讨价还价的结果。瓦格纳将政府和国会当作是商业交易的两方，政府充当国家服务的供应者，总是高估价值而低估成本；国会作为国家服务的需求者，总局是高估成本而低估价值。这样，政府和国会在互动中会达成某些妥协，这些妥协可能是"是保护国家与民众利益的最好方式，也是遵循应受尊重的节约原则的最好方式"③。瓦格纳并未将讨价还价的结果理想化，他承认国会可能会犯错，也可能会搞错关注点。在不能给予国家活动以正确的标准的情况下，瓦格纳认为绝对主义国家（absolute state）面临的危险性要比宪政国家更大，但仍可通过引用制衡性手段来实现一个较好的结果，他认为

---

①　具体参见瓦格纳：《财政学三论》，载马斯格雷夫和皮考克主编：《财政理论史上的经典文献》，中译本，刘守刚和王晓丹译，上海财经大学出版社 2015 年版，第 22 页。

②　同上，第 22 页。

③　同上，第 22 页。

在绝对君主制时期的普鲁士的财政管理机构就是节约和高效的。

在"财政经济的性质"一部分的最后一段，瓦格纳首先就提到，"对财政经济而言，'公共活动（特别是国家活动）不断扩大定律'就成为财政需求不断扩大定律"①。这就再次表明瓦格纳定律指的是"公共活动（特别是国家活动）不断扩大定律"，它可以被等同为"财政需求不断扩大定律"。另外，瓦格纳在此还对"公共活动不断扩大定律"提供了三点补充，一是地方政府的财政需求比国家层面的财政需求增长更快，其主要理由是，"中央政府的行政管理在不断地向下分权，地方政府也组织得越来越好"②；二是瓦格纳主张以社会进步及其导致的公共经济特别是强制性公共经济与私人经济相对范围的改变所带来的压力来解释、证明或探因"公共活动不断扩大定律"是不全面的，因为"财政紧缩（financial stringency）可能会阻碍国家活动的扩张，导致其程度受到财政收入的制约，而不是相反，这是更为常见的"③；三是"从长远来看，一个稳定进步民族的

---

① 中译本原文为："对财政经济而言，'公共活动（特别是国家活动）不民膨胀定律'反映的就是财政需求不断膨胀的现象。"参见：瓦格纳：《财政学三论》，载马斯格雷夫和皮考克主编：《财政理论史上的经典文献》，中译本，刘守刚和王晓丹译，上海财经大学出版社 2015 年版，第 25 页。其对应的英文为：The "law of increasing expansion of public, and particularly state, activities" becomes for the fiscal economy law of increasing expansion of fiscal requirements，参见 Wagner, A. （1958）. "Three Extracts on Public Finance", in *Classics in the Theory of Public Finance*, eds. Musgrave, R. T. and Peacock, A. T., New York: Macmillan Company Limited, p. 8. 在引用时根据整理者的理解对该句话的翻译进行了部分调整。

② 瓦格纳：《财政学三论》，载马斯格雷夫和皮考克主编：《财政理论史上的经典文献》，中译本，刘守刚和王晓丹译，上海财经大学出版社 2015 年版，第 25 页。

③ 中译本原文为："财政压力也可能会阻碍国家活动的扩张，导致国家活动范围受财政收入的限制而不是相反。"参见瓦格纳：《财政学三论》，载马斯格雷夫和皮考克主编：《财政理论史上的经典文献》，中译本，刘守刚和王晓丹译，上海财经大学出版社 2015 年版，第 25 页。其对应的英文为：Financial stringency may hamper the expansion of state activities, causing their extent to be conditioned by revenue rather than the other way round, as is more usual. 参见 Wagner, A. （1958）. "Three Extracts on Public Finance", in *Classics in the Theory of Public Finance*, eds. Musgrave, R. T. and Peacock, A. T., New York: Macmillan Company Limited, p. 8. 在引用时根据整理者的理解对该句话的翻译进行了部分调整。

发展渴望总会克服这些财政困难"①。由此我们也可以进一步看到，瓦格纳所说的"公共活动不断扩大定律"在实证研究中并不能直接等同于通常所说的"公共支出不断扩大定律"。

七、"瓦格纳定律"之争背后不同的财政学研究传统

对瓦格纳定律和瓦格纳财政思想的进一步讨论必须提到美国的理查德·E. 瓦格纳（Richard E. Wagner）教授和德国的尤尔根·G. 巴克豪斯（Jürgen G. Backhaus）教授，他们分别在相关研究中探讨了瓦格纳定律及其财政学思想，并在 2005 年合作发表了论文《大陆财政学：对一种传统的描述和恢复》（*Continental Public Finance：Mapping and Recovering a Tradition*）②，文中也对瓦格纳定律和瓦格纳的财政学思想进行了评价，该研究为我们评价学界对瓦格纳定律及瓦格纳财政学思想的争议提供了一个新的认识框架。

在 1977 年发表的《瓦格纳定律、财政制度与政府增长》（*Wagner's Law，Fiscal Institution，and the Growth of Government*）③ 一文中，理查德·E. 瓦格纳（Richard E. Wagner）和沃伦·E. 韦伯（Warren E. Weber）通过对"二战"后 34 个国家的政府增长进行实证研究，以探讨了将这种现象称为"国家活动不断扩张的瓦格纳定

---

① 中译本原文为："从长远眼光看，一个渴望发展的进步民族，总会克服掉他们遭遇到的财政困难，从而实现国家的成长。"参见瓦格纳：《财政学三论》，载马斯格雷夫和皮考克主编：《财政理论史上的经典文献》，中译本，刘守刚和王晓丹译，上海财经大学出版社 2015 年版，第 25 页。其对应的英文为：But in the long run the desire for the development of a progressive people will always overcome these financial difficulties，参见 Wagner，A.（1958）．"Three Extracts on Public Finance"，in *Classics in the Theory of Public Finance*，eds. Musgrave，R. T. and Peacock，A. T.，New York：Macmillan Company Limited，p. 8. 在引用时根据整理者的理解对该句话的翻译进行了部分调整。

② Backhaus，J. G. and Wagner，R. A.（2005）．"Continental Public Finance：Mapping and Recovering a Tradition". *Journal of Public Finance and Public Choice*，Vol. 23，pp. 43—67.

③ Wagner，R. A. and Weber，W. E.（1977）．"Wagner's Law，Fiscal Institution，and the Growth of Government". *National Tax Journal*，Vol. 30，No. 1，pp. 59—68.

律"（Wagner's Law of Expanding State Activity）是否恰当。虽然理查德·E. 瓦格纳和沃伦·E. 韦伯认为政府支出增长模式的变化如此巨大，以至于人们只能得出结论说"瓦格纳定律"不能被视为"定律"。但这一研究完全不同于该文发表之前和发表之后所进行的各类对瓦格纳定律进行检验的实证研究，他们没有将结论引向对瓦格纳定律的否定或肯定，而是建议将注意力转向不同的政府理论范式，以解释这些不同的实证证据。在理查德·E. 瓦格纳和沃伦·E. 韦伯看来，对公共支出行为的任何解释都必须在一定范式的政府理论中进行，大多数关于瓦格纳定律的解释都将政府看作是一个适应选民偏好的机构，但另一种不同的政府理论范式认为，由于政府的各种制度特点，政府在某种程度上只会部分服从于公民的意愿，而政府服务有时会在这些制度的限制下产生对进一步的服务的需求，因此，需要从政治制度和其他社会制度的差异来解释公共支出模式的差异。

德国巴克豪斯（Backhaus）教授在 2002 年发表的《旧式财政学还是新式财政学？——对其有效性的辨析》（Old or New Public Finance? A Plea for the Tried and True）[①] 质疑了经济学家们长期以来将瓦格纳定律转化为国家支出增加的做法，并认为瓦格纳未有过这样的表示，而且瓦格纳的目的并非像大家所普遍认为的那样是要为国家增加财政支出提供辩护[②]，相反，他是在试图为国家审慎治理寻求规律。巴克豪斯认为瓦格纳将国家活动不断扩张的规律视为对统治者的一种告诫，即为国家开支寻找更多的来源，尤其是那些不会给臣民带来负担的来源。巴克豪斯提出，瓦格纳定律应该把我们引向更重要的方面，这就是为什么国家必须从事更广泛的活动的原因。巴克豪斯认为，有两个主要的观念（notions）在当时的领导人物

[①] Backhaus, J. G.（2002）. "Old or New Public Finance? A Plea for the Tried and True". *Public Finance Review*, Vol. 30, No. 6, pp. 612—645. 本段对巴克豪斯教授观点的引述都引自这篇文章。

[②] 如日本学者冈野鉴记教授认为："要使德国资本主义赶上先进国家，国家对国民经济积极的保护与援助是不可缺少的，那样就必然招致国家财政的膨胀。为了证明这种膨胀财政是正当的，德国财政学家们主张经费开支是生产性的，但因为不能充分说服纳税人，作为补充又提出经费膨胀规律。"转引自［日］坂入长太郎：《欧美财政思想史》，中译本，张淳译，中国财政经济出版社 1987 年版，第 303 页。

(leading citizens) 和能干的学者 (able scholars) 的头脑中占据了主导地位，一个是国家统一的观念，一个是阶级斗争的观念。出于政治目的，国家统一的观念占了上风，但一种思想并不能被法令 (fiat) 所推翻。因此，阶级斗争这一具有竞争性的观念得以产生的深层原因必须得到阐明。巴克豪斯认为，正是在这里瓦格纳定律实现了完全的转向 (This is where Wagner's law gets a totally different turn)。而现在，国家则不得不面对市场的失灵，而对其进行矫正的前提就是必须正确理解导致这些失灵的所有市场现象。通过回到瓦格纳写作的时代，巴克豪斯分析了德国在工业化过程中所面临的各种社会问题，并梳理了此前和此后德国财政学思想的发展，并从这些旧式财政学中总结出了一些他认为久经考验并仍行之有效的传统。巴克豪斯在该文中主要列举了三项，一是对于任何一个国家及其拥有的资源来说，都应该鼓励使用这些资源并抑制滥用或利用不足，如一个经济部门如果无法为国家预算提供足够的资金，那它就应该被私有化；二是如果房地产或财产使用不足，并且这阻碍了市中心的发展，那么可以根据可能的而不仅仅是实现的利润来进行征税，从而吸引投资进入其他地区；三是应该强调生活在该国家的公民的福祉，如长期失业的人应该得到一份有吸引力的工作，以放弃他们的失业救济金，并获得预期未来收益的净现值作为自己创业的启动资金。巴克豪斯认为，这三个方面的政策措施相结合，将产生促进经济发展的三重效应。而瓦格纳的财政学思想包括瓦格纳定律显然是巴克豪斯所分析的这种旧式财政学的典型代表。

巴克豪斯和理查德·E. 瓦格纳之间具有长期的学术合作关系，共同致力于欧洲大陆传统财政学思想的传承和发展。他们联合主编的《财政学手册》(Handbook of Public Finance) 于 2004 年出版①，在其合作所写的导论（也作为第一章，章名为《社会、国家与财政学：

①　Backhaus, J. G. and Wagner, E. R. eds. (2004). *Handbook of Public Finance*. Kluwer Academic Publishers. 该书被列入刘守刚和魏陆主编的《财政政治学译丛》，已由何华武和刘志广完成翻译，即将由上海财经大学出版社出版。

设置分析的中心议题》）中，巴克豪斯和理查德·E. 瓦格纳沿用了巴克豪斯在 2002 年文章中以"二战"后财政学研究方法的"分裂"为依据所提出的新式财政学与旧式财政学的区分，并进一步从财政学思想史和研究传统的角度对这种区分作了详细阐述。新式财政学可被称为埃奇沃斯式财政学或选择理论传统的财政学，认为国家是介入到（intervening into）经济秩序之中的，财政是国家干预经济从而使其结果变得完美的工具；旧式财政学可被称为维克塞尔式财政学或交换理论传统的财政学，认为国家是参与到（participating within）经济秩序之中的，财政学研究的是人们怎样通过参与政府来实现其各自不同的目的。巴克豪斯和理查德·E. 瓦格纳承认，虽然新与旧的区分不代表好与坏的区分，更不是说新的就比旧的好，相反，有很多的理由让我们认为旧式财政学比新式财政学要好，因为它能够"寻求更彻底地将财政的经济方面、社会方面、政治方面、法律方面和管理方面的特征统一在一起"①。在这篇文章中，巴克豪斯和理查德·E. 瓦格纳将瓦格纳的财政学著作看作是取代官房学的国家科学（Staatswissenschafen）传统中最著名的文献，完全符合旧式财政学的分析框架②。

---

①　Backhaus, J. G. and Wagner, E. R. eds. (2004). *Handbook of Public Finance*. Kluwer Academic Publishers, p. 2.

②　实际上，巴克豪斯和理查德·E·瓦格纳在该文对官房学的处理中存在一些混乱或矛盾之处，一方面他们将官房学看作是选择理论传统的，和新式财政学或埃奇沃斯式财政学一样追求最优；另一方面他们又认为国家科学在分析方法上与官房学密切相关，但国家科学却属于旧式财政学或维克塞尔所贡献的交换理论传统。另外，将官房学看作是选择理论传统的财政学，也与巴克豪斯和理查德·E·瓦格纳在其他研究中对官房学传统的阐述相矛盾，因为他们主张官房学是推进交换理论取向财政学发展的重要思想资源。因此，一种恰当的处理应当是，作为现代财政学的早期思想渊源，官房学既具有选择理论传统的特点，又具有交换理论传统的特点，这与官房学所服务的王国国王既要经营自己的领地，又要参与与其他领主的交换有关。笔者在 2018 年翻译该章时曾致信理查德·E·瓦格纳以阐明自己的看法，他在回信中表示同意我的这种"折中"处理。对于理查德·E·瓦格纳关于官房学的具体看法，可参考：理查德·瓦格纳：《官房主义：财政新科学的沃土》，中译本，刘志广译，载刘守刚、刘志广主编：《财政政治的视界：缘起与发展》，上海远东出版社 2022 年版，第 121—137 页。

在 2005 年合作发表的《大陆财政学：对一种传统的描述和恢复》一文中，巴克豪斯和理查德·E. 瓦格纳进一步肯定了财政学的官房主义基础对财政理论的全面影响，他们认为，官房主义向国家科学的转变是对财产关系模式和相关人类治理模式转变的回应，而瓦格纳的《财政学》则是国家科学传统中最具代表性的著作，他考虑到政治和财产关系的这些变化，同时弘扬了国家作为社会参与者而非干预社会的主体的官房主义取向。也就是说，瓦格纳将国家概念化为经济中一种不同于大多数商业企业的企业，社会政策目标也可以分配给公共企业，以迫使私人竞争遵守相同的行为标准。在该文中，巴克豪斯和理查德·E. 瓦格纳也再次回应了对瓦格纳定律的实证检验问题——瓦格纳定律在其中被统一表述为对国家服务的需求的收入弹性大于 1，并通过越来越复杂的计量经济学技术来测试该收入弹性，以检验瓦格纳定律的适用性。巴克豪斯和理查德·E. 瓦格纳的看法是，瓦格纳本人没有提出任何与需求的收入弹性有关的定量陈述，他所做的是对过去几个世纪发生的财产关系变化模式进行深入分析，并探讨这些模式对人类治理的影响。在那几个世纪里，伴随着由国家拥有的财产在经济上的重要性的下降，可转让的私人财产的范围扩大了，这导致瓦格纳努力阐明政府活动类型的质变过程（a process of qualitative change）。巴克豪斯和理查德·E. 瓦格纳认为，质的变化可能对应于相对经济规模的某种量度的数量增长，但并不必然如此，因为国家既可以通过直接提供服务来提高公共支出占GDP 的比重，也可能通过促进新的合作来实现相同的目标，而这可能不会对公共支出占 GDP 的比重产生什么影响。因此，巴克豪斯和理查德·E. 瓦格纳所得出的一个重要结论是，瓦格纳对瓦格纳定律的定性表述与随后被重新解释为纯定量术语之间的差异很好地说明了大陆财政学的治理取向（the governance orientation of continental public finance）与盎格鲁-撒克逊财政学的配置取向（the allocationist orientation of Anglo-Saxon public finance）之间在认识上和方法上所存在的分裂。

　　巴克豪斯和理查德·E. 瓦格纳进一步论证了"二战"后对大陆传统的重新解释给财政学和实践所造成的损失。公共产品-私人产品理论是配置取向的，国家活动的日益扩大在其中只能被解释为公私混合在配置取向下的转变。但瓦格纳的推理却与之恰恰相反，国家活动的进一步扩大很可能会增加国家开支，但这必须以非反生产的（not counterproductive）的方式来实现。所以瓦格纳特别强调公共企业家精神（public entrepreneurship），他认为这可能是技术创新的力量，同时也是收入来源。巴克豪斯和理查德·E. 瓦格纳认为，大陆传统财政学的治理取向的不同之处中最为重要的，是将公共产品-私人产品间的分离置于分析背景（the analytical background），而将对实现良好治理模式的关注置于分析前景（o the analytical foreground），并且是许多人占据着同一空间，也就是作为社会生物的人是生活在公共广场（the public square）上的。因此，分析目的在于探寻公共广场的良好秩序，这种良好秩序与关于公共产品-私人产品配置的争议关系不大，这仅仅是因为公共产品无处不在，其中许多都是通过市场交易来组织的。也就是说，由于纯粹私人产品的情形极端少见，人们的生活总是处于某种公共环境当中，分析所面对的只有无数这样的环境和无数不同的组织和管理方式。因此，巴克豪斯和理查德·E. 瓦格纳提出，沃尔夫冈·德雷克斯勒（Wolfgang Drechsler）所说的"结构化共同生活"（structured living-together）是瓦格纳对瓦格纳定律的定性描述的一部分，而基于需求的收入弹性的任何考虑因素都是与之相冲突的（orthogonal）的。

　　上述对巴克豪斯和理查德·E. 瓦格纳所作研究的简要引证表明，瓦格纳定律及瓦格纳的财政学思想实际上处于和今天主流财政学不一样的研究传统当中，事实上也是属于财政学在"二战"前的主流研究传统。学术界曾用新式财政学和旧式财政学、盎格鲁-撒逊财政学和大陆财政学、英式财政学和德式财政学等来标识"二战"前后不同的主流财政学，但套用哈耶克和布坎南等关于选择范式经济学和交换范式经济学的区分①，用选择范式财政学和交换范式财政学来标识似乎是更为恰当的，前者以配置理论为中心理论，后者以治理理论为中心理论。只有在交换范式财政学的思想传统中，瓦格纳定律和瓦格纳的财政学思想才能得到恰当的理解。诺贝尔经济学奖得主布坎南一生致力于恢复财政学研究的大陆传统以推进交换范式财政学的发展，理查德·E. 瓦格纳是布坎南的学生，和他有近五十年的学术交往和合作，完全秉承了布坎南的学术志向②，其学术思想中就包含了很多瓦格纳财政学思想的痕迹，读者可以参考他的《赤字、债务与民主》《财政社会学与财政理论》和《作为系统理论的宏观经济学》③ 等。特别需要强调指出的是，理查德·E. 瓦格纳在其新近著作中所强调的处理政治与经济间关系的两种不同做法也为区分这两种财政学范式提供了新的陈述，即选择范式财政学对应了将政治与经济看作是两个分离的行动领域，而交换范式财政学则将政治与经济看作是交织在一起的行动领域。这样，对于基于测算政府规模来检验瓦格纳定律的做法，我们又可以得出进一步的评价，正如理查德·E. 瓦格纳所指出的，"一旦人们认识到政治和经济是交织在一起而非彼此分立的，那对一个经济中政府规模所进行的各种测量就变得不那么有意义了……如果政治和经济代表的是不同的行动领域，那么所描绘的图景将是准确的。但是由于这两个领域交织在一起，这就大大降低了所描绘图景的准确性"④。

---

① 具体讨论参见刘志广：《经济学："选择的理论"还是"交换的理论"？》，载《上海行政学院学报》2010 年第 4 期。

② 在布坎南去世后，理查德·E. 瓦格纳深情回忆了与布坎南长达五十年的学术交往和合作，参见：Wagner, R. E. (2013). "James M. Buchanan and Me: Reminiscing about a 50-Year Association." *Journal of Public Finance and Public Choice*, Vol. 31, pp. 43—59.

③ 理查德·E. 瓦格纳的这三本著作都被收入刘守刚和魏陆主编并由上海财经大学出版社出版的"财政政治学译丛"，现已全部由刘志广翻译成中文，其中《赤字、债务与民主》已经在 2022 年 1 月出版，另外两本也将很快出版。

④ ［美］理查德·E. 瓦格纳：《赤字、债务与民主：与财政公地悲剧作斗争》，中译本，刘志广译，上海财经大学出版社 2022 年版，第 67 页。

巴克豪斯和理查德·E. 瓦格纳在其 2005 年合作发表的论文中将瓦格纳和尤斯蒂（Justi）、葛德雪（Goldscheid）、熊彼特（Schumpeter）、维克塞尔（Wicksell）等一起列为大陆财政学传统中最为重要的德语作者，并将熊彼特看作是国家科学传统尾声的代表。巴克豪斯和理查德·E. 瓦格纳还特别提到，熊彼特在波恩大学的职位是财政学教授，是他在税收国家方面的学术研究引起了奥地利经济学和社会学家葛德雪的注意并使他创造了财政社会学（finanzsoziologie，英译名为 fiscal sociology）这个词。由于葛德雪和熊彼特同为财政社会学的重要创始人，而巴克豪斯和理查德·E. 瓦格纳也是财政社会学复兴与创新的积极推动者和重要研究者，综合上述研究所体现的思想联系，也许我们可以将瓦格纳称为财政社会学的重要思想先驱之一，就像托克维尔一样①。事实上，在葛德雪和熊彼特的财政社会学思想中，我们也能探寻到与瓦格纳财政学思想相一致或相互补充的观点。比如，瓦格纳所说的国家通过强制手段获得的收入主要指的是税收，这种解释和后来财政社会学的创始人之一熊彼特（Schumpeter）在1918 年的论文《税收国家的危机》（The Crisis of Tax State）中讲税收国家是因为国家变穷而产生的解释在方向上是基本一致的。熊彼特主要从三个方面讨论了君主陷入财政困境的原因，一是君主对自己领地管理不善；二是在封君-封臣关系松动后，君主要想获得相对于各等级领主来说的更稳固的地位，他不得不提供原来不提供的各种服务，其原有收入无法满足现在不断增长的支出需要；三是战争费用的增长，熊彼特将其作为导致君主财政困难最为重要的原因。熊彼特所说的第一个原因相当于瓦格纳所说的偶然事件，其第二、第三个原因相当于对瓦格纳所说的公共部门活动扩张的解释，而且，瓦格纳所强调的工业化进程中公共部门活动的扩张也可以对熊彼特

① 参见勒鲁克：《托克维尔：财政社会学的先驱》，中译本，屈伯文译，载刘守刚和刘志广主编：《财政政治的视界：缘起与发展》，上海远东出版社 2022 年版，第 84—120 页。

所说的税收国家的产生及其演进提供重要补充①。再比如，在瓦格纳关于公共支出与公共收入间关系的说明中，我们也可以看到财政社会学创始人之一葛德雪（Goldscheid）的主张的影子。在同样被马斯格雷夫和皮考克收录于《财政理论史上的经典文献》的《财政问题的社会学研究路径》（*A Sociological Approach to problems of Public Finance*）一文中，葛德雪强调基于社会模式及其演进来考虑公共支出与公共收入间内在联系。与瓦格纳声称掌握财政科学最需要重视财政经济收支两方面的特性的主张相比，葛德雪的表述更为明确，那就是，收入与支出二者的相互依赖机制应该成为财政学的首要问题。葛德雪对此的具体表述是，"从长期来看，一个共同体的支出与收入并不彼此独立，二者具有非常密切的相互作用关系。可以这么说：告诉我你是怎样以及从何处获得财政收入的，那我就能说出你的财政支出在预算表中看起来一定会是什么样的。反过来也可以这么说：告诉我你想把钱花在哪里，我就能说出你会以何种方式获取收入，你会从社会中哪个阶级身上取得税收，以及你会因此而需要多大及什么样的公共管理工具。"② 当然，瓦格纳和葛德雪对公共支出与公共收入间关系的强调各有侧重，他们的观点也可以形成互补。另外，瓦格纳关于宪政限制的观点也与熊彼特所讲的税收国家的危机有关，那就是政府支出规模的膨胀可能给整个经济发展和国家治理带来损害，瓦格纳看到了问题所在，主张对政府支出和国家活动的范围进行规范和限制，而熊彼特则进一步将该问题的发展与税收国家的崩溃结合起来。

　　需要指出的是，主张从质的或交换范式财政学角度解读瓦格纳定律并非完全否定从量的方面来对其进行研究，它所改变的是研究

---

　　① 参见熊彼特：《税收国家的危机》，中译本，刘志广和刘守刚译，载格罗夫斯著、柯伦编：《税收哲人：英美税收思想史二百年》，中译本，刘守刚和刘雪梅译，上海财经大学出版社 2018 年版，附录。

　　② 葛德雪：《财政问题的社会学研究路径》，载马斯格雷夫和皮考克主编：《财政理论史上的经典文献》，中译本，刘守刚和王晓丹译，上海财经大学出版社 2015 年版，第262 页。

设计及因研究设计改变而带来的改变。对瓦格纳定律进行实证检验的一个恰当的方向可能包括两个方面，一是瓦格纳所观察到的政府职能新增或扩大的趋势性事实能否成立，它应该基于非财政数据得到判断；二是这一趋势性事实能否通过政府经费在统计上的增加得到证实，或者在什么情况下可以得到证实。如果是这样，那Magableh 基于瓦格纳原著英译本所归纳的瓦格纳假说所包括的五个关键要素在第二个方面的实证研究中就有了用武之地，即由于政府规制行动的存在和政府支出增长会受到限制，瓦格纳所说的政府职能的新增或扩大并不能由统计上的政府经费增加得到雄辩地说明，也就是瓦格纳原著中已经包含了否定通常所说的瓦格纳假说的内容。因此，对第二个方面的实证研究的方向则在于证明规制行动和政府支出增长限制等在什么情况下会使政府在职能新增或职能扩大时并不会增加政府经费，或者证明规制行动和政府支出增长限制等在什么情况下会使政府经费支出随政府职能新增或职能扩大而增加。

结 束 语

瓦格纳的财政理论以其国民经济学思想为基础，具有极强的实践性，这与他所面对的德国在快速工业化过程中出现的各种尖锐的社会矛盾及国家活动因工业化推进日益扩大而引发的财政压力等紧迫的现实问题有关，他试图通过优化国家财政治理以缓和社会矛盾进而维护德国国家的统一性。但瓦格纳的财政理论不能简单地被认为是要为俾斯麦的政策提供辩护，因为一个单纯的辩护者是无法充当俾斯麦的重要顾问的；同样，瓦格纳的财政理论也不能被简单地被标识为社会政策学派财政学，他与社会政策协会只有短期的合作并且是因理念冲突而离开。进一步地，瓦格纳的财政理论也不能被认为只是财政学思想发展史中一颗闪逝而过的"流星"，它是官房学之后德国国家科学传统下财政学之集大成，秉承并系统化了财政学的欧洲大陆传统，是我们今天在交换范式财政学框架下基于国家治理优化需要来推进财政学基础理论创新的重要思想资源，大家所熟悉的瓦格纳定律的内涵和意义也只有在交换范式财政学框架中才能得到恰当的理解。

但瓦格纳在经济学和财政学之外的思想无疑又是需要让我们警醒的，这主要与其过于强烈的政治民族主义和文化民族主义有关。瓦格纳的德国文化优越论和反犹主张等在当时的德国知识分子中具有一定的普遍性，但他在德国的地位可能使他对德国后来走向纳粹化产生了一定影响，当然也可能是后来希特勒的民族德国社会主义工人党想借瓦格纳的声望为其主张"站台"，所以瓦格纳在其诞辰100周年之际被追认为纳粹主义之父之一，这无疑成为了瓦格纳的"人生污点"，但尼采的同样遭遇似乎也可以为瓦格纳提供某种辩护[①]。进一步来看，瓦格纳从曼彻斯特主义向国家干预主义和民族主义的转向是十九世纪中后期欧洲知识分子的普遍性选择。沃特金斯在其1948年出版的《西方政治传统：近代自由主义之发展》中重点分析了民族主义的兴起及近代自由主义与民族主义之间的内在矛盾。按照沃特金斯的分析，瓦格纳年青时所信奉的曼彻斯特主义奉行的是启蒙运动哲学，这是一种世界性学说，这也完全吻合了李斯特对斯密经济学是世界主义经济学的判断。曼彻斯特主义或自由主义所诉求的是个体的一般性福利，而不是任何政府或国家的利益。但十九世纪的现实政治及几百年来君主绝对主义的训示等却使国家成为政治效忠的主要中心，由于很多国家的政治边界与民族边界相当一致，这就使民族主义发展成为主导性的意识形态。在沃特金斯看来，自由主义主张的"协调与妥协的方法严格而费时，诉诸民族主义的

---

① 从尼采去世后的遭遇大概可以探究其原因可能主要是瓦格纳早期的政治民族主义和文化民族主义。尼采是瓦格纳的同时代人，受到希特勒的热烈崇拜，希特勒不仅多次拜访尼采纪念馆，还将《尼采文选》送给墨索里尼，作为其60岁的生日礼物。但有证据表明，是尼采的妹妹在其去世后编辑出版尼采的遗著时加了自己的种族主义私货。参见刘擎：《刘擎西方现代思想讲义》第十章，新星出版社2021年版。

统合力量则有许多好处"①，而一旦政治家们习惯了操纵民族情绪来解决困难，就会习惯于采用强制手段实现民族主义所强调的"社会优先于个人"。沃特金斯还特别提到，由于德国的统一是靠俾斯麦的政治手腕和保守的普鲁士王权的支持，所以日后在德国的政治中，自由主义始终无法成为强有力的因素。此外，沃特金斯还特别分析了独裁特别是法西斯主义的兴起并认为有关近代极权主义的理论与实践的开创性著作，多半出自近代自由主义的倡导者，具有纯正的西方特色，因为其背后是西方宗教的圣战传统和殖民主义理论。从这个意义上说，正是这种自由主义的理论与实践弱点缓冲了自由主义与民族主义甚至是法西斯主义的对立②，这使得瓦格纳的思想转向并没有想象的那么艰难，包括他晚年向浪漫主义的转向也是如此，因为与民族主义一样，浪漫主义也是对启蒙运动下自由主义的反抗，也偏重于保存和发扬民族传统。只是与受到工业主义破坏的城市相比，瓦格纳更寄希望于农村所保留的传统能够维系德意志民族的团结和统一，因此其浪漫主义表现为农业浪漫主义。

我们现在还没有看到具体的文献研究来确定瓦格纳的政治民族主义和文化民族主义是否对我们所看到的他的经济学思想和财政学思想产生了实质性影响。如果有的话，我们还需要进一步判断，这种实质性影响体现在哪些方面，是否与其思想内核不可分离。这些问题都需要得到进一步的深入研究，但这些问题也提醒我们这些从事社会科学研究的研究者，社会科学研究是一项谨慎的事业，社会科学研究者对我们所生活的世界负有特殊责任，一定要对自己建立的理论或借用的理论所依据或所体现的社会哲学保持警醒和反思，正如凯恩斯在《就业、利息和货币通论》的最后一章"对《通论》

---

① 　[美]沃特金斯：《西方政治传统：近代自由主义之发展》，中译本，李丰斌译，广西师范大学出版社 2016 年版，第 192 页。

② 　沃特金斯认为，"由于较成功的殖民强国正好都是最具活力的宪政民主国，这种发展似乎能保证自由主义的全面胜利；但事实上，它却是西方政治思想危险甚或致命的分裂的起点。"见[美]沃特金斯：《西方政治传统：近代自由主义之发展》，中译本，李丰斌译，广西师范大学出版社 2016 年版，第 198 页。

可以引起的社会哲学的简要总结"中所做的①。同时，凯恩斯也特别提醒我们："经济学家和政治哲学家们的思想，不论它们在对的时候还是在错的时候，都比一般所设想的要更有力量。的确，世界就是由它们统治着。讲求实际的人自认为他们不受任何学理的影响，可是他们经常是某个已故经济学家的俘虏。在空中听取灵感的当权的狂人，他们的狂乱想法不过是从若干年前学术界拙劣作家的作品中提炼出来的。我确信，和思想的逐渐侵蚀相比，既得利益的力量是被过分夸大了……不论早晚，不论好坏，危险的东西不是既得利益，而是思想。"②

---

①　在《通论》的最后一章，凯恩斯对《通论》的社会哲学进行了说明或澄清，这是一种负责任的做法，但这一章的内容及其重要性被凯恩斯理论的阐释者和批评者所普遍忽略了，这可能是凯恩斯主义经济学与凯恩斯理论本身存在较大差异的重要原因。在这一章中，凯恩斯明确提出，他不希望采取集权主义国家以牺牲效率和自由为代价来解决失业问题，除通过社会化投资以促进充分就业外，该书的理论在含义是相当保守的。也就是说，凯恩斯并未想否定或改变竞争性市场秩序，而是想让它能够挺过当时的大危机以避免被当时已经在德国和意大利产生的法西斯主义所取代。在凯恩斯看来，"决策分散化和个人负责制的有利之处甚至比 19 世纪所设想的也许还要大一些，而且，反对借助和利用利己心的意见似乎有点过火。但无论如何，如果能去掉个人主义的缺点和滥用，那末，它仍然是个人自由的最好保障，其意义为：和其他任何制度相比，它在很大程度上扩大了个人选择的范围。它也是生活多样化的最好保障，因为，生活多样化恰恰来自被扩大了的选择范围。在生活单调一致或集权国家的各种损失中，缺乏生活多样化是其中最大的损失。因为这种多样化保存了能体现已往各代人的最爱善和成功的选择的传统。它以它的多样化的花式来使现实具有光彩。此外，由于它是经验、传统和想像的结晶，它也是改善将来的最有力的工具。"见 [英] 凯恩斯：《就业、利息和货币通论》，中译本，高鸿业译，商务印书馆 1999 年版，第 393—394 页。

②　[英] 凯恩斯：《就业、利息和货币通论》，中译本，高鸿业译，商务印书馆 1999 年版，第 396—397 页。

原著他序

社会政策与社会主义，表面迥然不同。社会政策得以资本主义为骨干，社会主义则以民生问题为基础。二者的出发点，既然歧异；经过的路程，又夷险不一。而归着点却相离不远。试观我国现在情状，除少数大商埠，略有资本主义的具体化外，姑勿论穷乡僻壤，即一般内地，多半在浑浑噩噩时代。生产与消费，都处在天然状态之中。若采用极端的社会主义所主张之攘夺手段来解决民生问题，必至杀人放火，无所不为，且无异割鸡而用牛刀。故用温和的民生主义，来预防资本阶级的跋扈，实在是对症发药。而社会政策，即是我们对面一块大镜。凡资本主义的一切有形无形的罪恶，统统映在我们眼帘之内。欲预防资本主义之形成，自然容易。譬如走路，殊途同归。所以说归着点相离不远，就是这个道理。童果顺君留学日本明治大学，斐然独出，于受课之余，将德国历史学派经济学泰斗瓦格纳所著的财政学，就其理论上重要部分，择要撮出，纂成一书，复撰附录二篇，关于社会政策的由来，瓦格纳的社会政策思想，加以叙述，以与正篇相映并论，显豁明了，无复余蕴。就中参考松下芳男所著的《瓦格纳的社会政策论》和泷本美夫所著的《瓦格纳的财政学》，融会贯通，原原本本，如数家珍。凡若田野森林矿山盐铁工场住宅银行铁道等等，关于国有说或私有说；复次如财政上税收的意义，税收的原则，税收的体系，以及如何利用国家征税权力来矫正社会之不均，均有极透彻的分析，与最简明的论断，便于披览，易于记忆。当此训政伊始百废待举之时期，不特知往察来可资借镜，且由社会政策而进于民生主义，似为今后许多国家经济进化必经之阶段焉。

陈长蘅①序于立法院财政委员会

民国十九年（注：1930年）六月上旬

---

① 陈长蘅（1888—1987），重庆荣昌人，字伯修，号建公，1906年入四川游学预备学堂英文班，1911年赴美留学，1917年获哈佛大学硕士学位，为中国人口学家、经济学家。回国后先后在北京大学经济系、南京中央大学法学院经济系任教，后曾担任重庆朝阳法学院经济系教授兼系主任、浙江英士大学财政学教授等。中华人民共和国成立后曾任上海文史馆馆员、上海市人民政府参事和上海市人口学会顾问等。——整理者注

原 著 自 序

一，瓦格纳氏的生平，与他在财政学界的地位，此处稍稍来介绍一下：瓦格纳（Adolf Wagner）氏于 1835 年 3 月生于德国联邦巴伐利亚国的埃尔朗根（Erlange）地方。他幼年即很颖悟，18 岁入哥廷根大学，后又进海德堡大学，前后三年，于 1857 年 7 月卒业，得博士学位。翌年秋，奥国首府维也纳高等商业学校设立，聘他为经济学及财政学教授。1863 年，应洪堡大学之聘，去维也纳。后俄国多尔帕特大学以厚币聘请他；1865 年夏，遂在该处为经济学财政学统计学教授。1868 年归至南德，担任弗莱堡大学教职。1870 年遂被聘为柏林大学正教授，而成为德国学界的权威，时年仅三十有五岁。1872 年，与施穆勒（Schmoller）、布伦塔诺（Brentano）诸鸿儒，发起组织社会政策协会，提倡社会政策。其后，1881 年，加盟于基督教主义社会党，而为副首领。1882 年至 1885 年三年间，被举为普鲁士议会议员，辅助保守党的俾士麦宰相，实施社会政策。1885 年以后，乃绝缘政治关系，专心于学术的研究著作，其著作中，以《财政学》四卷（1883 年—1901 年间出版）、《经济原论》、《教科及参考经济学全书》为最有名，尤以《财政学》为最。1917 年逝世，享年八十有二。

瓦氏为德国历史学派经济学及讲坛社会主义的代表人物，贡献于学界颇多，其业绩最放有异彩的，为他的名著《财政学》一书。他以社会政策的思想为立论之中心，别开财政学的新生面，实可以说是近世财政学的代表者。

二，原来财政上的事项，以学问上稍稍来论及的，在十三世纪有阿奎那（Thomas Von Aquin，1227—1274），卡拉法（Carafa，1487年卒）等。至十六世纪，如布丹（Zean Bodin，1530—1596），十七世纪如奥布雷赫特（Obrecht，1547—1617）、波尼茨（Bornitz，生死年不详，约在第十六世纪后半至第十七世纪前半的人）、贝索德（Besold，1577—1638）、克洛克（Klock，1583—1655），霍布斯（Hobbes，1588—1679）、配第（Petty，1623—1687）、洛克（Locke，1632—1704）等，已有秩序的系统地论及。及至十七世纪后半，有所谓官房学派出现，塞肯多夫（V. Seckendorff，1626—1692）、尤斯蒂（V. Justi，1702—1771）、宋南菲尔斯（V. Sonnenfels，1733—1817）等，为斯派的牛耳，贡献于财政学的进步不少。及沃班（Vouban，1633—1707）、布阿吉尔贝尔（Boisguillebert，1646—1714）、魁奈（Quesnay，1694—1774）、米拉波（Mirabeau，1715—1787）等的重农学派兴起，把财政上的议论，统以经济学为基础来列论，迨亚当·斯密（Adam Smith，1723—1790）出，财政学与经济学一新其面目，然而财政学能够得有空前一大进步，略达于"大成之域"的，还要算是十九世纪德国学者之赐。德国在十九世纪之初，就有劳（Rau，1792—1870）氏，继之有乌姆芬巴赫（Umpfenbach，1832—1907）及其他诸家，此时已比其他诸国的财政学，有拔一头地之概。及史泰因（Lorenz Von Stein，1815—1890）、瓦格纳（Adolff Wagner，1835—1917）二氏出，财政学更划一新纪元，而得抵于"大成之域"。史泰因氏把财政学以国家诸学为基础，极力主张财政学为国家学的一主要分科；又作比较财政史的研究的，以他为最早，所以他的功绩是永不可没的。至瓦格纳氏在财政学界上差不多占有古今独步的地位。

三，瓦氏的财政学，最特色的，是应用社会政策思想来列论，而主张确立社会政策的财政制度。即他以为现时社会贫富的悬隔，是文明社会的一大祸根，若不加以防遏，则有妨害社会的安宁、人民的福祉，所以有依国家权力来矫正它的必要，故研究财政学的理论，当应用于实践上，即要依据此种观念，以树立实际的政策的。他说：德国的财政学者，对于国家的观念，应观察为有机的，又历史的，国家为法治国当然所执行的职务以外，并当启发社会的文化，使尽力维持其治安的职务，如依国家的助力，使提高下层社会的地位，原来亦不失其职务之一。即瓦氏主张以国家之力，来矫正富的分配，而财政影响于富的分配之处甚多，依其方针如何，得以矫正分配的不平等，所以社会政策的思想，贯通瓦氏的财政学之全部，在他税收论中，又为显著。瓦氏以税收的目的，不仅在于应付支出，更应以整理或变更国民所得的分配与个人所得的消费为其目的，所以学者或称此时代为财政学史上之国家学的社会政策的时代。

四，瓦格纳的财政主张，我觉得在现在仍就很可适用，尤其是资本主义尚未十分发达的我国，用他这种财政主张做手段，很可以消除资本主义的滋长。总理所倡的民生主义、平均地权与节制资本，其初步办法，颇与此相类似，所以我就他的财政学内，关于含有此意义的重要部分，即国家企业经营与税收政策两部分中，提纲挈领地来说一说，以供国人研究上的参考。

五，本书是去年春我在日本时匆促写成，所取材料以泷本美夫著的《瓦格纳的财政学》与松下芳男氏著的《瓦格纳的社会政策论》为多。归国后，因职务纷繁，无暇整理，今承内子劳凤玉君检出腾抄一遍，得以付梓，志此以谢。又本书草率编成，辞不达意之处，不免不少，尚希读者指教并原谅。

中华民国十九年（注：1930 年）五月三十一日

编者识于南京立法院

上 篇

企业国家经营论

第一节 企业国家经营的概要

今日一国经济生活最必要的条件之一，又最必要的要素之一的资本，依股份公司及其他类似的企业组织，存在于私人之手，此无论从经济的、社会的、文化的，又政治的方面看来，侵害我们国民经济生活之场合很多；而且资本渐次增加其速度，集聚和集中，有时虽有一利，而亦有百害，是无可掩饰的。

这是瓦格纳氏对于现代经济组织所下的批评，因之他主张限制私人资本，大多企业要由国家来经营，使资本集中于国家之手。他说道——

公有财产或公营企业，技术上、经济上，限于能够管理的，把个人经营的企业、资本、土地，渐次移于国家或地方团体之手。换句话说：就是使经济事业为国有或地方团体所有。即地租利息及利润的形态，入于地主资本家及企业家囊中的全部，务必要使之入于公共的库中。何则？在个人经营的场合，个人对于自己的富，存了热烈欲望的结果，一般社会的利益，动辄为少数者的利益所牺牲而置于度外的不少；如果作为国有或地方团体所有，那最能确保一般的利益。

苟如斯，则一般国民或其各地方的社会之利益，能够充分打算，同时由其企业而生的巨额利益，自然为其国家或其地方团体所有，依之得增进其地方或其国家的生活，比之在个人的场合，从国民的经济生活上看来，非常有益的；而且依之得可打破个人资本主义的势力。

所以瓦氏主张铁道及运河、电报及邮政等，所有的运输及交通大机关，并一切的银行事务及保险事业，委之于政府。又如瓦斯、电灯、自来水等的一切事业，委之于地方团体。

第二节 私经济的收入概论

第一项 私经济收入的三条件

国家或地方团体所有土地资本以经营企业，则依之而生的收入，自入于国家或地方团体之手，此种场合的收入，在财政学上叫做私经济的收入。即私经济的收入者，国家与其他一般私人同样在私经济的竞争之涡中，从国有财产并官业而得到的收入也。瓦格纳氏以此种私经济的收入，要具备有如下的三个条件。

（1）国家当经营生产或贩卖生产品，对于一般私人决不是有优先权的，只能与私人为对等的竞争，不过务必企图得到多的收益而已。如果对于私人有优先权，依之而收到特别多的利益时，则其收入是税收，不是私经济的收入。

（2）其事业不可属于国家本来的职分，国家不欲经营的场合，无论何时得可任意废止之；但为要得到收入的，则可经营。

（3）不必顾公益而得到充分收入的，亦无妨碍。

第二项 适于私经济收入的企业

但是在实践上具备以上三个条件的所谓私经济的收入之中是很少的。国有森林、国有铁道、国有运河等的经营，不一定是仅仅因为得到收入而经营之，所以以收入作为私经济收入的条件，未免有稍稍欠当之嫌。现在财政学者中，亦有以铁道收入作为手续费收入的；但是投于铁道运河等的资本，在没有偿却完了之间，而欲得到收入，原来亦为其主要目的之一，是明白的。所以瓦格纳氏说："我亦晓得不免有多少失当之讥，但是尚以之列于私经济的收入为是。"盖如某种事业，必定是私经济的事业，某种事业必定依之可行手续费主义，如此断定不能随便下的，所以，必须在一定情形之下而才能决定它的。

现在欧洲诸国所行的以下几种，瓦格纳氏看作私经济的收入，试细说之于后。

（1）国有田野的收入。

（2）国有森林的收入。

（3）国有矿山制造场住宅的收入。

（4）官营商业银行业有利动产的收入。

（5）国有铁道运河航海业的收入。

以上之外，从邮政、电报、国道、彩票等而生的收入，虽亦有列于私经济的收入之中；但瓦格纳氏则以为不当。

第三节 国有田野论

第一项 从来学者之说

关于国有田野之可否，即国有田野存续的问题，从来有几多学者之说，兹举劳（Rau）氏所举的存续赞否理由如次。

（一）可卖却的理由

（1）普通的经济经营，国家比之私人，经济上、技术上不免要劣些。

（2）若把田野卖却，所得之代金用来偿还国债，则一举而两得。

（3）经营田野因关系者的私益心，而有使国家行政启紊乱之基。

（4）实验上国家即没有所有田野，财政上亦无妨碍。

（二）可存续的理由

（1）尤其是在世袭的王国，国家所有田野，在政治上颇为方便，即政府因议会及其他掣肘之处很少。又即有内乱等的场合，收入亦无动摇之利。（但劳氏注明此二点可疑。）

（2）国家所有田野，则直接可得到收入，因而可减轻人民的税收，于政治上、财政上颇为便利。

（3）就其经营的巧拙与纯收入的多寡来说，国有田野比之私有田野未必常劣些；纵令劣些，亦不是没有革除此弊的方策。又田野把它佃出耕种时，土地所有权在国家之手与在私人之手，经营上不生何等的区别。

（4）将来地租并农产品的代价渐次腾贵，则田野收入有渐次增加的希望。（但实践上佃耕契约满期，继续之际，减低地租之例亦不少。）

（5）以田野收入充当国债偿却资金之时，可提高国家的信用与公债募集的便利。

（6）国有田野又得供农事试验场、农业学校之用，又依场合得供师范学校、疯癫院、劳动场（使囚人劳役的场所与给贫民劳动的场所之总称）之用。

劳氏举示此等赞否的理由后，尚继续说：依之而欲发现在什么场合亦得适用的绝对原则，是属于不可能的事，不过在大体上如森林、牧场、谷物耕种地，稍稍可用粗放的，由国家来经营亦可；但如所谓园地（Gartenland），可集约经营的，务必移于私人之手来经营。

但瓦格纳氏对之则批评道——

劳氏的意见，议论尚称中正，在当时的人而有如是之说，颇是可贵的；但是在今日看来，尚不免有偏颇之议。盖此说，第一，独置重生产，而没却分配的公平，及与此关联的社会政策上的着眼点；第二，没有举出证据，从其初即下国有劣于私有的豫断，因之有只图论事之弊。

瓦格纳氏以为关于一切生产资料，就中土地所有权问题，皆要从两个着眼点来研究的：其一，就是从国民经济的生产方面看来的利害如何？其二，就是从国民经济的分配方面并从社会政策方面看来的利害如何？而此二者之中，特别要置重后者。又纵令在主义上国有地可卖却；但是依其分割卖却的方法如何，亦不能不反对的。

第二项 瓦格纳的意见

那末，瓦格纳氏是如何主张的呢？述之如下。

（1）如果土地分割大区域卖却，随而因国有地的卖却，反使发生大地主的场合，宁可作为国有地存续之为好，其理由有如下。

第一，定适度的期限，使为佃出耕种时，则田野在国家之手，差不多同样大大可行，不会发生恶结果的，故无特别把它卖却的必要。尤其在德国，与其卖却之，宁可使定期佃出耕种为宜。盖在人民方面，如果从来没有所有土地的，受国有地的卖下，开始经营农业的场合，那业农者其资本的大部分，势必为土地的代价而支付之。反之，在佃田耕种的场合，资本的大部分，作为营业资本，而有得用的利益。又卖却土地于民间，买业人如果亦不自耕其地而使他人佃耕，则土地在国有与在私有，经营上不生良否巧拙之差。

第二，有的说：大地主的存在，在社会上极其有益的事，亦未可知。但是依国有地的卖却而成为大地主，事实上很是困难。又纵令能使发生，但不是数十年或数百年来存续的旧家，善用其地位，不能予社会上以好的影响，所以国有地卖却，唯一的结果，不过地租的收入从国家之手使移于私人之手而已。

第三，纵如劳氏所说：卖却田野善能利殖其卖却的代金，比之佃出耕种可得多大的收入，若以之偿还利率高的公债，这是财政上的利益。但是将来人口增加，国富增进，同时一般地租腾贵，使佃户善为竞争，则国家亦未必仅得低的地租也。况今日国家当卖却土地，对此将来的希望，果能得到充分的代价与否？不得不是疑问；而况如前所述，使地租的大部分归于少数大地主之手呢！这是颇可忧虑的。

（2）以上所述，是就国有地分割大区域卖却的场合而说的。反之，如果国有地分割小区域卖却，使适于中流以下的农家之所有的场合，则无论从那一点想来，没有可以反对的，其理由如下。

第一，在经营集约的农业，使其自己所有土地，比之依定期佃耕及其他方法而贷付国有地于农民更加来得好，即私有土地能增加生产的所以。

第二，一国土地之一部，分为数小份，使归于多数农民之手时，没有如归于少数大地主的场合来有恶结果。纵令比之土地为国有，收地租于国家的场合有多少之劣；但是中产农民的存在，社会政策上所希望的，所以以此理由原来不足反对国有地的卖却。

第三，希望购买土地者多，依其间的竞争而卖却之，比之集一大面积之地来卖却的场合，比较可得好的代价。

但是依如斯方法，能够得达增加中产农民的目的与否？不免是一疑问。因为此等农民购买其土地之时，从其初即负有期债务的很多，而在其期间因为不能返还其债务，一旦得到的土地，不久必将失去，结局难保不归于大地主所兼并，所以分割国有地为小区域而卖却之时，预先不能不制定适当的债权法，保护购买者；如果不然，宁可不行国有地卖却，代之以世袭佃耕为安全。

即瓦格纳氏对于国有地的卖却，大体上是反对的。那末，又可否图国有地有增加呢？他说：增加国有地，单从财政上看来，企图增加是不宜的，从社会政策上看来，或者有可图增加的场合。但是已经为私有的土地，收用于国家，原来是属于不可行的事。又如果依普通的手续而有购买的余金，那还不如偿还公债。

第三项　国有地的管理经营

国有地的经营，与私有地同样有自耕、定期佃耕并世袭佃耕的三种方法。最初农耕之业，还是极其粗放行之的时代，在德国并近傍诸国，一般皆行国家自耕法；但是到了农业渐次集约，官业的缺点显露出，乃有采用佃耕法，而其初是用短期佃耕法的。其后经济上情形变迁，同时延长佃耕期限，于是有用世袭佃耕法。瓦格纳氏述上三方法的利害如下。

(一) 自耕法

国民经济并财政还没有脱离实物经济状态的时代，国有地自耕，可以说是适于机宜的方法。又从经济上技术上看时，农业尚在行粗放的时代，官业未必比民业劣；不过官业一般的缺点，只因当事者的利害关系少，而且往往不免陷于不正直之弊，遂使国家或君主受损害不少。其后此弊害渐次虽被除去，但是同时经济上技术上一方面又露出官业的缺点，所以在今日除了极其稀少例外场合之外，没有用自耕法的。

(二) 定期佃耕法

政府与其用自耕法，宁可用定期佃耕法为好，已如上述。佃户比之官吏有直接利害关系，所以热心从事其事业，随而可收得比较多的纯益。又在政府方面，没有如自耕的场合，要行烦杂监督及其他等事务；又亦不要投资本，而可收得比较多的佃租；又因为时常新结契约，伴纯收益的增加，国家提高其佃租，因之得可收其增加收益的一部；并且佃耕比之自耕的场合，每年可得到一定的收入，利益颇大的。

但是定期佃耕法，亦不免有缺点，即佃户不是用自己的土地，所以在其佃耕契约期间内，有使枯竭地力的悬念，又在期间内不能得有效果的作物，有不去耕种之弊。不过关于后一点，依佃耕契约的内容如何，使国家与佃户的利害归于一致的方法，亦不是没有；唯关于使枯竭地力的一点，差不多没有好的方法来防止。盖结细密的契约，严加监督时，虽得可避免此种缺点；然而不免妨害佃户的事业，反而发生其他的弊害。

要之：定期佃耕法，在国民经济上，又将在财政上利益与否？一视其契约内容为如何？今将此契约的形式与内容，稍稍说明之于后：

（甲）定期佃耕契约的形式

定期佃耕契约的形式有种种，兹顺次说明之于后：

（1）一般佃耕与特殊佃耕。

一般佃耕，是把土地面积广泛的土地与其附属之副业工场，例如麦酒酿造场、谷物制粉所、瓦窑、石灰窑等，一并租佃于人民之谓。反之，特殊佃耕，把地皮与副业工场分开，又副业工场亦一一分开而租佃于人民耕种之谓。

在古时用一般佃耕为便，但在今日务必要用特殊佃耕。盖在人口稀少，农业还是粗放的场合，可用一般佃耕；而在人口稠密，农业当行集约的场合，则不可不用特殊佃耕。

（2）大土地面积佃耕与小土地面积佃耕。

从财政上看来，以后者利益为多。何则？希望小土地面积佃耕者多，自使佃租腾贵，又可避免附带大土地面积佃耕的家屋及其他建筑物之麻烦手续。然在国民经济上、社会政策上看时，此问题非可强为断定，要依其时与其地的情形如何，才能断定。例如农业愈趋集约，实行小规模耕种，又在一般土地所有权分配不得其宜的场合，分割国有地为小土地面积佃耕为宜。但大土地面积佃耕，农业以外亦可行副业，又得应用新技术，此为国民经济上的利益，如此场合，原以大土地面积佃耕为宜。

（乙）定期佃耕契约的内容

此亦因时与地而非可以一概来论，从来视为绝对正当的契约条件，以交通发达，贩路关系不同，随而一般农耕的状态亦因有异，在今日看时，已不适于情形的不少，兹分别述其内容于后：

（1）佃租的决定。

决定佃租的方法有三：一，以精密方法算出一地的收益作为基础；二，以此计算的结果而得之佃租额，作为最小额，呈报此额以上的使为佃耕；三，不用此种计算，单以呈报最高额的使为佃耕。

依计算而决定佃租，颇不容易，又容易陷于误谬。在农业进步迟缓，数年间或数十年间收益无大差异的场合，或可用此种方法；但在农学日月进步，耕作方法迅速变更的场合，到底不能说是良好方法；唯政府为断定佃户所呈报之额正当与否？可以用来做一标准就是。至采用呈报最高额之制，是适合于今日经济上一般所行的竞争主义，虽亦不免有多少的缺点，但在大体上可说是正当的。然而仅仅求佃租额之高，而不顾及其他时，有使枯竭地力之虞，又佃户亦有不堪缴纳佃租之苦。所以佃耕固以希望者竞争为原则，同时亦要顾到纵令其呈报额不高，亦以使从来的佃户继续佃耕为宜。又竞争中，在其初即须给与有相当人格与资力者为好。又最高额呈报者之中，国家有随意选择佃户之权。

（2）保证金。

其金额依地皮之大小与佃租之多寡而决定；但其额过于高时，徒夺佃户的运转资本，于国家于佃户均有不利。至其金额以现金或公债证券交纳于政府均可。

（3）佃耕的期限。

佃耕期限以长为是，十二年以上十八年左右可称适当。期限短时，土地不能改良，又有使枯竭地力之虞。尤其是农业趋于集约的，更加有延长期限的必要。依情形使佃户一生继续佃耕契约亦可；又依情形使其承继者再继续之亦可。但是期限延长至常规以上，从最初至几年之后可提高其佃租额的，则载于契约为宜。

（4）佃租的形式。

佃租或以金钱或以物品缴纳均宜规定；而规定以物品缴纳的场合，在实际缴纳时，亦得以之照时价换算用金钱缴纳。此等方法之中，用何者为好？则依国民经济发达的程度如何而定。现在交通发达，行金钱经济，又佃户到了某程度可自由改换耕种法与作物，佃租若用物品缴纳，在佃户方面不便不少，故在今日一般皆以金钱缴纳。

（5）佃租的免除。

此亦依时与地而定适当的契约为是。些少的损害，无论何年，亦难免的，从其初以计算而定的佃租，苟非有稍大损害之年，不减佃租或免除为常。到了近时，多行大土地面积佃耕，无论有如何损害的场合，佃租一点亦不减或免除为常的。盖现在有农业保险之制，又农业的技术进步，一旦虽受损害，不久即可有恢复之途也。

（6）农具的给付。

农具由国家方面给付或使佃户自备，何者为可，此亦不可一概而论。但在农业并国民经济还没有进步的时代，由国家给付，其在进步的时代，由佃户自备，可称为量适当。

（7）农业用家屋。

佃户到了某程度，因利害关系使其保存建筑物为是；但使其负担太大时，反而有害。就中家屋修缮费，普通到了一定金额，归于佃户负担；其以上更到一定金额，则由佃户与国家之间平分负担；再达以上之额，则悉由国家负担。又改筑的费用，可由国家负担之，佃户唯酌量情形，对于改筑费缴纳利息。依佃户的希望而改筑时，则由佃户负担其费用。

（8）土地的改良。

佃耕期限适度延长，则不可不使佃户收得改良土地的效果。其给与土地利益大，所耗改良费多的，则佃耕期限终时，国家交付其相当的赔偿，或当其起工时与以相当的金额，或由国家自己行之，而使佃户出相当的助力。

（9）地力枯竭的预防。

在古时为此目的往往缔结烦杂的契约，但自利比喜（Liebig）农业化学研究以来，得知难以达其目的，故现今契约上唯定以每年使施一定量的燐酸肥料而已。

（10）其他的事项。

定期佃耕的开始期，佃租的缴纳期，可为再佃耕（受佃国有地而更将其地佃耕于他人之谓）与否？以及附带于土地的负担，归于何人负担等等，个个加以规定，载于契约。

（三）世袭佃耕法

所谓世袭佃耕法者，不是如定期佃耕定数年或数十年的期间，凡在佃户的血统存续间，对于一定的土地皆有收益权之法也。但是其权利的让与，并以之为质权或抵当权的目的物时，要得所有者的同意。佃户对所有者开始世袭佃耕之时，交付保证金，其后每年须交付佃租。又，世袭佃户所有者苟无充分理由，不能求契约的解除。

此世袭佃耕比之定期佃耕，佃租便宜。又，比之卖却此土地而利殖其代金的收入亦要少。如仅从财政上看时，有稍稍不利之嫌；但是从社会政策上看时，世袭佃耕增加中流以下的农民，又使已经存在的中流农民，有永久继续的大利益；并且依世袭佃耕的农民，无受大地主兼并之虑，这一点比之分割小份卖却国有地为好。所以世袭佃耕一时虽受非常的非难；但是在今日，又说其利益的有不少。

第四节　国有森林论

第一项　森林国有的可否

在欧洲诸国，自古即有广大的国有林，占国有财产中重要的部分，就在今日，全国森林总面积之中，亦占有不少的部分。唯在昔日，森林的目的，在于得到狩猎之利；但至后世，则为取得木材。第十八世纪之末以后，排斥国家私经济事业，同时森林亦以民有为利益之说的很多；但是森林与其他的耕地、矿山、制造工业，大异其趣，单从生产方面看来，亦难以断定以国有为不利。故非加考究之后，不能断定国有私有的利害。

原来各国何故有不少的国有森林呢？这不一定是偶然的事态。盖林业比农业使用土地非常疏放，与其说资本或劳力，宁可靠自然力为主要来营植的。若如其他的专业移于民业，则在生产上的利益很少，此其一！又在一般官业中所不可免的缺点，在林业方面差不多没有，此其二！更从保持分配的平衡上来看时，森林与其为民有，宁可作为国有而保存之为好。

瓦格纳氏是如斯主张国有而保存它的。但是看他的所说之前，不能不一顾其他学者之说，因为这是为他所说的前提。

第二项　国有林卖却的赞否论

对于国有林卖却赞否之说，可分为下列三种。

（一）从官房学的思想所唱的国有林之非卖却说

依其说森林为民有时，不顾永远的利害而有滥伐之虞，因之发生木材的缺乏，其代价不免有非常的腾贵。但瓦格纳氏则说：因其为民有之故，而必不能就说他有滥伐的。又，木材的代价，亦不是仅仅一般便宜为好，要与其他地方产品的价格维持权衡才是正当，所以以如斯理由唱国有林的非卖却，不能不说是不当或不充分的。

（二）非卖却说的正当理由，可举的为下列诸说

其一，森林有使缓和气候，顺适降雨的作用，到了某程度有保存之必要；而欲保存之，不若置为国有。为达此目的，依情形更可购买民有林。

其二，土地作为森林之外，难以供其他之用的，如斯之土地，置为国有为好。因为供其他的用途，徒招失败，结局比之使归荒芜，如斯反为有利。

其三，林业本来适于大地主之所有，但是大地主中最适于国家的所有。盖树木成长，比之农作要迟慢得多，随而资本的回收，要经过长年月日，而且非用有林业专门知识的，难得成功之希望；又以大规模经营之为有利益。所以林业到底急于资本收回的小资本家所不能堪的。

其四，如前所说，林业差不多依自然力而成长，资本与劳力不关多大的力，所以与其他的事业多适于民业而不适于官业的，不能同日而语。

其五，从林业所得到收益的多寡，主要依国民经济的形势而定，当业者经营的巧拙，似无多大的差别。例如一般文化进步，国富增进的时候，林业收益一般来了增加。又，一地方制造工业兴起，人口聚集的时候，其近傍森林的收益，比之其他地方要增加得多。即林业收益主要的与其说是经营者的经营如何？宁可说是因周围的事实而生多少的差别。所以森林务必为国有，把此种偶然的收益，收于国家之手，可以说是为一般的利益的。

（三）前面所述的，是国有林非卖却主张者所说的，其次再看一看反对说

第一，国有林不拘在什么地方，因为一样经营之故，而欲十分适切各地方的情形以为经营，又些微之点亦加注意，以保无遗算，是不可能的。

第二，国家事业，因其经营拙劣之故，所以国有林到底难得如民有林的收益。

此反对论者，即唱国有林卖却说者所主张的。但是瓦格纳氏批评他说：第二点所说的缺点，未必难以免除。又第一点所说的，因国有林经营的改良，亦可除去其弊害。又有人说：中有林之中，若移于民间所有，就可开垦之而成为耕地，随而增加其收益的亦有；但置为国有的场合，往往即作为永久森林而放弃之，此于国民经济全体上有损失的。对之瓦格纳氏则说：国家因为一般的利益而保存森林，那末因为这个目的，此种损失可以看做所授的经费。

第三项　瓦格纳的意见

总以上所论的结果，瓦格纳氏而下如次的结论：

（1）在我们的国家，在我们的时代，国有林在大体上，保存之为是。但是必定有保存之必要的，只所谓保安林，即使顺适气候降雨之必要的森林是也。

（2）为保安林必要的场合，并森林以外没有用途的土地，国家今后尚增加其所有林为是。因之所要的经费，可看做私经济的投资，同时可看做国家经济的投资。此外与从来的国有林连接而容易监督的森林，得到廉价的机会，国家尚购买之为是。又如某种土地，用作森林比之供其他用途而能得到最多的收益的，亦购买之为是。又在赭山①培养森林，不但因为缓和气候而必要，如果将来大大发达，平地的森林一概废止之，得可供于其他用途的，国家亦务必经营之为是。所以当购买森林，第一务必选择气候缓和上一般国民经济上利益多的；第二不可不图平均分布国有森林于全国。

（3）从气候缓和上看来，又从一般经济上看来，如用于其他用途无害，而且又能增加收益的土地，则开垦之为好，不可徒徒甘于收益少的森林。又如飞地，经营监督困难的小面积之森林，则卖却之为宜。

第四项　国有森林的经营与行政

（一）经营的主义

国有林的经营，苟不背于一般的利益，不可不为私经济的，即务必以多得收入为目的。但从来学者之中，亦有主张须注意于供给最便宜而且留保大多木材于近傍住民者。但瓦格纳氏则谓：以国有林而与近傍住民以特殊的恩惠，不免有不公平之讥，宁可依私经济的主义经营林业，务必多得收入方为正当的。

---

①　指伐尽树木后光秃的山岭。——整理者注

（二）自营与佃植

一般所行的为自营法，与森林可为国有有同样的理由，因森林与其他的事业大异其趣，故由国家经营，不但毫无妨碍，而且反而比之使私人经营的为好。森林经营对世袭佃植与定期佃植之二法虽亦可行；但是差不多不用的，又亦反于森林国有的主旨。

（三）森林官营

森林行政的职分，可分为七：一，直接的劳动；二，森林的保护；三，经营；四，监督；五，地方的统辖；六，中央的统辖；七，会计是也。今简单地把经营森林必要的事务细目说明之于后。

（1）经营森林之一切事务的根底，为森林事实，即森林的位置、面积、地势、树木、竹、木竹种类等，不断的调查，第一所行的事务即此。

（2）以以上的调查为基础，而秤量各种木材的数额、成长的年限，并每年的成长量，就中成长量的称量，非常困难，非有熟练的技师不克办此。已经得到称量的结果，则依之而作成森林收益表。

（3）以得到如此结果为基础，再开始作森林经营的设计，即决定森林各部的利用法、定期采伐期、采伐的方法，及可采伐的木竹之数量等，随而每年度或可得知定期的收益额。

（4）木竹或为国家自用的，或为卖却的；但是今日则以卖却之为是。纵令用于其他官营事业，亦宜使其报告相当的代价，以明国有林的收支，而示损益的真相。欲增加森林收益，不可不图运送的便利，就中森林内的道路，务须修筑良好，因之森林经营费之中，要另设林道修筑费一目，作为经常费支出，便可常注意于道路之修筑。又建筑材料、家具用材料，要与做其他燃料用的木作区别分开，卖却时得可增加收益。而当卖却之际，要依纯然的私经济主义，务必求得大多的收入。在普通市价以下卖却，使一部人民沐特殊之恩典，决非谋一般利益之道。

（5）卖却方法最多行的，是在森林内以杆条所栏之区而标示竞卖之，此在今日最适当又实践上最能行的方法。但是购买者间有预先商议非特别便宜而不购买之弊，有如此情形时，则宁可舍竞卖法，标记定价而卖却之为是，但此定价与市场的价格不可不略相一致。

第五节　官营矿山业工场

第一项　矿山国有问题

今日国家在国有地有采矿场，又在私人所有地亦有采矿场，因为矿山业属于国家的特权，所以在私人所有地亦存有国有采矿场。又矿业特权废止，私人亦得自由经营矿业之后，国家购入矿山的亦不少。

国家所有矿山，果是利益与否：与国有地的卖却非卖却的问题，同为世上所常论。亚当·斯密一派的学者主张卖却之为好，其理由谓：比较其收益多少时，官业遂不及于民业。但此种问题，如前面屡屡所述，单仅依收益的多少是不能判断的，又有顾及国民经济上社会政策上利害的必要，不能一概说其可否，须斟酌各国的情形如何，才能下以判断。瓦格纳氏举下列的几点而下大体的论断。

第一，从国民经济生产的利害上来观察时：

（1）在经济还没有进步的时代，国家自己经营采矿冶金业为好。

（2）在经济发达的时代，反而以民业为好；不过要加以相当的监督，使其不要仅追求目前的利益。

依采矿业而得到的真收益，果有多少？精确知道它很困难。盖长年月间渐次投下的资本有几多？又从年年的收益之中，除去几许作为资本的偿却？又矿山在现在尚有几许的价格？此等精密计算无由行之，随而每年度的利益对于未偿却的资本，果是相当几成或几分，不能晓得，收支计算的原则，到底难以充分适用于矿山，那末，国家卖却矿山，依其代金的利殖，比之自营矿山业更加有得到多的收益之希望的场合，至少在财政上卖却之为好。

（3）但是如下的场合，在今日尚存续于国家之手为是，因为：

其一，经营简单，产出物发售容易，即如炭田盐山制铁所，国家自己经营为好。如普鲁士依之收到不少的利益。

其二，由私人之手而采取之时，可课以消费税的矿物，那国家自己采取之，反而便利得多，如盐就是。

其三，事业要规模宏大的，若为民业不可不委之于股份公司经营的场合，则国有矿山卖却的理由少。

其四，采矿与冶金联络经营的场合，不能仅把采矿业移于民业；若移于民业，那必定要两者同时行之。

（4）现在没有利益或利益少的矿山，将来有生利益或有增加希望的场合，不一定可卖却的；又依矿山而维持生计的多数人民，因官业的停止或卖却，有陷于难境之虞时，亦不可不加以斟酌。

（5）反之，长久没有增加利益的希望，或其收支常常不能相偿的场合，宁可卖却之或停止其事业为好，因受损失而采取矿物，不能说是国民经济的利益。然亦有人说：为附近的多数人民起见，则仍有继续经营之必要。但是如此乃为一部人民，而不顾及加重全部人民的负担，不能不说是不公平。又以之为救贫方法，是极其拙劣的，所以宁可使他们与此有关系的人民，早早转业或移住，而不能不速速停止其事业的。

第二，从国民经济的分配上并社会政策上来观察时：

（1）近世交通机关发达，商业兴盛，矿产品的价格不免要来有多大的变动，因之矿业成为投机的目的物，无故而博不当的暴利，无故而蒙不时的损失，及于国民经济全体上的弊害不少。然而国家自行经营矿业时，得预防此等弊害于未发之利。

（2）如煤盐委于私人采取之时，矿业者并商人间互相连合贪图高价，有使需要者受累之虞；但在国家自营采取，则无如是弊害。

（3）矿业有相当利益的场合，务必国家自行经营，亦是劳动者的利益。盖国家为劳动者谋诸种的利益，而示雇主的模范，又以使用多数劳动者增加其需要，自能使一般劳动的条件良好也。

故为顾及分配上的利害及社会政策上的利害时，即不能如个人主义的经济学者非难一般国有矿业的。

第二项　冶金国有问题

冶金可为官业与否？亦依时依地而不可一概断定的问题。冶金业昔时与林业有密接的关系，所以同为一种官业，盖此二者同时为官业时，双方的生产品互相利用，最能经济的经营之所以。又采矿业与冶金业亦互有密接的关系，所以同是一人而通双方的学术的不少。故既有国有林，若又行采矿官业，则冶金业亦一并为官业，在经济还没有发达的时代，国民经济的生产上亦有利益，是不必说的。

然而近时技术教育普及，关于冶金技术，私人未必立于政府的下风。又在事业经营之一点，与林业及采矿业不同，冶金由私人经营，反有胜于政府的。又林业采矿业纵不受冶金业之助，亦得收到相当的利益，所以从财政上说来，今日国家自营冶金业，已不是很好的事，故在德国诸国，有适当的购买者，每把冶金业渐次移于民业。前面曾说过，移采矿业于民业，尚有多少可踌躇的场合；但冶金业与采矿业不同，从其初由私人来经营的很多，就今日国家所有的统统来卖却它，其及于一般的影响亦无如采矿业的场合之大，所以不必如采矿业那样斟酌的；不过卖却的时候，能够不移于民间资本家之手，而使劳动者生产组合承受之，那为最好，如斯场合，国家应与以相当的便宜。

第三项　采盐国有问题

采盐业与采矿业同样其起因为昔时的"特权"，故欲解决其卖却与保存的问题，并经营主义的如何之问题，一如前面采矿业所说的一样。采矿与制盐为官业，不但财政上不招损失，移于民业时，反而因民间当业者的勾结，贪图不当的高价，难保使一般需要者来有不利，故尚以作为官业而保存之为是。况食盐在大多的国家作为消费税课税的目的物；又为防免课税的遁脱，节省经费，收到充分的效果起见，国家有自行采盐而行专卖之法。故在德国从来存续的官营采盐业不但尚继续之，更有发现新的盐山盐泉时，移于民间之所有的很少。

第四项　国有工场问题

国家所有工场的目的有三：第一为得到收入，第二作为模范工场，借此引起国民振兴国内新产业，第三国家为充自身的需要，用以制造必要的物品。

但在实践上没有纯粹仅存第一种目的的，同时亦有其他的目的；不过经营工场用私经济主义而已。如果仅以得到收入为唯一目的，那不如宁可卖却之为好。以第二第三的目的而设立工场，在今日其必要的场合已极其少，故移之于民业为是。国有工场其规模小，其数少，在现在移民间与否，从社会政策上看来，不是十分重要的事。

第五项　国有住宅问题

单单因为得到赁租而所有住宅，不是适宜之策，比之赁租不免还要更多的修理费；但是如下所揭的，有特别理由的场合，国家所有住宅未必不可的。

（1）在行国家事务上有利益的，或作为官邸可租赁与官吏的场合。

（2）在土地家屋赁租急激腾贵的地方，此场合国家所有家屋时，此种偶然的利益，有不委于私人垄断之利。

（3）在没有如斯急激腾贵等的都会，依土地家屋所有权分配的状况如何？国家及其他公共团体所有家屋，亦社会政策上的利益。

第六节　商业银行业有利动产

第一项　官营商业问题

商业的经营，不免伴有投机的性质，又要无间断地运转资本，即所谓运转资本，占全资本的大部分，所以商业适于纯然的私人企业，公司就中股份公司，已经不免有稍稍不适当之嫌，至于国家可以说是完全不适当的事业。盖官营商业，经营者的官吏，没有直接利害的关系，使行投机事务，难保有不充分注意的场合。又官营事业须设有相当监督组织之必要，随而使如何有才干的官吏来经营，亦不免为烦杂的手续所掣肘而不能为充分的活动，因有此故，所以：

（1）在大体上说来，国家与其他官业没有关连的，不宜经营独立的商业。（在实际虽亦有经营它的，但是很少。）

（2）国家所有林野、采矿、冶金场、工场等，在自营的场合，与之联络而有营商业的，如果营此种事业，而要一定联络经营商业，那与其营商业，宁可废止上列诸事业为是。万一因有其他理由，不能废止上列诸事业，那所结的买卖契约次数，务必要少，如果多结有一次契约额的，那务必避去投机行为为好。

（3）如在欧洲曾经一般所行的，就殖民地的生产品经营官商业，依情形财政上亦有利益；但是求市场于欧洲的场合，则废国家自营而使特许公司充当之为好。

（4）盐、烟草、火药的专卖，不是作为私经济的事业而经营，是作为课税的一方法来经营，所以仅依本文所论的理论非可以一概论断的。

第二项　官营银行业问题

银行与其他的商业不同，作为国家的经营事业，未必可非难的，作为国营，其适当之点有如下：

（1）当国债募集偿却之际，或当经营国有铁道及其他的大企业等，使办理关于此等金钱事务；又如适当融通国库一时的余金于市场，使官立银行行之为最方便。

（2）普通商业银行土地抵当银行的业务，一切依一定的原则而行之，所以股份公司能够经营，同时国家亦得堪当其任。

（3）又官立银行当兑换券发行之任，是最适当的，依之而生的利益，可收于国家之手；而在兑换券发行不放任于私立银行，属于国家权利的场合尤然。

（4）在现在银行业务要集中统一之际，官立银行得能达此目的，此外设置支店于全国，又能图信用制度的便利与发达。

（5）官立银行立于财政部的交易银行之地位，处在国库与金融市场的中间而圆滑其关系的，故国库当吸收资金时，不致有搅乱市场之情事，随而在财政上将又在国民经济的生产上，官立银行皆不能不说是颇有利益的。

（6）比之使私立银行有兑换银行的独占权，那官立银行制度得可限制大资本家的势力，于社会政策上国民经济的分配上利益不少。

以上所举的是国营的优点；然而官立银行的缺点，亦不是无可举的，即如次：

（1）官立银行增大政府的权力，有政治的可忧。

（2）官立银行作为发券银行并存款银行而活动，那其业务主要的行短期借款，而有便利于商业者，对于长期信用为必要的工业者等，则很少与以便利，是只利益于一部人民，不能不说是不公平。

（3）付与官立银行以兑换券发行特权的场合，固不必讲，纵令不然的场合，但是官立银行使国财政与金融信用制度的关系太密接，在一方有搅乱金融市场，在他方有惹起财政紊乱之虑；又当敌国侵入的时候，国立银行的财产有作为国有物而被没收之虞。

但是上面反对说的根据，未必巩固的，又依法规制定如何，不是没有避免其弊的方法，比较赞否两说，欲达绝对结论，原来很困难。今在实践上来看，欧洲诸国因政治上的理由，大多国家避却自己经营银行业务，而使半官立银行或官立银行当发行兑换券之任，故此种问题不是单依学理可以解决，依内外政治上财政上的形势如何，如前揭的赞否论据，在程度上不免有强弱之差。

不设官立银行而使私立银行办理国库出纳及其他国家金钱事务的场合，国家与银行设立相互账目，此种场合，国家通常为透支的。又付与此种银行以兑换券发行权时，国家可使银行为相当的报价，其理由有如下：

第一，银行得将所存的国库金贷出其一部谋得利益，所以对国家为报偿，原来是至当的。第二，国家付与兑换券发行的特权。第三，对政府的支付亦许用银行券时，对此特典亦应使为相当的报偿。不过对于这三种利益的报偿，普通皆不设区别的。

第三项　有利动产业特别基金

特别置蓄动产于国家之手而利殖之，从财政上看来，未必能说是有理由的，从国民经济上看来，宁可说是有弊害。盖国家如果有动产时，应该以之偿还公债，或投于道路铁道的修筑开垦等的利益事业为好。又地方团体兴办此种事业的场合，作为补助金与之亦可。又作为补助金给与私立的铁道公司，或承受其一部的股份之用亦可。

不过，（1）例如战胜之后，从敌国得到大多偿金的场合，有难以即时处分的金额时，为一时之策，以之作为特别基金，而讲究利殖之途；或，（2）如德国的养老基金，用作保证将来财政上的义务，而以其利子完成其义务的办法，那是不必可咎的。但是如后者的场合，一方既作为特别基金，即不能不没有拘束的规定以限制其使用的方法，同时他方又不能不讲究利殖之途，故终难得有良好的结果，所以与其设置如此基金，尚不如以其余金供公债的偿还或投于铁道银行等的有利事业。

第七节　通信与运送

第一项　交通的性质

交通云者，人物并音信的场所之变换之谓。交通实为人世最重要的事项之一，所以务必要安全、迅速、价廉，而且有规则地行之。交通的媒介物有种种，因之国家对它的态度亦常不相同，应媒介物的性质种类如何而不可不制其宜也。

交通的媒介物有种种，从小径至大街道的各种道路，铁道、河湖、运河、海洋、电报线、气压邮筒等皆是。而依此等媒介所行的交通有两种：第一为各人自由随其所欲而利用之的交通（但有时须纳手续费，或不充有其他条件不得利用之亦有）；第二为媒介人物品并通信场所的变换，不问实践上利用者之有无，在一定场所之间，而有规则行之的运送是也。如我们利用通常的道路，是第一的例，如马车火车轮船邮政是第二的例。

水陆道路是交通的基础，又交通机关之由立的所以，故最有关系于公共的利害，因之国家对于道路常宜不怠的监督；又新设铁道之际，因为公益亦行土地家屋的收用。

如街路、铁道、电报、运河、河川的修筑，皆要巨额的资本与特殊的专门技术，以之为民间的事业，大多不外由股份公司来经营，所以比之由国家经营，在经济上不能说是有特别的利益，那末，就在这一点来说，作为国家事业不是不可以的。不过国家投巨额的资本，亦非无稍稍危险之虞；但是广亘全国有线路之时，结果好的与不好的相平均，未必就说是危险多的。而且国家或其他公共团体有此种交通线路时，不必仅以得到利益为主眼，故在图谋公共利益上，与其在私设公司之手的场合，自不可得而比拟。又国家修筑之时，广亘全国有得平均投下资本之利。又如铁道运河往往擅有独占的利益，委之于民间经营之时，为害公益的亦不少，因有此种理由，故国家对于交通线路，要有充分的监督，又在大体上以自营为宜。

以上是关于水陆道路的修筑而言，其次就运送事业来想，比之线路修筑似比较多含有投机的成分，以之为公共团体的事业，可以说是稍有不适当之嫌；但是依运送事业的种类如何，亦未必一概可排斥的。

第二项　国家对于交通线路的态度

以上是述交通的性质及其他，其次一述国家对于交通线路的态度：

（1）自然存在的水路，并陆上的人工线路之中，便于一般普通交通的，公共团体可当经营之任。

（2）不得用于一定交通事业以外之用的线路，例如铁道、电报线，事实上多为独占的，国家及其他公共团体可经营之。

（3）不得用于一定之物以外的交通，例如电报线依同样的理由，国家可经营之。

（4）如铁道运河要行土地收用之后才能筑设的，国家经营之为是。何则？土地收用为谋公共的利益，决不是利于一部人民而损于他部人民之所以。

（5）如通常的陆路电报线所需的经费不多，国家即经营之（到了某程度其他的公共团体亦可经营之），财政上亦无忧，而从国家经济上看来，是大大有益的。如铁道所需的经费多，国家经营之，财政上虽稍稍可忧；但依收入主义经营之之时，得除此忧，其结果虽有垄断独占的利益，但其收益系归于国家之手，所以不久亦可以看做归于公共的利益。又依场合，即废止收入主义而用手续费主义，亦能得到公共的利益。尚又不拘市况如何，无间断的图谋交通线路的普及，因之其利益及于一切阶级的人民，此在社会政策上利益是很多的。

要之：交通线路无论那个国家（在某范围内其他公共团体）亦经营之为是。

第三项　国家对于交通事业的态度

国家对于交通事业所取的态度如次：

其一，自由交通，例如在普通道路上车马的交通，在海上不定期的航海，国家无经营它的必要，又亦得不到金钱上利益的希望；唯在大都会，人口众多，为便利短距离交通，而又为廉价于人民起见，则如马车铁道、电气铁道、市街火车铁道等专业，城市可经营之。

其二，运送人的邮政并包裹邮政与汇银的邮政不同，在今日国家未必有经营它的必要；唯地方因无竞争者，私人营业者有擅独占利益之虞的场合，今日国家自营人的邮政事业亦可。又包裹邮政与普通邮政共同经营之时，比较得可以少的经费行之，所以尚由国家经营之为是。

其三，汇银的邮政、电报、铁道等营业，依如下的理由，由国家经营之为是。即：

（1）此等事业不可不普及于全国，又不可不与外国同种事业相联络，而与外国交涉，到底不得不烦政府之手，故宁可由国家自己经营此种事业为便。

（2）如铁道电报线，供一定的交通以外，不得为其他之用的，则线路的所有者，同时而为事业的企业者，这是自然的事，即国家既有铁道电报线时，经营铁道业电报业是当然的。

（3）使私人经营此种事业，至少有付与一时法律上独占权的必要，如果不然，无论何人亦不顾投巨额资本于铁道线路的敷设；然而与其付与私人以此种独占权，宁可国家自己经营之为好。

（4）铁道电报并因场合如航海事业，依简单的原则得可经营的，即作为国家事业亦无可忧。

（5）如邮政、电报、铁道相互关系很深的事业，联络经营之之时，得可以比较少的经费，收得良好的效果。

（6）使私人经营此等专业，国家有与以补助或保证其利子的；但是与其用此种方法，宁可国家自己经营之为利益。

（7）交通事业的性质，随一般公益程度之高，国家自己可经营的理由更加多，而国家经营之之时，得能制定适于社会情形的赁金之利。

第四项　对于交通事业经营的主义

国家对于交通事业所取的态度略如上述，其次一述国家经营此种事业，其所取的财政主义为如何？原来此依时与地又依交通事业的种类如何而非可一概论断的；但就今日开明诸国来看时，大体采取如下述的经营主义。

（1）信件并金钱印刷物定期刊物的邮政，普通皆采手续费主义，包裹邮政就在今日，尚几分近于私经济主义。

（2）电报在大体上采手续费主义为是；但是比之邮政是限于一部人民受利益的，故倾于私经济主义亦无妨。

（3）运河的开鉴，要巨额的资本，大多以公债充之，此资本还未偿却完了之间，务必依私经济主义为是，其收入以之偿却资本固不必说，但是实践上用来支付利息尚犹不足的不少，然而运河普及于一般利益的场合，不必以此为忧的。

（4）投于铁道的资本还没有偿却完了之间，依私经济主义经营之为是，资本偿却完了，线路普及于全国之后，舍私经济主义，采手续费主义虽无妨碍；但亦不必依此主义为必要，尚宁可企图多少收益为良策。盖铁道不一定国民一般公平沐其恩惠的，故单依手续费主义经营之，反而难保不能公平分配利益与负担也。

（5）航运业就中轮船航运业，以私经济主义经营之为是；唯在为一般利益极其必要的线路，用手续费主义亦可。

吾人观察交通线路与事业，遂到达如上的结论；但依情形有为例外的，国家依纯粹支出主义，不顾收支相偿与否，非无敷设交通线路或经营交通事业者，其措置果适当与否？不外依其时与其地的情形如何而判断，但在大体上宁可反对的。

第五项　铁道国有问题

第一款　从生产上分配上观察铁道之国有私有说

以上关于交通为大体的说明，此处特就铁道来详细说一说。欲断铁道国有与私有的利害，先就其对于生产上的利害如何，与对于分配上的利害如何来研究一下。

先铁道从生产的利害上来观察时，以便于交通运转为唯一的要点，如果全国的铁道为国有可达此目的的，即可采用国有主义；又私有或国有线与私有线混设而能达此目的的，即如是亦可以。然而单单仅从这方面观察，亦不能下以绝对的断案，不过在今日德国及其他欧洲中部西部，即就所谓西洋诸国来说，相信铁道为国有，于生产上是利益的。

其次，从分配的利害上并从社会政策的利害上来观察时，铁道对于经济界，又对于社会有伟大的势力，私设公司与一般利益动辄取不一致的行动，所以断定铁道有为国有的必要。

第二款　关于线路的普及选择上之国有私有说

关于线路的普及选择上，有唱国有铁道之非的，其理由有如下两点：

其一，铁道为民间事业之时，铁道在其必要的地方自然敷设，其不必要的地方自不敷设，颇能适应国民经济的需要而发达的；然而作为官业之时，徒设无用的线路，或又为避免投机的企业，仅仅有得到非常多的收益之希望的地方而敷设之，因之铁道的一般发达普及，有陷于过于迟缓之患；如果作为民业之时，纵令线路过于延长，敷设过于急激，而招来损失，但是所谓损失，是企业者股东等的损失，在国民经济全体上不心可忧的。

此说未必没有根据，在实践上陷于此种弊害之例的不是没有；但是不能说是必然的随伴国有铁道而来的弊害。

其二，就线路的选择，敷设的顺序来说：国有铁道因为政治上之权变，往往有不公平的处置，此乃实例所示的。但是就是这样，亦不能说是必然的随伴国有铁道而来的弊害。

所以瓦格纳氏以私设铁道有如下的缺点：

（1）私设铁道仅仅收益多的部分敷设之，原来是当然的；又收益多的线路，即为必要的线路，对之固无唱异论之余地；但是若是如此，那结局利益希望少的线路，不敷设铁道，则一国铁道岂不是成为不统一的断片吗？如果从其初欲除此弊，使铁道公司于其希望的线路之外，亦负敷设命令线的义务，同时国家保证其相当的利息，或与以补助金，那亦未始不可。反之，如果私设铁道发达之后，为图线路的统一，政府自己敷设利益少的线路，或使私设公司为之，那国家立于非常不利的地位，仅仅从来的私设铁道公司得到不当利益而已。

又，私设铁道未必敷设真为国民经济有利益的线路，其所敷设的，或为依股份买卖求得利益，或为其他种种轻微的缘因，所以线路的普及成为不公平，不能十分有力促成全国的发达。然在国家从其初经营全国铁道之时，甲线路的损失，以乙线路的利益相补偿，得能敷设有统一有秩序的铁道。

（2）私设铁道的敷设，比之国有场合，因金融市场的市况如何，或有大进步，或有流于缓慢之弊。

（3）委于私设之时，小公司分立，需要多的经营费，又经营不统一，为一般的不利；又其初使设大公司以图统一，或者合并当初分立的多数小公司，成为大公司时，虽得除去此弊；但是反而有使铁道公司擅有独占利益之虞。然在国有的场合，得充分图谋统一固不必说，且国家不必以营利为主眼；又纵令陷于营利主义之弊，但其所得到的收入，即归于国家之手，更以之为国铁路普及的资金，所以亦不足为忧的。

第三款　关于资本调达上之国有私有说

其次关于资本的调达上而论国有私有的可否，议论颇不一致。如经营铁道事业，在国家固可募集公债，而在民间的公司，股款之外亦可募集公司债，故关于资本调达之途，略相类似；但其间亦自有区别，即：

（1）私设铁道公司发行股票，因金融市场的缓慢与紧迫如何而被左右，非如国家募集公司的场合可比。

（2）从股票发行之时，到铁道营业开始，要不少的日子，在其间不能确实推算其铁道将来可得多少的收入，又营业开始后，因偶然发生的事故而来收益的增减，比之其他事业要多，从而铁道公司的股票，徒有成为投机卖买的目的物之弊。

（3）国家募集公债与私设公司募集公司债，是同样的手续；但公债发行，比之公司债的发行，受金融市场市况的支配少，因之在这场合，国家比私设公司容易调达资本，又有得调达低利资本的利益。在财政苦于穷乏的国家，其公债的子利甚高，随而如投于铁道生产事业所募集的公债，固然亦不能得到特别低利；但是私设公司的公司债，其利子的高低，又多以其国公债利子的高低而定，故私设公司仍不能说是在资金调达上有便宜的地位；但财政陷于困难之极的国家，是例外的。

第四款　关于构造敷设费上之国有私有说

关于铁道的构造与其敷设费之点而说铁道不可为国有的不少，

依其说：官吏不熟知社会的需要在那一方面，又直接没有利益关系，容易陷于不经济的。

但是证之实际，未必如此；又，铁道敷设费每各线路当然不同，所以就国有铁道与私有铁道的敷设费之多少为其比较，实践上是不可能的。

第五款　关于经营经营费上之国有私有说

以经营与经营费而论国有私有的可否，颇难断定。就经营而论，亦有说国有铁道到底不及私设铁道的敏捷热心；但是这未必不可避免的国有之弊害。又在办理公平吏员廉直之点，比之私设铁道，宁可国有铁道为可望，所以其是非优劣不能一概论之，唯依时与地而不同就是。

再就经营费而论，与铁道敷设费的场合相同，有说私有铁道之利的；但是此不免偏颇之说，兹详论之如次：

第一，国有各线路的经营费，以其为国有之故，不能即说比之私有的场合比较的要多，即使其间有相差的，那不能不看做由于其他的理由。又，由国家来经营长的线路时，随其线路之长，又总收入之大，经营费比较的少，是为常的。而经营费对总收入的比例，依交通的种类频繁与否，方向线路的匀配，工资的高低，燃料的代价等种种情形而有异，所以国有线与私有线的利害得失，不是容易算定的。

第二，各线路各个来比较，如上的算定，差不多属于不可能的事；但是集全国的线路，其国有的场合与私有的场合，其经营费有如何的差异来想时，其国有的利，私有的损，是很明白的。何则？盖在国有的场合，比之多数公司联合执行中央事务的场合，经费要少，又各公司间贷借计算的繁杂手续与费用亦可节省。又依其经营的统一，交通得敏速简单，上述利益之外，尚伴有其他的利益，这可说是国有铁道制的一大长所。大的私设公司，固然亦能得到经营的统一；但是事实上独占的弊害，比此反而有更甚的。

第六款 关于赁率上之国有私有说

关于铁道诸问题中，在国民经济上最重要的是赁率①问题，而在此点无论如何的主张者，亦不能说是私有铁道胜于国有铁道。

依赁率的低下，奖励交通，反而有增加铁道收入之希望的场合，私有铁道到这程度，虽亦可减低其赁率；但减低到程度以上，大抵是因国家的命令，或因为自由竞争，乃限于不得已的。

铁道为民有，国家规定赁率最高限额，使私设公司遵守之，为保护公益，想是可行的；但其实决不如此。例如就旅客运送，区别一等二等三等的运赁，规定其各可最高额，公司纵然守之；但是稍稍长距离的交通，不提供三等客车，使旅客无已②乘二等车时，则赁率最高限额的规定，结局亦没有何等效力。

又自由竞争的结果，未必当与公益相一致，铁道在其性质上，至少在一地方，到底不免有多少的独占，所以在长距离的运送，纵令用递减率，廉价运送；但是近距离的运送，大抵没有竞争者，因而有擅独占之弊。若为国有铁道，一般赁率低，并且用适应的递减率，得图公共的利益。反之，私有场合，一般赁率高，唯仅一二的线路，或因竞争的结果而用递减率，但是竞争的结果，大多缔结协约，保护双方的利益，或至于合并，所以依竞争利于公众的时期决不长的。

第七款 从政治上社会政策上并论理上之国有私有说

铁道国有与私有的利害，又从政治上社会政策上并论理上，亦不能不来研究一下：

---

① 赁率是指在租赁期内，租赁费用或租金占租赁标的的价值额的比率。——整理者注

② 无已即不得已之意。——整理者注

（1）铁道为国有而且为自营之时，用许多官吏，又工事承办人，货物发送者等隶属于国家，政治上可发生可患的结果，此为铁道国有之一短所；但是作为私有，而在铁道公司之大的，其势力颇大，恰如国家之中更发生铁道公司的其他一个国家之状态，其弊比之国有的场合更大。

（2）国有铁道的运转材料，在战争的场合，有被敌国没收之虞，此为国有铁道不可避的短所，盖私人财产不许没收，仅国有财产可没收，此国际公法的常规。

（3）铁道为私有的场合，开战之际，不与许多公司交涉之后，不能利用；反之在国有的场合，没有如斯的手续，无论何时，可为军事上的利用，此为国有铁道的长所。

（4）有人或谓：国有铁道，使官吏议员没有廉直之虞；但是此未必不可避的。就在私有铁道来看，每一线路不能不受政府或议会的许可，而欲得到此许可，对于政府或议会常有所谓"运动"之事，其使纲纪紊乱之弊，宁可比之国有铁道的场合为多，所以从此点而排斥国有铁道，是没有理由的。

（5）国有铁道，就其赁率的制定、交通的组织，不顾民间的利益，而有随便订定之弊，此亦国有反对论者所说的。但是私有铁道其弊害亦是同样，纵令使政府监督之，到底不能达到充分的目的；反之国有的场合，如近来德国所行的举民间的有力者为铁道商议员，使协议赁率及其他等事项，并付与决议的机能，而得除去此种的弊害。

（6）国有铁道的敷设，得能注意公平投下资本于全国，又可避却那伴私设铁道敷设而发生的投机之害，并可免除关连于土地资本的移转私人受不当损益之弊，此不能不说是铁道国有的大长所。

由以上种种所述来看，铁道为国有与为私有的利害，非可绝对来断定，惟在其国其时，尤其是在没有反对国有的理由时，不可不为国有。

第八款　铁道政策的纲领

由以上的评论，而可以知道瓦格纳氏关于铁道国有的竟见，今再就他所举的铁道政策纲领示之如下：

（1）既存的国有铁道，仍为国有而存续之，且以直接经营之为是。

（2）原则上新线路的敷设，应由国家经营，在重要的线路尤然。而在常设亘数年度的敷设计划，每年度大略为同额的投资时，则不可使之有搅乱到经济界。

（3）现存的私有铁道，务必努力使之为国有，不过实行上原来依各国各地的情形，或可急速行之，或有不然的，总之：

第一，私有铁道一旦得收于国家之手时，决不可失之。

第二，私有铁道以正当的代价，卖其线路的全部或一部于国家时，不可逸此机会。

第三，不使小公司合并于大公司，务必使之合并为国有铁道。

第四，私设铁道之中，事实上容易得到独占利益的场所，并连络国有铁道的私有支线，纵令不买，但务必要收其管理于国家之手。

（4）许可私设铁道敷设的场合，须明确保留在一定的期限之后，得收线路于国家之手的权利，并虽在这期限前，亦得有购买的权利。又，对公司所投下资本的偿还，须设适当的规定。又依场合此种新线路的管理，收于国家之手为好。

（5）国家取得私设铁道，或承受其管理的场合，私设公司的既得权利，不可不十分尊重之，而使放弃此既得的权利，有：

第一，如果得依自由契约为最好，但是关于代价商议不成的场合不少，所以——

第二，依场合强制的收用线路，而与以相当的赔偿亦可；不过此种执行，失于严酷之时，害及铁路所有者的权利利益，以致尔后投资本于此种事业的要少去。

（a）如果当最初许其敷设铁道，同时有与以一定的期限间特许营业时，此期限内不可收用。又，从初预想收用的场合，而约以一定的条件时，不可不守此约。

（b）其线路开业后，虽经过相当的时日，但非得判断其价格之后，不可收用。

（c）代价的决定，不可失之宽，亦不可失之严，依精密的评价而决定之，算出的结果，尚加几分为是。又以红利为基础而算出资本价格的场合，比之普通利率稍稍低率为宜。至于代金可以现金交付之，若以公债证券，预先不可不求对方当事者的同意。对于公司债的所有者，铁道为国有之后，亦与前同一条件之下，使受本利的偿还。

（6）国家之外，其他地方团体敷设铁道，虽亦无妨，但其管理经营，委任于国家为宜。

第六项　国有运河并官营航船业问题

现今铁道大大发达，运河与之竞争很困难，所以国家或其他公共团体自己来开凿呢？或是给与私人企业者以多大的补助金呢？或是不保证利子补给而不经营呢？这是一个颇可考虑的问题。而且运河的通行费高时，利用者没有，通行费低时，纵令利用者多，但其收入以之偿还投此资本的利子尚犹不足的不少。

航船业亦与此相同，不能得到多大的收益，所以运河与航船业，到底不能举所谓私经济的事业之实的。

运河收益虽如此之少，但是国家还是自己经营之为好呢？或给与补助于地方团体或私设公司使经营之为好呢？在大体上，运河为增进公益，无有不可的；唯在实践上，要充分斟酌其时与其地的情形而决定其可否。然而现今电报邮政铁道等的交通机关，皆集中于国家之手，收到相当的利益，所以利益少的运河，更由国家来经营，即因之而有损失，得依其他来补充，故在铁道全盛的今日，而亦经营运河，不必可排斥的。

第八节　企业国家经营论结论

在以上瓦格纳氏所论的要旨，要之：国有的森林、田野、矿山、银行、铁道，在今日尚可看做国家的经济事业，今后仍可作为国有而保存之为是。唯可为国家直营事业的，仅森林与铁道，其他唯例外的场合为国有且可直营之而已。

国有财产并官业，为一时学者大大排斥的。但在瓦格纳氏看来，决不是一概可排斥；唯加以适当的改良，使适应新时代的要求就是。就中森林与铁道，今后尚与手续费税收并为国家的一大财源，尚更加以改良，以防止陷于税收负担的过重之弊才好。

下 篇
税 收 政 策 论

第一节　税收政策论的概要

瓦格纳氏自称发现一个原则，其原则即："政府应执行的事务经年而益益增加。"国家应执行的事务伴文明的进步而增加，文明因国家应执行的事务增加从而亦增加。举一例说吧：在 1841 年英国政府的经费比之 1685 年达四十倍之多；然而在此间英国人口的增加，仅不过三倍而已，如此国费的增加，对于人口的增加示出显著的高率，这不外证明因国家所办理事务的增加，而国家或公共团体支出如此的增加是不得已的。那么，其收入又将如何得到呢？对于此等支出，如在前面国家企业经营论所述的，以诸企业的私经济收入或手续费来充当之；但比这个还要更有多额的必要，那填补其不足的，不必说自然就是税收。

如斯，瓦格纳氏主张或以国内消费税及关税充之，又在某点亦主张有增税的必要。盖因课税于中流的下层阶级所有之所得或财产，以上两种课税，是看做最有适当的资格的。其他如运输税、交易所课税，又在某意义，如看作德国学界的产物之土地增价税，无论那种，在使发挥国家的能力上，皆成为必要的财源。

瓦格纳氏更以税收是向国民正当征课为主眼，如中流及下层阶级受间接税的负担，那对于富豪阶级，专依直接税的方法，使为负担国家必要的费用。又对于上流及中流阶级中，尤其是堪有负担能力的，课以累进所得税、累进财产税，或高率的遗产税，自然亦是应当的。

第二节　税收的意义及理由

第一项　税收的意义与目的

瓦格纳氏说明税收的意义道：从财政上的意义说来，税收是为对

于公共团体的事务设施之一般的报偿，依一般的原则与标准，公共
团体在一方以所定的方法，又其一方以所定的金额，为充其财政上
的必要，基其主权强制的从个人征收的赋课物也。

又从社会政策上的意义说来，税收是充财政上的必要，同时或
不拘财政上必要的有无，以矫正国民所得的分配并国民财产的分配，
又以矫正个人所得并个人财产的消费之目的而征收的赋课物也。

原来税收究竟是如何的问题，对之解答很困难，因而至今日
在学者间尚无定说；但是就其要点来讲可不能说是有异议的。税
收从积极的方面说来，是公共团体的特殊收入，又从消极的方面
说来，不是私经济的收入，亦不是手续费收入的一种收入，所以
当下税收的定义，不能不用表明此等几点的文句。瓦格纳氏所下
的定义，是含有此两者的意义的。但是当他所下的定义，言及课
税的目的，因之学者间亦有起非难之声，瓦格纳氏对于此点，有
如下的说明着：

税收原来不外历史的产物而发生的一种制度，关于自由及所
有权的法制、国民经济的组织，并国民经济的生活发达到一定的
程度才发生，又必然发生的。所以当决定税收的意义，要明示税
收与被课税者的关系，又指示税收收入的用途，即不能不明示所
以课税的内面的理由。故税收从形式上看来，言及如斯的用途，
似乎稍有不得当，但因为要明示税收的意义说起来，反而相信是
对的。

又税收征收的目的，不仅单为充财政上的必要，尚有其第二的
目的，即社会政策上的目的。就此点，学者间起了非难之声；但是
瓦格纳氏以为"如斯非难，是想不到有力的"。何则？例如保护税，
征收的主要目的，决不是为充财政上的必要，实在是因为保护国内
的产业。以此看来，税收征收的目的，必不能说是仅在于财政上的
所以。故课税的定义中，若说征收的目的，而亦说及财政上以外的
目的，宁可说是当然的。

第二项　税收存在的理由

如此，税收是为充财政上的必要，又要达社会政策上的目的的；但是就中因为财政上的目的而征收税收的所以，是在国家及其他强制共同团体不可废之一点。如果在此点疑心税收存在的理由，那即疑心强制共同团体存在的理由，如斯疑问的解决，原来不是财政学的职分；但可得一言的，即强制共同团体不能不说是人类生存不可缺的，又到底不能避免的。果如此，那不能不说税收亦是人世不可缺的，不可避免的。

但关于此点，从来学说之中，不是没有异于上面所说的，即他们所认为税收存在的理由，是因为各人为国家的一员，享受其利益的缘故。但其中又有两种说法：其一，以税收为因国家事务施设所享受利益的一种报偿，如所谓税收享乐说是；其二，以税收为国家对各人生命财产保证的一种保险费，如所谓税收保险说是。

但在实践上，依公共团体的事务设施，个人不一定能够享受快乐或利益；又纵令享受，而不能证明其享受或测知其程度，公共团体的事务设施，倒是主要的因为全体的生存发达，各人不过为其团体的一员，对于全体不过负义务而已。于兹有国家理论的差别。

第三项　税收征收的限制

税收如前所述，基于国家的主权，由国家一方所定的金额与方法而征收，故虽达至如何程度，在理论上虽亦无妨；但税收的支付与通常的交换或卖买的场合不同，不是依相互报偿主义的，即纳付税收者，不是作为对偿而受有相当的价格，不过仅从一方提出价格而已，故每年须反复征收，因此必须注意不可超过纳税者的余力范围，技术进步到某程度以上，纳税者一年间的生产，要能维持其生活与能力，苟不达有余的时代，不能以税收作为经常的财政制度。

　　税收在理论上不得限制其额，在经济上则大有限制，其限制的条件有五如下：

　　（1）生理上并文化上的条件，即可得减缩担税者的需用之程度。

　　（2）肉体上并心理上的条件，即税收不妨害担税者经济上能力增进的程度。

　　（3）经济上并技术上的条件，即劳动功程的多少并其增进的迟速。

　　（4）法律上的条件，即课税之际，强制的多少。

　　（5）国家经济上并财政上的条件，即依税收收入，公共团所经营的事务设施，给与社会全体并各个担税者经济上效果的大小。

　　上述最重要的为第五，盖从经济上说来，依税收收入，公共团体所经营的事务设施有经济上的效果的，即税收有"复生产力"，那才有其存在的理由，税收若有复生产力，则税收的纳付，亦不外分业的结果而所行于经济上的一种事实。何则？公共团体以税收收入所经营的事务设施，税收负担者依之而能得到生产力，或加已有的生产力之所以。即税收从经济上的着眼点看来，其真相与通常卖买交换的场合似无少异，所差别的不过其形式不同，又此价格的交换，行于国家与被课税者全体之间，不一定行于国家与各个的被课税者之间而已。但是如果求税收本质的理由于此处，那是大大误谬的。

第三节　税收的最高原则

第一项　序　论

　　所谓税收的最高原则，系指示课税制度制定的方针，实践上的税收政策并课税技术，皆以此原则为基础而决定实施。如斯原则，虽得可单从公共团体财政的本质演绎出来；但是对于负担税收的人民之利害上，亦要深加斟酌。

最高原则之中，有多数原则，原来不是绝对确定不变，依其每个场合的文化程度，经济上技术上的状态，并时代思潮或法制发达的程度如何，而可变动的。一言以尽之：最高原则决不是全然纯理的，到了某程度，属于历史的范畴。又，此等原则不可互相分离应用，各个原则都要同时顾虑到，所以无论哪个原则，亦不能完全实行，这是不可避免的自然之结果。而从来的学者，不十分顾虑这方的事实，走了极端的主张，反而陷于离实行颇远之弊，这是深以为憾的。

今日税收最高原则所认为的事项，不必感觉其困难者，乃因此种原则，在认为以前，已成为实践家方针的不少，迩来从财政学的进步，益益成为明瞭确固，又近于实行了。而吾人欲判断实际的税收制度之可否？可依此等原则对照，固无待论；但此等的原则，果得正鹄与否？要知道这层，又不可不检讨其在实践上果得实行与否？如此注意，使学问与实际保持连络，庶几得尽财政学的职分。

税收的原则，既非一个，而欲以一种税收使适合于此等一切的原则，原来是不可能的，宁可结合异其种类性质的多数税收，作成一税收体系，在其全体上努力使之多多适合于此等一切的原则。

理论家常指示现存税收制度的缺点，而欲有以改善之；但实践家对之则挟异议，其理由是：现存制度固虽有不可免的缺点，但既实施后，经几多星霜，依转嫁自然而然得到负担分配的平等，何苦现在忽而又要改革它呢？又或者说：税收的改革，无论在如何的场合，必致及于负担分配的变动，在此点上不免已使感有多少的痛苦。是等之说，不必正当，是很明白；但是尚亦含有一面的真理。故理论家当企图税收的改革，不可陷于绝端的纯理主义，须善为注意使之适合于实际的情形。

如斯，瓦格纳氏列举九个的税收最高原则，分为四种类，即如下：

(一) 财政政策上的原则

(1) 收入应充分的原则。

（2）收入应可动的原则。

（二）国民经济上的原则

（1）不可误税源选择的原则。

（2）不可误税种选择的原则。

（三）公正上的原则

（1）负担应普及一般的原则。

（2）负担应分配平等的原则。

（四）财务行政上的原则

（1）课税应明确的原则。

（2）手续应便利的原则。

（3）征税费节约的原则。

以上诸原则之中，例如税收应明确的原则与手续应便利的原则，并征税费节约的原则，差不多不待说明而可明白，与其说是原则，宁可说是差不多有公理的性质。然而负担应普及及分配应平等的二原则，则少异其选，不一定常可以看做公理，依时依地而有异。所谓公正的意义，其不同的地方，要多少说明的场合亦有；但如在今日的自由平等时代，差不多可以看作不要说明的公理。虽如此说，如此自明的公理为原则，一见似极其容易；但是欲明确如斯平易的意义与范围，正当说明之并期其实行，实在反而不免很困难的。

以下是瓦格纳氏原则的说明。

第二项　财政政策上的原则

此原则是财政本质上当然的事件，无论在理论上，在实践上最重要的。盖财政的第一义，非在于图课税的一般并公平，而在于充国家及其公共团体所经营共同生活之要需，即国家为维持其存在并贯彻其目的上所需的必要资料。

财政政策的原则有二，即如前面所述，其一为税收的收入应充分的，其二为税收的收入应可动的。而所谓税收收入应充分的话，是税收以外的财源，倘不能得到充分收入时，那公共团体财政上的需要，不得不依税收收入得到充分是也。所谓税收收入应可动的话，是依支出的增加，又依其他收入的减少，发生不足的场合，依增征或依自然的增收，容易得补此缺损的税目，加置于税收制度之中是也。

此二原则，当应用于实践上，与公正原则及其他原则发生冲突之处亦有，故当编制税收体系并选定税种之际，不可仅拘泥于此二原则，其他原则亦有充分斟酌的必要；但财政政策上的原则与以有最后决定之力是无疑的。今一观察各种税收如何应用此原则来实行？

(甲) 间接消费税 (Indirecte Verbrauchssteuern)

间接消费税，随人口的增加、国力的增进，及消费该课税品的普及，自然而然增加收入的，故在此点，逐年增加岁出的文明诸国之财政，用来最为适当；然而因经济上财政上社会上事态的变动，其收入常有发生高下之差，故不能看做无论何时，亦可得到充分收入的。又纵令提高其税率，亦不一定能够如所预期的增加其收入，所以在临时有增加收入之必要的场合，不是很有效力的大财源，故仅以间接消费税甚是不充分，不能不以所得税或财产税来补其缺点。

(乙) 一般收益税 (Allgemeine Ertragssteuern)

一般收益税，若是不过度重税，其性质上是有非常确实的收入，对于岁出的一部，以之用做确固的财源，是极其便利；但是超过某程度而增高其税率时，则收益税有变为课税资本之恐，可以说是不很可动的税收，随而对于年年财政需用增加的国家，有难以作为主要财源之憾，又不能临时增加其收入，以应不时之需用，故有以其他税收补助之之必要。

（丙）所得税（Einkommensteuer）和一般财产税（Allgemeine Vermögenssteuer）

所得税和一般财产税，公平赋课征收，甚是困难，随税率之高，有益陷于不公平之虞，依之欲得到多大的收入很困难，故不能以此为主要的财源；但是收入的增减如意，以之为补助其他税收之用时，或补其理论上的缺点，或补其收入的不足，为税收制度中之可动的分子，适合于"收入可动的原则"的。战争及其他事变之际，募债之外，为得到临时特别收入的方法，课所得税或一般财产税，不仅得到确实的收入，且有使资产家负担此种非常经费的利益。而在进步的国家，因其人口的增殖，国民所得并个人所得的增加，且征收机关不断的进步，从而得能渐次增加其收入，可看做税收体系中确实之部分。所得税和财产税之外，遗产税亦略有同样的作用。

（丁）运输税（Verkehrssteuern）

运输税的收入，亦伴国民经济的发展自然而然增收的；但经济上并政治上每有事态变动之际，其收入所生高下之差，比较间接税尤甚。唯依财政上的方便，得可自由增加其收入，此虽有可动性；但是不免很不充分。

以上所揭的诸种税收，适合于财政政策上的二个原则之程度，依国税的场合与地方自治团体税收的场合不必同一，例如因经济上事态的变动，收入发生显著高下的税收，为自治团体的税收，较之作为国税不免有更多的不便。盖自治团体财源的种类，无如国家之多，随而依彼此的平均，全体的收入不能说是没有大变动，所以此点财务当局者不可付之等闲的。

第三项　国民经济上的原则

第一款　国民经济上的原则

税源者，从其中支付税收的财货之谓也，与课税的标准或课税的目的物完全不同。而此税源无论在如何的场合，不能出如下三者之外，即：一，所得或纯收益；二，资本；三，消费财产是也。

当选择税源，必须区别种种的着眼点来观察：其一，应区别私经济的见地与国民经济的见地；其二，应区别纯财政的见地与社会政策的见地。又依税收收入的用途如何，难下以一样的判断，这是不可不注意的。

税收从国民经济上的见地说来，通常的税源，不能不说是国民所得。所谓国民所得，与通常的所得之意义相同，一国民不减少其以前的财产而得可消费于一时期间的财货或价格之谓也。如果税源不求于国民所得，而求于国民财产之时，势必致渐次减少国民财产，以致税源枯渴，而成一般之衰微不振，酿成人口之减少。但在此种场合，如税收的形式名目，原来非所问的，所得税收益税运输税，或消费税等，无论依如何的形式名目而征课，在其总额从国民所得之中达于不能支付的程度之时；即事实上为国民财产的课税，而即发生如前所述的恶影响。

盖不可使从财产或资本之中支付税收，这是从经济学发达，资本的职分明了以来，一般所倡导的；但在独立战争及其他例外的场合，则未必能避免，此历史所示而又无可咎者。若在平时而必须为如此苛酷的征税，此即不外示其国财政制度的恶劣，或当局政府已陷于不能维持的境地。

但是避国民财产或国民资本的课税，不必是避个人资本或个人财产的课税之意义。例如遗产税，以课税于资本的理由，而亦有非难的学者；但如遗产税，虽减少个人的资本，而以此税收入的用途如何，不一定是减少国民资本。例如以此税的收入用于私经济的投资，即如铁道的有利事业，或充用于公经济的投资，即如官制大改革、陆海军扩张等的经费，或为劳动保险、初等教育等，主要的用于经营增加下级人民能力的事业之场合，则损于一方而益于他方，在国民财产上不必有损失的。

原夫遗产税及其他个人财产的课税，及于国民所得的分配并个人财产或个人资本的成形上有不少的影响；而依税收与以如斯影响之可否，因各学者的意见如何而异其判断；若仅以课税财产之故而反对，是失计之甚的。

又个人财产，原来从其所有看从来的所得而生的，现在的所得，即造成将来的财产，今课税于个人所得，结局及于个人财产的成形并分配上以多大的影响。若如某论者所谓：从个人财产之中，使支付税收，既绝对不可，那从个人所得之中使支付税收，亦不能不说是不可；但是如上述的场合，从个人财产之中使支付税收，不必常可排斥亦是明了。

由以上所述，可以明白：从国民经济上观察的税源，在通常的场合，务必在国民所得，从国民财产或国民资本之中使支付税收，限于非常的场合，亦无妨碍。同时亦明白：个人财产或个人资本，不一定在非常的场合之外；不可课税的意思，盖个人所得固无异于主要的税源，但若谓为唯一的税源，不但从社会政策上或公正上的着眼点看来不能如斯说，即单从国民经济上看来亦难以断言。

尚有从个人财产之中使支付税收的场合，可分三点，细述之如下。

（一）财产的成形

财产之中，有依自己的手腕得来的，与不依自己的手腕偶然得来的之二种，后者比前者多课税，可说是正当的，此从社会政策上看来，亦必定要设如斯差别，例如投机利益、彩票奖金，及继承财产，即应比其他的财产多课税。

（二）财产的用途

财产又依其用途可分使用财产与资本的二种。而所得正常解释起来，享益或得可享益的，亦应加于所得之中，故以上二种财产之中，使用财产的课税，不过所得税的一种形式而已。反之，对于资本的课税，在特殊的场合之外，是不许的。又依场合限于使用财产或资本的一部分而课税，如斯所课的税，称为部分的财产税；但其实不过所得税或收益税而已。例如限于使用财产的一部之奢侈品课税，或于资本的一部之土地家屋之类课税场合即是。

(三) 财产课税收入的用途

欲判断财产课税的可否，不可不一考财产税收入的用途为如何？其用途可区别为三，即如下。

（1）为应付经常费，与其用财产税，不可不先用所得税的收入；但使税收制度含有社会政策上趣旨的场合，到某程度用财产税亦不是不可以。

（2）为应付临时费用财产税自亦无妨，尤以为使国民中之富裕者负担此种经费时，则课财产税尤便。

（3）为图下级人民的利益，或投于国家经济的改良事业，用财产税差不多属于不可免的事；但在实践上，依自由竞争结果所行的分配之正当与否，与社会政策的课税之正当与合，对此二者见解如何，或不能全用的亦有。

又税收从个人经济方面看来，在通常的场合，主要的税源应为个人所得，是当然的，如果征收税收使从个人所得之中支付时，同时可达到如前所述的使从国民所得之中支付税收之目的。

第二款　税种的选择并税收的转嫁

确定课税标准的课税物与纳付税收的纳税者，原来属于课税者之权内的；但是事实上要预定负担税收的所谓担税者，差不多不可能的事。唯依税种的选择，与税收制度全体的组织如何，或能如几分预期可望税收负担的分配而已。以预定使纳税者负担其税收而征课的税收，即通常所谓直接税；又以预定使纳税者自己不负担税收，而使转嫁于他人负担的税收，即通常所谓间接税。但实践上果是何人到了如何程度负担其税收，在私经济的交易之间，自己会确定，未必如课税者的预期分担的。如斯税收的负担，一时彷徨于民间，结局归着于何所呢？总称此现象曰：税收负担的转嫁。

原来，税收的转嫁是纳税者对已经纳付的或将来应纳付的税收之负担，惹起反动而发生的。即纳税者盛行营利的活动，以增加其所得，欲企图免了因为税收负担的痛苦，将自己所纳付的税收，而使他人负担之，避却自己的负担，于是有所谓转嫁之发动。此转嫁亘及于国民经济全体，使生产分配上发生变动，又所得的成形与物价上，亦有不少的影响；而税收负担的结局分配，出于课税者预想之外的不少。但此终局的分配，实在最为重要，故不可不照国民经济上的原则并公正上的原则，以期得到正当。然则对于各种税收的转嫁，调查其终局的负担分配如何，无论在学问上在实践上都是极其重要的事。

又有人以税收转嫁，看做为得到税收负担公平分配的一种手段，关于此点从来学者之间，可看出误谬之说的。其说是：税收的法制纵令不公平不完全的场合，依转嫁其终局的负担分配，自然而然得到公平，所以凡是旧税收皆为良税，新税收皆为恶税。此说：一，以自由竞争完全实行；二，以自由竞争的结果，必定来有税收负担的公平分配为前提，此固含有多少的真理，但亦未必是适当。

依场合，自由竞争的结果，利润多的事业多营，利润少的事业少营，随而无论何种企业的利润，亦将与无论何种财产的利润相等，此即所谓利润均等的法则，税收的负担，亦有行均等的公平分配的。但是此种事实，必须一般人民其经济上的能力并智虑相同，又其企业投资、职业等变更的难易之程度，差不多完全相等的场合，才能行之；然而如此条件具备的，实践上差不多没有，随而税收负担公平转嫁的事，可以说是差不多亦没有。又受让因课税致价格低落的固定资本等而起新企业的利润，或不感其课税的痛苦，亦未可知；但此资本的让与人，则因课税已蒙非常的不利，是税收负担的不公平，到底不能避免。

又因场合，因为转嫁亦有使税收负担分配反而更加来了不公平，所以税收的转嫁，决不能如税收法规制定者之希望而行，故税收法规的制定者，不可随便依赖转嫁的效力，从其初不可不期于制定理论上无缺点的税收法规。

第三款 各种税收转嫁的法则

关于各种税收转嫁的法则，举之如下。

（1）如人头税、家族税、等级税、所得税、财产税等的人税，转嫁他人，很是困难。又间接消费税，既是一旦归于消费者的负担，更转嫁于他人，亦很困难。

（2）收益税依生产品代价的定法，不是不能转嫁；但其实际所行的程度，因税目又因场合而大异。就中市外地租及营业税的转嫁，差不多难以实行。而收益税通常使其收益之源的物件价格低落，即后方转嫁①为常。（所谓后方转嫁，是税收的负担者，从交易上的后者［即买者］，移转于交易上的前者［即卖者］之谓。）

（3）遗产税是不转嫁的。课彩票奖金的税收，依后方转嫁，非无归于彩票发行者负担；但是必不会转嫁的。又征收因社会事态的变动而生偶然利益的税收，大多看做后方转嫁，使课税物的价格低落。

（4）运输税因场合亦有转嫁的，亦有不能转嫁的；又转嫁与否不明白的很多。

（5）如盐税、烟草税、砂糖税、酒税等的国内消费税，皆为间接税，即能预期转嫁于消费者的负担的。若无其他地方或外国的竞争，或输入品另外课以相当税收的场合，得可如预期的转嫁；但因场合，或为负担消灭的亦有，又或归于生产者或贩卖者负担的亦有。

（6）依专卖方法而征收的国内消费税，能如充分预期转嫁于消费者为常。

（7）为财政上的目的而征收的输入关税，在通常的场合，使课税

---

① 即今称为后转或逆转，与之对应的为前转或顺转。——整理者注

品在国内的价格上腾，随而转嫁于消费者。

（8）作为入市税而征收的消费税，其市内无竞争品的生产，或纵令其市内有竞争品，而另课以与入市税同额的税收之场合，其市内的价格仅腾贵此入市税额而充分转嫁于消费者为常。

（9）为保护国内的产业课输入品关税，此保护关税的转嫁颇复杂，不能立有一定的法则。

要之：转嫁的有无方向及程度，不但预测困难，事后调查亦很困难。

税收负担的转嫁，既如斯复杂，同样，税收免除的效果，亦不容易判断，从来所课的税收，一朝废止，课税品的代价，未必就会低落，此亦学者不可怠于注意的。

于是税种的选择不能不更加以注意的必要；然而在实践上太拘泥于此点，不能得有十分的收入，所以不十分明白转嫁倾向程度等的税收，亦有采用的必要。不过在此场合，一方主要的要用可归于上流人民负担的税收，同时他方主要的要用可归于下级人民负担的税收，努力使彼此相补，以期税收制度全体的负担，得到公平分配。

第四项　公正上的原则

第一款　税收负担的公正分配

所谓公正，是如何解释的呢？先以下列三点来研究一下。

（一）关于税收公正的意义，是历史的、相对的

公正一语的意义，决不是绝对万古不变，可说是随人类文明的程度而变迁，是历史的，而且场所的，那末，现在所谓公正的课税，是如何的问题，一考究起来，不过仅就近世文明的法治时代而说的就是。即在一身上的自由及政治上的自由，普及于近世的社会，所

谓公正的课税，即可解作公平赋课普及于各人的意义。但是在昔等族时代，君主与等族之间，依契约而决定税收，且等族相互之间，依协约而分配负担，即不普及课税收于各人，又，亦不图负担公平于各人之间；唯等族相互之间，即阶级与阶级之间，以公平分配负担而为公正的课税，此则于现在的意义大异其趣也。

然而普及公平分配税收于各人，不但实践上很困难，单在理论上所谓一般普及并公平，原来是如何的意义，说来亦不免很困难。

（二）关于税收公正非公正的判断，与对于私经济的竞争制度之可否的判断，有密接的关系

（1）那重农学派并斯密一派的自由经济学者，以私经济的竞争制度，看做绝对的正当，从而依这制度的当然结果而生之现在的所得及财产分配的状况，想做是完全正当，所以主张课税单仅为国家得到必要的收入才可行之，以课税而欲达社会政策上的目的，是误谬之甚的。据他们的意思：所谓一般普及，是一切的人民不拘其所得的大小如何；又不拘其财源的种类如何，皆有负担税收的义务，所谓生存必需额，亦不可无税；又，所谓税收的公平，是比例各人的所得而课税之意，反对累进课税；又，税收必须使从个人所得之中支付，各人的财产并资本决不可课税。

此种意见，在视私经济的竞争制度为正当的时候，自达如斯的结论；但是私经济的竞争制度究竟正当与否，还是难以遽断①的。

（2）若以私经济的竞争制度，不一定为不可侵犯的真理，又以随伴其结果而来的所得并财产分配的状况，不一定为满足的时候，那税收不仅为国家得到收入的手段而征收，又同时可以用做矫正所得并财产的分配，到了某程度而为社会政策上的手段。从此见地看来，所谓一般普及，不是如字义那样解释，所得少的尤其是依劳动得到的所得，免某种税收，比较的应减轻其税收的负担，又所谓公平的

---

① 遽（jù）断，意为仓促下结论。——整理者注

税收者，不比例于各人的所得财产，乃比例于各人的给付能力而课税之谓。盖所得财产多的，越多给付能力越大，其给付能力增大的比例，较之所得财产增加的比例，更加来得大，所以所得并财产的课税，务须累进的，不可比例的；且又依财产得到的所得，比之劳动所得，应课稍重的税收，又偶然的所得，更应课更重的税收。

虽有如斯两个不同的见地；但是大体上现在尚是第一个见地，即纯粹财政上的见地实行，所以现存的税收制度，亦从此见地求得公正为理想。但是近时渐次多有采用社会的见地，税收制度亦渐渐有如此变化的倾向。

（三）公正的原则，依分业并技术发达的程度而异其适用

欲使税收为公正，伴分业的程度并生产技术的程度，税收制度的组织，不能不常常加以变更；但是实践上不免有多大的困难。盖往昔经济上的关系还简单，分业还不发达，各户差不多经营同样的事务，而且其技术差不多一样的时候，简单的课税法，例如以仅课地租的方法，亦不悖于公正的原则；但至分业被行，技术稍稍发达的时候，地租之外，尚课以数种的收益税、所得税，或间接消费税，即要随伴社会的分化并所得的分化而课税。在现今分业益益复杂，技术益益发达，因而税收制度亦伴之益益复杂，此为使税收公正起见，是不得已的。

第二款　课税的一般普及

在所谓国民时代的今日，一国的人民皆为自然人，为国民者有负担税收的义务，是无疑的余地，现今列国的税收制度，是基于此种原则而设立的。税收普及征收于一切的国内人民，是自然之理；但是为使税收得到公正，因情形不一定仅课于国内人民，外国人民法人亦有课税的必要；或又国内的自然人中，亦有必须避免课税的。从来无论学问上实践上，关于此点缺了明确，到了今日差不多还没

有一定的方针，瓦格纳氏以现今课税须一般普及的理由，推论而揭示大体的原则如下：

（一）国家对于自然人的课税

（甲）通常的场合

在国民时代的今日，凡是国内人不能免除税收的负担，无论在理论上，将又在实践上，是无容疑的；但是对于生存必需额的免税，则不能不加以注意。因为下级人民，其给付能力小，为减轻其负担，在可能之中，不可不免除其直接税的赋课，即间接税之中，一般人民所需要的必需品之课税，能够废止的，亦以废止之为是。

（乙）特殊的场合

（1）住居国内之国内人，从外国得到所得的场合，除去其在外国所课的税收之外，对其残部，在国内可课以对人税或其他适当的税收。

（2）住居于外国的国内人，在外国已课税收，若本国亦课以税收，则有限于二重课税之弊，故在此种场合，以不课税为是。

（3）住居于外国的国内人，从国内收到的所得，课以国内的税收，虽非困难；但为避免内外国双方的二重课税之弊，则以在国际间订立协约为是。

（丙）外国人的课税

（1）外国人在国内若是从事于营利事业的场合，则以与国内人同样课以税收为是；盖不然，则有反于公正之原则，而使国内之同业者，特立于不利之地位。

（2）外国人在国内非为营利，而仅消费其从外国收到的所得，此与国内以利益，故多不课其所得税或收益税的。

（3）居住于外国的外国人，从国内收到所得的场合，对之课税与否，以视其情形而定。如外人为地主、股东、匿民股东等关系于国内事业的场合，则与国内人同样可课以收益税；又如外国人为债权者而受国内利息之支付的场合，对之课税于否，在今日国际贷借盛行的时代，极其重要的问题，而因政治上或其他的关系，对于外国人特别予以免税，虽无不可，但课以所得税或收益税，亦不能说是不当的。

（二）对于自然人地方团体的课税

地方团体必须并用对人税与对物税，对于居住地与财源所在地不同的人，对人税的所得税，在其人的居住地课之；而对物税的收益税，则在其财源的所在地课之。又在其财源所在地，从其财源所生的所得，课以所得税，则在其人的住在地，除去此项所得，仅就其残余之所得，课以所得税最为适当。

（三）国家对于法人的课税

对于法人的课税，虽未必能以自然人课税的理论来推论，又有区别其种类之必要；但以简单的税收制度而不能期其课税的一般普及则为同一，今就各种法人，示其课税的概则如下：

（甲）公法人的课税

（1）国有财产并官业企业的课税。此种课税不过国家右手之所失，收之于左手，其不能得到收入，固勿待论；但原则上以课税之为是。盖（a）为明白国有财产或官营企业实际的损益，课以税收，至少在账簿上，有计算之必要。（b）与私人事业竞争的官营企业，课以与私人同样的税收，可以保护私人同业者的利益。

（2）对于地方自治团体经营的，完全无税虽亦无妨，但与前（b）项所述同样理由，为使免除私人事业所蒙的不利起见，对于地方团体所经营的私经济事业，尚课以税收为是。而在实践上对于此种收入，多课以收益税，很少赋课所得税的。

（3）独立的教会、学校、其他教育、卫生、慈善、救贫等有为公共目的的财团法人，法人组合并依情形即无法人权的组合，虽以免除税收的场合为多；但是依如前述地方团体同样的理由，为使私人不立于不利之地位，纵令另外给与补助金的，一旦而亦有课以税收的必要。

（乙）国家对于私法人的课税

种种的营利公司之中，今特就股份公司与股份合资公司来说，如对公司不课以所得税的场合，则对其配息课股东以所得税；若课所得税于公司的场合，则其配息之部分，应从股东之所得中除去，仅对其残余之部分，课以所得税，方为适当。但公司之所在地与其活动地未必一致，又其所在地以外，有不动产者，又股东之中，住居于其他地方的亦不少，所以上举两方法之中，无论用哪一方法，对于公司的所得，仅课以所得税，还不能十分税其所得的，故所得税之外，更须课公司以收益税。

（四）对于法人地方团体的课税

（甲）公法人的课税

国家在一地方团体的境域内，置有财产或经营营利事业的场合，或甲之地方团体，在乙之地方团体的境域内，有此种财源时，则此种财源所在地的团体，可课以收益税或所税得。盖此种课税，从一方面看来，似甚不当；但若无税之时，则此种财产或事业所在地的团体，将蒙非常的不利，所以原则上是可以课税的。（但政务用的家屋之类，则可无税。）

（乙）对于股份公司地方团体的课税

股份公司并其他的营利公司，有课以收益税的必要。而课公司所得以所得税的场合，必须直接课税于其公司，若待作为配息而分配于股东之后，再课税之，则股东可住居于其他地方，而不能达课税之目的；但已经从公司课了所得税的配息，则当免除其所得税，否则陷于二重课税之弊。

（五）结论

照以上所论的结果来看，对物税即收益税，或财源课税，在实行税收的一般普及之原则上，是极其适当的税收，到某种程度，是非用之不可的。

第三款　课税的公平

为使课税公平，今日一般所行的主义，是比例于各人的给付能力而课税的，现分下列二点来说明之。

(一) 随给付能力而课税收，是如何的意义呢?

使各人经济上给付能力发生异同的原因有二：其一，即有形财货之取得并所有的不同；其二，即自己并扶助他人充足欲望的义务所消费财货的不同。

财货的取得，有要多大的劳力，又亦有不要的，又因场合，依一半劳力依一半财产而取得的。然而虽是取得同额的财货或所有，但取得它要劳力多的，比之劳力少的给付能力要小些；又就是同种类的所得或财产，其多的比之少的，比较的有大的给付能力，故当课税收，要区别其所得或财产的取得之要劳力多的与少的，其多的应轻课，其少的应重课。又就同种类的所得或财产，随其额之多，不可不课以累进的。

又虽是取得同种类同额的所得或所有财产之中，以其有抚养多数家族员的义务与否，其给付能力不能同一，所以欲期课税的公平，此点亦不能不留意。

(二) 以给付能力为标准而课税，依如何的方法呢?

以给付能力为标准而定课税的方针，但能如前述的主旨实行与否，不免成为问题。盖从社会政策的见地看来，课税的方针，固然不能不如斯；但是如果从纯粹的财政主义看来，就不一定要如此。因为图税收的一般普及，举凡为营利的一切人民，应一样的课以轻少的税收；又为图税收的公平，对于所得或财产，课以比例税已足。

盖各人的所得与财产不一样，随而各人的给付能力有异同，是当然的；然此乃今日所行的私有制度及其他一般经济法制的自然之结果，如果既承认今日的经济法制，那其结果所产生的所得并财产分配的现状，亦不能不承认，那么，如那主张社会政策的课税者所希望的施行累进课税，致各人的所得或财产分配的状况发生变化，宁可说是不当的。此实斯密一派的个人主义经济学者，并至最近尤为一般多数学者所倡导的。即一切的人，课以一样同额的税收，以图税收的一般普及；并且尚课以比例的所得税，以图收入的充足为理想。现行的税收制度，大多还是依照此种主义施行；此盖历史上由来久远的制度，一朝不能遽而变更，又实际财政上恐怕收入的减退，所以现行的税收制度，未必能贯彻给付能力主义来实行。

其次税收能力说从社会的见地来解释，而考究其实行的方法。

对于（一），为期税收的公平，打破税收一般的原则，而以一定额以下的所得，不可不为无税。

对于（二），所得的课税，在以下的三方面，不可不加以斟酌：

（1）依所得所生之源，所得有固定所得与非固定所得的区别，虽是同额的所得，其种类异时，其给付能力亦异。

（2）依所得的多寡，异其课税之率，即应当累进的。

（3）以上二条之外，各人的给付能力，尚依其有扶养家族员数等的义务而有异。

原来依如斯方法而课税收的可否，为议论最多之处，自由竞争之结果而产生的所得并财产分配的现状，对之可否之论若不一决，到底不能与以最终的断定。但是自由竞争制度之下所行的所得并财产的分配，决不是神圣不可侵犯，因偶然之幸与不幸而来的收益、不公平之处很多，到底不可否认的事实，所以征课税收，虽有及于所得并财产分配现状的变化，亦是不必踌躇的。

世间有以此种社会政策的课税为不正当，而依纯粹的财政主义课税，即以比例的课税为绝对正当的；但是这种说法，并无特别的理由，不过徒然非难以上的主张而已。又或以社会政策的课税，是非经济的，其意：盖依勤勉节约而得到多的所得财产，较之其少的不可负担比较多的税收；然而所得财产的多少，决不是单单依勤勉节约而生的结果，实在是依各人之力所不能左右的事情大大有影响的。又社会政策的课税，纵令有夺勤俭节约的事实；然而以取此一部人民的税收，而供之宽于其他一部人民的税收之资，从国民经济全体上看时，决没有害的。故如以上的攻击，亦不足深加注意。又或以社会政策的课税，为非伦理的，其意：所得依成立的原因而区别，或以其多寡而区别，课税之率设有差等，实无可据的标准，唯不过漫然定以差等，不得当之甚的；但是此种差等，决不是漫然设定，其精细的标准没有虽是事实；但是在大体上，亦能设定没有不当的差等亦是事实，所以社会政策的课税，仍是认为正当的。

第五项　财务行政上的原则

一，课税明确的原则；二，手续便利的原则；三，税收费节约的原则。——此三个财务行政上的原则，差不多不待说明就可明白，又无论在什么地方，又无论在什么时代，若行税收，无论何人亦不可怠于注意的。然而奏其实效的程度，随国民生活经济生活并国家生活的状况如何，与依税收的种类税收体系的内容如何，不免有异。而照此原则，纵令不良的税收，但在财政上或其他的方便上不可不用的不少。

今分别顺次说明上记三原则于后。

第一款　课税的明确

欲期课税的明确，不可不注意下列的诸点：

（1）关于税收的调定，并征收的吏员，非堪能办理事务，德义心高的，不免有故意或不知不识之间，陷于课税不定之弊。

（2）税收的体系全体并各个税收组织的简单时，便于图课税的明确。

（3）征税的时期、场所、金额，并用以纳税的货币，在适当的时机，必须明白告知于纳税者。

（4）现今的税收制度，甚是复杂，所以多少难解的字句用于税收法规上是不得已的；但是不可不努力于字句间之平易明晰。

（5）又法规须明确，不可使存有二三样解释的余地。

（6）税收依法律规定之外，尚须公布施行细则等，图官吏与人民双方的便利。

（7）征税令书，税收受领证等的征税文书，关于其税收规定的要点，应印刷于其上。

（8）公布新税法时，在新闻纸杂志等上，多登载其说明，又如广行于民间的怀中日记①中，亦可揭载之。

第二款　纳税的便利

图纳税的便利，决不是仅仅人民的利益，在征税者方面，亦是极其必要的，而欲达此目的，不可不留意下列诸点：

（1）纳税货币。

国民经济发达，货币经济被行之处，以其国的本位货币，使纳付税收为是；而以纸币为法货的场合，以之纳付税收，亦不可不许用之。

（2）纳税地。

直接税并从课税品的制造者征收的间接税，可在纳税者住居的市镇村征收之。又关税征收，可在国境设多数税关，以图征税者并纳税者的便利。又在内地亦设多数的关税征收所，不一定在国境纳税的输入物品，到了收受人的住居地之后，使之有纳付关税的便利。又就某种类的国内消费税，亦要有同样的便利。

---

① 怀中日记，即手账，用于记录生活的点滴。——整理者注

（3）征税的时期。

当选择纳税者手头的方便，以最适当的时期，定为纳税期。又在支出方面，如公债利息，定在收税的时期，继续支付时，财政上大为便利。

（4）直接税的缴纳期。

缴纳期回数少，则财政上方便，但是在人民方面，缴纳期分为数回时，则甚为便利。又从商人或制造业者征收的关税，或国内消费税，若许分为数回缴纳时，纳税者颇为便利。遗产税或税额多的财产运输税，亦许其分期缴纳为是。

（5）征税的手续。

印花税登录税或从制造者征收的国内消费税，此等税征收的手续，比之其他的税收更加复杂，因之有使纳税者徒耗无用的费用与时日的不少。手续的繁简，依行政全体的组织如何，又财政监督的必要上，到了某范围，虽是难避；但是手续繁杂，在财政上损失亦不少，不可不期其简易。

（6）税收的监督。

税收的监督，不免使当局吏员并纳税者共感到不快，又因场合，为征税吏的监督而行必要的手续，使苦纳税者，此固不得已的，但是一般道德进步，吏员的手腕熟练，随而得可期于简单。

（7）应重习俗舆论又应注意卫生。

不可用反于民间的习俗或有害卫生的课税方法。

第三款　征税费的节约

通常的单独经济，有节其生产费的必要，国库得其税收的收入亦然，即征税费务期于少是也。唯征税费依税收的种类而异，又因一般国民生活国家生活并经济生活的状态如何而有不同，依行政的巧拙得可节减的余地不免甚少；不过当局者不可不努力于此方的节约。

第四节　税收的体系

第一项　税收体系与税收原则

如前节所述，以一种类的税收而欲适合于一切的税收原则，是不行的，盖在今日私经济的组织之下的国民经济，当其讲究多额经费补充之途，主要的在于个人的所得，而各人的所得，无论在其分量上，在其性质上，有显著的不同，欲适合此复杂的状态而课税，是非常困难，所以结合多种多样的税收，作成一税收体系，以图适合一切的税收原则，是当然的。而就从理论上看来，作成如斯的体系，亦不能不说是最适当的方策。

然而欲作成税收体系的思想，与单一税的思想，决不是冲突的，又税收体系不可以看做历史发达的一种变态，如因国费益益多端、国民经济益益复杂的结果，税收的多种多样是不能避免的。又关于税收负担分配公正观念的发达，不外法律思想进步，又解决课税技术上的疑问之技能，大大进步之结果所表现的现象而已。

所以当编制税收体系，可为其方针的，不外在前节所举的四项税收原则，此处不再说明。

第二项　理想的税收体系

第一款　总　　论

税收体系的职分，是在区分个人所得并个人财产，而把其所存在的国民所得并国民财产，使无遗漏的捕捉之而课以税收也。达此目的之途凡三。

其一，各人的所得并财产，在其人取得的时候捕捉之而课以税收。其二，各人的所得并财产，在其人所有的时候捕捉之而课以税收。其三，各人的所得并财产，在其人使用的时候课以税收。换言之：其一，所得并财产在形成之际课税。其二，所得并财产存于所有者之手，在静止状态的时候，可用为将来的生产消费的，即课税其"潜能力"。其三，所得并财产供其所有者充足欲望之用的时候课税。第一场合的课税，叫做营利税（Erwerbesteuern）。第二场合的课税，叫做所有税（Besitzsteuern）。第三场合的课税，叫做使用税（Georanchssteuern）。

　　进步的税收体系，必定结合此三种的税收，盖欲使税收体系适合于税收的最高原则，而且适于实用，则此三种税收，不可不巧妙结合，并保持调和于其间。然如今日国费尚少，所要税收收入不甚重要的时代，不必并用此三者，依场合仅用营利税或使用税的实例，亦不是没有。但是国民经济发达分业及财产的分配极其复杂，又共同经济制度及于扩张之际，必须结合此三者，使适合于税收原则而为课税的必要。以下试略说此三种税收。

第二款　营利税

　　营利税大别之可分为三种：一，职业营利的课税；二，个别行为营利的课税；三，偶然利得的课税。现在分别说明之如下：

（一）职业营利的课税

　　所谓职业的营利，是依规则所行的经济上之活动而得之利得之谓。原来国民所得并国民财产的大部分，其初是依个人职业的营利而生的，又财产分配的如何，亦依各个人职业的营利之多少而定，故课税的第一义，不可不以职业的营利之多少为标准而课税于各人；但欲达到此目的，必须用营利税所有税使用税之三者。现在先说营利税，营利税分为三种，兹先述职业营利的课税，此课税更分为二（甲、乙）：

（甲）对人课税

　　对人课税，是对于取得所得所有财产的法律上并经济上的主体之人而课税收之谓。课此方法有三：

（1）以纯粹的人税（即人头税，家族税、灶税等）、等级税或一般财产税（或地租）而课之。

（2）基于行政机关的调查，或基于本人的申告，而课以所得税。

（3）合计从各种财源所生的收入，而测知其人的所得，以此为基础而课以所得税。

（乙）对物课税

对物课税，是对于给收益于所有者的财源而课的税收，即对于生收益的财源而课税之谓，故通常名为收益税。

在今日的收益税，以地租、家屋税、营业税、自由职业收益税、工资税、资本收益税的六种税收为主，此外更包含矿业营业税、公司营业税、访户商营业税、铁道税的数种税收，其组织近于最完全的税收体系。

（丙）对人税与对物税的比较

对人税置重于法律上经济上的主体之人，这一点是优于对物税的。盖主体之人，以其收益的大小并种类上有甚大的影响。对物税是把课税的目的物，完全与其主体分离而课以税收，即收益税，这是根本的弱点。然而欲细论对人税与对物税的优劣，须注意下列两点：（1）依其时其处，难以一概论断；（2）依课税于营利的种类有适与不适之别。

对于（1）：国民经济非常进步，各人的职业所得财产皆各不同，所谓经济上的分化大进展时，则对物税必然地伴有多大的缺点。盖对物税概略调查从课税物所生的收益，以之为标准而不拘其主体之为何如人，一样课以税收，其不能应各场合的情形而为适切的课税，是当然的。但在经济上的情形尚不如今日的复杂，职业所得等的分化，还没有大进步的场合，决不是不良的税收。要之：对物税在国民经济尚未发达、技术尚单纯，又经济法制尚幼稚的场合，可说是适当的税收。反之，对人税在技术大进步，又自由竞争主义的法制之下，经济体系发达的场合，是为适当的税收。

对于（2）：然而如今日复杂的情况之下，对人税亦不免颇不完全的。原来如对人税的直接所得税、一般财产税，或等级税，各人苟不就其营利所得财产等，行精密的记账，又其情形不正直告知于税务当局者，即不能行正当的课税。在实践上既不能行，则对人税到底就不免不完全，于是税收务必有结合对人税与对物税之必要。在此场合的对物税，区分多数的税目，务必把适切于各场合情形的税目，应其时的情况而组织适用的体系，如此对物税有近于对人税的性质。

要之：对人税与对物税虽有多少优劣之差；但无论那种，单独行之，皆不能应国家财政之需要是一样的。所以务必结合并用此两种税收，然后方能举其效果。

（二）个别行为营利的课税

国民所得的分配，主要的依各人职业的营利之多寡而定，已如前述。然而其外尚有依非职业的个别行为之营利，于此分配上亦有很大的影响。但此种职业以外的行为营利，在交通还不发达，国民经济还没有进步的时代，是很少有的，所以没有这种课税，又就是不课税，亦不一定能说是税收制度的缺点。到了信用交易发达，投机的业务被行，于是发生有职业以外的营利。而此种营利，调查其多寡并有无，很是困难，所以单单仅以如前面所述的税收，不能满足，对此场合用为对付方策之一的，即在法律行为，尤其是伴之关联于证书的而课以税收的方法，即所谓运输税是。

自十七世纪印花发明以来，遂有使贴用印花于证书，或特制成证书而使使用以代征税的；又或公的账簿，登录权利的卖买让与等之际，征收登录税，或登记手续费。而为防避其脱税，设相当罚则之外，依规定的税收或手续费纳付与否，使其法律行为的效力上发生差异为常。

此税收若在商业没有进步，信用交易没有兴盛的地方，是不能征课的。在第十七世纪当时第一商业国的荷兰开始行之，其后在英国最多用之。此税收颇繁杂，因而缺点亦不少，此无论何人亦不得否定，但其必要亦是无可疑的。在今日一国的税收体系中必不可缺，宁可到了某范围而有扩张的必要，此亦世人所共认的。

唯当实际施行，有陷于误谬弊害很甚的，往往以其征收容易为奇货，而为过重的课税，又主要仅课税于不动产的场合，而逸了动产，此两者之间，现有显著的冲突，故今欲明此种课税到了如何程度才称适当，先不可不知道其课税的理由，兹分别述之如下：

（甲）运输税课税的理由

（1）就职业的营利之中，依信用交通商业等的营利，其多寡不但监查很难，依情形其有无尚难判别，故仅以所得税收益税欲为十分无遗漏的课税，很是困难；然而此种业务，履行法律上的行为，故利用此点，规定契约必用书面，证书必贴用印花，又一定的法律行为，要为登录，随而征收登录税。又依课税于商业账簿票据等的方法，以课税此种营利，得补所得税收益税的不完备之点，此方法虽非至妙之策；但在根本无误，又容易实行，所以现今很是通行。

（2）依上面的方法而课税收时，不仅有此种法律行为的职业商人银行家等，苟为此种法律行为的，不问其为何人，皆不能避免此课税。即在此场合，依所得税或收益税不能征课的营利，依运输税而才能课以税收。

是故不用运输税时，信用交易商业等职业的营利，不但不能十分课以税收，职业以外的个别行为之营利，就中投机卖买，依其他买价与卖价之差，偶然收得的营利，就完全不能课以税收，此即在国民经济的今日，运输税课税不能不用的所以。

（乙）运输税课税适当的程度

其次运输税课税，如何才是适当的程度呢？原来运输税有如上述的两个职分，所以从理论上说来，为穿凿：（1）所得税及收益税不十分的场合；（2）所得税及收益税不及的场合。故运输税要择其适应于上二场合的种类，且须适度定其税率，因与其他税收组织等有密接的关系。即：

（1）如企业者的营利，利用动产的营利，仅用所得税并收益税，是难以十分课税的；反之，利用不动产的营利，用此两种税收而得无遗漏的征课之，故运输税要重于前者，而轻于后者。

（2）动产不动产的卖买让与，不必常与当事者以利益的，所以营利的有无大小，每场合必须加以调查，应其有无大小，不可不设差等的税率。

然而实践上往往以急于图国库的收入，陷于胶柱之弊①的很多，又与理论上的要求完全相反对的制度用的亦不少，因而破坏税收负担的公平分配，实在非常可惜的。故课税者须善明其课税之理，以期于无误。

（三）偶然利得的课税

如上述的两种营利税，在近世发达的国民经济之下，是难避免的，无论主张社会政策的课税者，或不主张者，皆不能排除此种课税。然而现在所要述的，是对于偶然利得的课税，此种课税，如果不是社会政策的课税论者，必定是反对的。但近时遗产税、彩票税等，渐渐为一般所采用，这实在可以说是从所谓国民时代入于社会时代的征候。

原来，一切的个人经济皆营双方面的生活的，即在一方面为意识的行动而及影响于外界，又在一方面不拘自身的意思行动如何，而受外界的影响。在近世国民经济，盛行分业及财产的分配，其组织在全体为私经济的，法制为自由个人主义，故显著经营双方面的生活，即有依意识为营利的场合，与依外界事态的变动而不劳自己心身偶然为营利的场合之二面。对于意识的所行营利之课税，前二

---

① 胶柱为胶住瑟上的弦柱，以致不能调节音的高低；胶柱之弊意指固执拘泥，不知变通。——整理者注

条已经说过，现在此处一述对于不劳自己心身而得到利得的课税。

原来依社会事态的变动，或依遗产继承不劳自己的心身而取得的利得，不外现在的财产制度并遗产制度之当然的结果。又，依彩票的利得，既然公许彩票，自是全然承认它，所以对于此等的利得，不劳其心身而收得的一点说来，课以特殊重的税收，使起国民所得分配的变化，原是至当。但此课税，采纯粹的财政主义者，是不承认的。

然而如今日一般的利得，其所以要特别课税，盖以现今所得财产的分配，不一定是神圣不可侵犯的所以，此即不外社会政策的课税于不知不识之间无论何人亦不可不承认的佐证。

此项课税，可分为三，即：彩票利得的课税；因社会事态变动之利得的课税；遗产利得的课税。前者不待说明，想可知道，现在把后二者来细说一下：

（一）因社会事态变动之利得的课税

对此课税有种种的反对说，有的说：此种课税，破坏现行法制，不是增进国民全体的利益。有的说：因社会事态的变动而有损失的场合，没有赔偿他，唯仅有利得的场合而课税之，很是不当的。又有的说：课税此种利得，纵然正当，而欲完全实施，很是困难，所以不免很不公平。此等攻击，不是没有一点道理；但是不能废弃此种课税，亦不待言，其理由有如下：

此种课税，破坏现行法制，虽是不可争的事实；但是与往昔技术法制等还没有发达的时代不同。在近世的国民经济，未必因本人的技能勤勉节约的多少，其所得财产来了多少，以本人的力而因无可如何的外界事态之影响，所得财产来了大小之差的很多，所以本来就要改革现行的法制，以去除此种不合时宜的制度；然而如此实行，是不容易，所以姑且不依本人的技能与勤俭而生的偶然所得，对之特别课税，以救其几分之弊，这是可以课税的第一个理由。

其次攻击的说：因社会事态的变动而来的损失，公共团体不负担的一点，是很不公平的；如果能够把那样的损失，由公共团体负担，同时依同样的原因而生的利得，收于公共团体之手，那才是公平；然而现在不负担此种损失的公共团体，限于其有利得的场合，课以税收，参于利益的分配，是很不公平的。但是此种攻击，亦不是得当，何则？受课税者大多从财产的让与而收有利益，那他已经是没有所有财产者了，所以他本人将来依同样财产招受损失的事就没有，那招受损失的必是别人，别人受损失的场合，以国家不赔偿之故，而即说对于收到利益的可以避免课税，还是没有理由的，这是可以课税的第二个理由。

又有攻击的说：纵在理论上可以课税此种偶然利得，但适当实行之则很困难，不免来了多少不公平。但是此种缺点，无论何种税收皆不能避免，依此理由没有避却偶然利得课税的必要；不过务必努力期于此弊之减少而已。

课税此偶然利得之途凡四：

（1）适当组织收益税并所得税制度，如因社会事态的变动之利得，亦得课税。收益税从各种财源而生的收益，精密的随伴其增减原变更税额，虽是很困难；但是依常常调查土地总册等方法，努力精查其实际的收益为标准而课税时，到了某程度，亦可得达课税此处所说的偶然利得的目的。

所得税每年从新调查各人的所得而为课税时，因社会事态的变动而生的偶然利得，亦不能免此所得税的赋课；不过如此利得，实践上很难捕捉就是。

（2）以运输税课此种偶然利得。不动产移转之际所得的利得，非由于费资本劳力之结果者，不可不看做因社会事态的变动而生之利得，课此场合的运输税，不取于移转其标准的财产价格，依移转而取其所生的利得时，得达课税此处所说的偶然利得的目的。

如印花税，交易所税等，课于商业信用交易等的运输税之中，其多数亦得达课税于此种偶然利得的目的。

（3）在通常的场合，捕捉很困难的偶然利得，在财产继承的场合捕捉而课税之。在（1）所举的，是在收益增加的场合而课税之的方法，在（2）所举的，主要在财产为交易，而其价格增加实现的场合，始课以税收的方法；然而在实践上，此外尚有财产的价格，因为社会事态的变动，大大增加，但不卖买让与，又不提高赁租佃租等，仍如从前一样，在此场合，用以上两方法，还不能完全为适当的课税。换句话说：因事态的变动之偶然利得，仍在藏匿着，还不受课税的。此种财产，惟在因继承变动其权利者的场合，以此机会而得可课税此种偶然利得。又如归于其他财团法人的财产，其后不移转于其他主权者，则其价格的偶然增加，自然即不能对之课以税收，在此场合，则唯有特别重课其他的税收，而使与其他一般人的财产之间，维持负担的权衡。

（4）因变换私有地的用途，对于所有者偶然收到的利得而课税之。例如从来的田地，变换为宅地时，其所有者不劳心身而有收到多大的利得，此种场合的利得，原来因社会事态的变动而生的，公共团体依课税收取其利得之一部，可以说是至当之事。然而此种利得，以收益税、所得税、运输税，并遗产税来课税，不是不能课它；但是仅以此等税收，尚有不免难以课税的场合，即：一，从来田地变换为宅地时，其价格非常增加，与所有者以多大的利得，但是不建筑家屋，就无特别增加的收益，则用收益税或其他的税收，就不能课税此种利得，所以只好另外课其从来地租的几倍，或对其土地的卖买价格之假定利息，看做为其土地的收益额，对之课以收益税。又，二，公共团体买收私有土地时，多有使土地所有者收到多大的利得，然此利得不是所有者所劳身心的结果，所以宜适当制定土地收用法，不与此种利得于土地所有者；否则特别课以相当的税收为是。

对于因社会事态的变动而生的所得，为适当的课税，原来不是容易的事；但是实施困难的事，不限于此种场合，以其困难之故，而不踌躇的得能施行于实际，则在为达到社会政策课税的目的上，是有不少的利益的。

（二）遗产利得的课税

在继承的时候，国家征收其继承财产的一部，从一面看来，是继承制度的一部分，不能以之看做课税，即可以解作国家有一部继承权的结果，人民的财产继承之际，不过参与其一部的分配而已。盖继承权未必是所有权的一部，乃为个别独立的权利，所以私有权虽说被承认，而未必即能说各人有完全的继承权。征之法制史，继承权是依国家的意志而设定，故比之所有权的场合，显然有异，因国民生活的变迁，同时亦当然伴之而变迁。其初如家庭或氏族的血族团体，最有劳力，且负抚养团体员及其他私法上种种的义务之时代，继承权系此种团体所享有，个人及国家完全不能享有的。但至后世，此等血族团体失其势力，各人皆得私有权，又享有继承权，同时人民的抚养义务等，国家亦分其负担，所以看做国家亦有享有继承权的一部，是至当的。近世遗产税存在的理由，主要的不能不说是在于此点。

但是遗产税单从税收政策上想来，亦可以说明其存在的理由。即遗产的继承，是给与其继承者（或其他的继承者）以偶然的利得，而且使增加其经济上的给付能力，所以课以税收，原来可以说是当然的。故遗产税无论从哪方面看来，都有其存在的理由。

然而对之有唱反对说的，即有的说：遗产税是蹂躏继承权的。又有的说：遗产税夺财产的一部，是不应该赋课的。然而这不是蹂躏继承权，已如前述；又遗产税夺财产的一部，虽是不可否认，但是未必减少国民财产，所以此种攻击，亦决无重视的必要。

关于继承制度有不少的议论，已如前述，但今假定现行的私继承制度，为适合于国民全体的利益而维持它的场合，遗产税的赋课，又依如何的方法为好呢？这里来述一述：

（1）法定继承，仅许其不很远的亲族；不在其限制内的亲族之遗产，作为无继承者遗产办理，或就使归于国家之所有。

（2）不拘继承者亲等的远近，又不问法定继承与遗言继承，必须课以遗产税；唯限于小额财产的继承，共同继承，或遗赠的场合，可免除之，此无论从社会政策上看来，将又从课税技术上看来，可以说是至当的。

（3）依亲等的远近，设差等税率，又依遗产或遗赠额的大小，设差等税率。

（4）遗产税稍重时，大多人在生时即将财产赠与其继承人，以省继承的手续，且以之为避免遗产税的手段，故课遗产税，一方须设赠与税，依此方法而防其脱税。又以赠与者的死亡为条件的赠与时，不可不与继承为同样的办理。

第三款　所　有　税

所有税在大多的场合，不外以各人所有财产为标准，推测其人的营利，随而测知其税收能力，课以税收，此即依一种特别方法而课的营利税，所谓所有税，不过名义而已。但是又依场合，在实质上不背所有税之名，从财产之中，征收税收亦不是没有。且个人财产的课税，不一定是国民财产的课税，所以此种税收亦不可一概排斥，已如前述；但实质上的所有税，用于实际的很少，所以此地唯就名义上的所有税来述一述。

（一）一般财产税

一般财产税者，财产的价格，依各自的申告，或吏员的评价来规定，以此价格为标准而赋课的税收也。盖依财产的总额，到了某程度，得可测知各人的所得，代所得税而用一般财产税，亦未始不可以，此在一点亦不含社会政策主义，基于纯粹的财政主义的税收体系，亦有采用此种一般财产税的，因而一时多少行之；但现今用的尚少。但是所得税之外，更用一般财产税时，得使资产家负担比较重的税收，而可达到社会政策课税的目的。又一般财产税，是对物税，所以如与所得税的对人税并用，则有使互相补助其缺点的利益。

（二）部分财产税

此亦以可课税之财产的价格为标准而赋课的。仅课税于生产财产的场合，其实即依其财产的价格，推测其收益而课税之，不外一种间接的收益税；但是课税于享乐财产的场合，则不但可补所得税的不及，又得达重课税收于资产家的目的，故不失为一种重要的税收。

（三）各个享乐财产的课税就中奢侈品税

赋课此税，但使课税品的所有者，申告其价格，或使吏员调查之，而课以规定的税收。就中所有奢侈品者，担税能力大，所以依此种名义，课以特殊的税收，无论从主张社会政策的课税者看来，或不主张的看来，皆不能不说是大大可以的。然而要好好实行，以达到此种目的，是很困难，所以宁可采用前面所举的（一）或（二）的税收，不课此种税收为是。

要之：财产税之中，一般财产税是在非常的场合，以图收入之用，或以之达社会政策课税的目的的；而部分的财产税，课税于享乐财产全体之外，或无特别置重之处。

（四）遗产税

财产在继承的场合，课以税收，亦是所有税课税的一策，遗产税已如前述，兹不赘。

第四款　使用税就中消费税

从史的发展顺序说来，使用税次于营利税而施行；从其收入额之点说来，比之营利税，尚是更加来得重要，赋课此税，有下列的三种：

（一）一般消费税

论者或有主张废一般所得税，而代以一般消费税的，其说的意义，是一般消费税，是单就各个人的所得之中，仅仅课税于其消费的部分，而不课税于节约贮蓄的部分，所以比之一般所得税，适于公正的原则，又亦适合于正当的经济主义。又从课税的技术上看来，课税于消费方面，比之课税于所得方面来得容易。

但是消费与贮蓄，不是如斯容易区别的，例如为子弟教育所消费的，似无异一种消费；但是从他方面看时，可以说是一种投资。所以就在消费与贮蓄的区别之不容易一点看来，此说已是不正；不但此也，如以课税于消费方面，比之课税于所得方面容易之说，实践上不过稀有的场合，所以一般消费税，宁可不用为好。

（二）通常消费税

说明此税的方法，一区别其种类，便可知之。

（甲）依征收方法而分之

（1）对于自己生产自己消费的物品之课税。

（2）课税品的生产者与消费者相异场合的课税，即作为商品交易的消费物之课税，此更分为以下之五种：

（a）对于在国内生产的商品，从生产者征收的税收。

（b）依政府专卖的方法而征收的税收。

（c）课税品从生产者之手移于消费者之手之间而征收的税收，即输入税、入市税，或如商品从生产者移于批发人之手的场合所课的商品运送税。

（d）直接课于消费行为的税收，例如零卖业者，其所贩卖物品之一部，自己消费的场合，其物在贩卖时所课的，同样其自己消费的亦课以税收。（但此种税收，大多依概算定年额多少，每有消费行为而不课税的。）

（e）征收免许税的税收。经营课税品的生产贩卖等，对其物品作为课消费税的一手段，课以免许税。

（乙）依种类而分之

（1）依课税品的用途，并加工的程度，可分为课制品的税收，与课未制品的税收。

（2）依课税品之自然的并社会的地位，而可分为：

（a）课于第一次必需品的税收。

（b）课于第二次必需品的税收。

（c）课于不属于必需品，进而要充物质欲望的物品并奢侈品的税收。

（d）课于非充物质欲望之物品的税收。

属于（a）的，薪炭、食篮、米麦、油等。属于（b）的，酒、茶，通常的烟草、砂糖。属于（c）的，上等酒、上等烟草、上等食料品。属于（d）的，新闻纸、历本等是。

（三）享乐财产并人的享乐之课税

享乐财产的课税，从课税其享乐方面看来，可以说是使用税的一种。如果从课税其财产方面看来，可以说是如前项所述的所有税的一种，此无论从那方面看来，皆可说明。住宅税、犬税、马税、自用车税、金银器税、钢琴税、撞球台子税等，属之。

所谓人的享乐之课税，是夸富裕，或特别贪快乐消费所得于这方面的，对之而赋课的税收。婢仆税（即消费所得于婢仆之雇用，对之而课以税收）、纹税（马车及其他的器物，附以自家的定纹，以夸示其名家所出的，对之课以税收，英国行之）、狩猎执照税、俱乐部税等属之。

要之：使用税在种种的形态虽得课之；但是无论那种，皆多少不免与税收的公正原则，国民经济原则并财务行政原则相冲突，比之营利税要劣得多；不过比较地容易征收而且使人不感痛苦而收得多大的收入之一点看来，是没有税收能出其右的。所以务必选择弊害少的使用税，以之先作成合理的使用税体系，再与营利税并所有税结合，努力在全体上编成合理的税收体系。

第五款　税收体系论结论

编成在理论上很正当，在实践上很方便的税收体系，原来是很困难。盖一方因公共团体经费的膨胀，而有增加收入之必要；他方又因经济上的状态，极其复杂，随而理加困难，所以当编成税收体系之前，于财政制度上有几点不能不加以特别的注意，此为便于编成适当的税收体系上是必要的。所谓几点的注意者，大概有如下述之三事：

(一) 防止经费的滥增

在日进月步的文明国家，经费的膨胀，到底是不能避免的，随而课税之举，更加增多，此乃伴国家进步发达之必然的现象，在一方看来，实在是大大可喜的。但是税收原来就有不少的缺点，所以因为税收，反而或有陷于不公正之弊，或酿成国民经济上的不利，其甚的或危及一部人民的生存，于是论者或以近世国家发达的大势，不是可喜的；但是此种发达，原来非人力所可左右，要在于能否适应此大势。而欲适应此大势，则唯有善为运用财政，以节约为主旨，苟系不必要的支出，是不可不免去的。

(二) 使地方团体施行公共事务的一部随而使分经费的负担

把公共的事务设施，分于地方团体，是近时所常行的；但是要想事务设施更加能够施行，则不但难以节减中央政府的经费，因场合反而更加促进经费的膨胀。然而国家主要的以置重消费税为便；反之，地方团体得重用直接税，在此场合使地方团体负担经费的一部，在税收体系的编成上，是得有多少的便宜的。

(三) 依适宜的方法保存或增加私经济的收入并手续费收入

现在公共团体的经费，不断地膨胀，苟有适当的财源，不可不统统利用之以增收入。幸而经常收入中，古来税收之外，尚有私经济的收入并手续费收入的二种，其内不适当的废之固勿论，其他适当的不但要保存之，且因场合而扩张之，以期从这方面更可谋得多大的收入。

如上所述，要注意的，须先整理财政而后始得论税收体系的编成；然而税收体系，尚因其时与地而异，依课税的主义如何，即课税使含有社会政策主义与否而有不同。又国家的税收体系与地方自治团体的税收体系亦不能看做一样，此等诸点，皆不可忘却的。

第三项　税收体系的编成法

税收体系的编成，以营利税为基础，依场合加以所有税，而为补其缺点，加使用税，就中消费税，为其大体的方针。盖各人的给付能力，依其营利或财产的所有而生，又依其大小而消长，故税收先从这方面测知各人的能力而课之，可以说是自然的顺序。唯在其有不能顾及之虞的场合，才从消费方面推测各人的能力而课以税收。今基此方针，列举编入税收体系中的税收如下：

（一）营利税

营利税之中，最重要的，是课于职业营利的税收。盖国民所得的成立并分配，主要依各人职业的营利而左右，故当征课税收，先置重于此，自不待言。其次可用运输税与偶然利得的税收。

（甲）职业的营利之课税

依过去的历史，就可明白职业的营利之课税，是要结合对人税的所得税与对物税的收益税的；而其中以所得税用做国家主要的税收，收益税用做地方团体主要的税收为宜。此两税的组织如何，依税收体系全体的组织如何而定，不是可以单独决定的问题。其中：

（1）所得税。

在欲实行社会政策课税的场合，固不待论；即不然的场合，一定额以下的小所得，亦以不课税为是。至其几许以下的所得为无税，则依时与地的状况而定，难设一定的标准。

税率的高低，亦要斟酌其他的税率而决定，自不待论；但是在无论那种场合、随所得之多而行累进的课税，亦无疑义。盖欲行社会政策课税的场合，当使行累进的；又其累进的比例，随所得之大而有益益显著之必要。（所得税之外，用适宜之财产税或收益税而达此目的的场合，不在此限。）然而在不行社会政策课税的场合，消费税有使中流以下的人民负比较重的负担，所以亦要用与其相反的所得税，轻课小所得，重课大所得，使其有彼此相补之必要，即行累进的课税，能使税收全体的负担成为比例的负担。

地方团体课所得税，有作为国税所得税的附加税而征收的，又有独立课地方税所得税的，在此场合，比之国税所得税，可广泛其赋课的范围，即课税于稍小额之所得，亦无妨碍。盖地方团体用消费税甚少，小民所受消费税的负担，比较不重的所以。

所得税无论其为国税为地方税，到了某程度，随其必要，得变更税率，伸缩收入，故不失为颇便利良好的税收。

（2）收益税。

为期税收的一般普及，并依其他前述的理由，收益税有与所得税并消费税并用之必要。唯所得税与收益税的结合，苟不加以充分的注意，则有陷于不当的二重课税之弊。

不与所得税结合，单独用收益税的国家，不是没有；但是收益税，其性质上有难免的短处，所得税有性质上的长处，故不如结合此两者为优。

地方团体实施收益税，比之国家的场合为容易，又多少课税，可以用做相互报偿主义，故即以收益税为主要的税收，亦未始不可；不过在此场合，亦要实施资本利子税，并劳动收益税，以期课税之无遗漏；又虽地方团体，尚亦不如结合收益税与所得税为是。

地方团体的收益税，作为国税收益税的附加税而征收，虽亦无妨；但又独立可赋课的场合不少。

（乙）运输税

运输税务必作为国税而课之，地方团体惟无妨课以附加税而已。税率的高下，要斟酌课于同一营利之其他税收如收益税等税率之高下而决定之。

（丙）因社会事态的变动而生之偶然所得

以课税于此种所得的目的而课以运输税，在社会政策的税收体系内，是不可缺少的；但在非社会政策的税收体系内，则无征课此税的必要。

（丁）依赌博、彩票，并继承的利得所课的税收

在社会政策的税收体系，对于依赌博、彩票，并继承的利得所课的税收，是不可不包含在内的。

（二）所有税

（甲）一般财产税

所得税并收益税之外，在非常的场合，作为临时税征课一般财产税，不失为一个妙策。至可否用之作为平时税收，则依其他直接税的组织如何而定。地方团体亦有可用此种税收的场合。

（乙）使用税并奢侈税

以课使用税并奢侈税的目的，课特殊财产的税收，从税收政策上看来，虽是正当；但从课税技术上看来，不免困难很多。

（三）使用税

使用税之中，最重要的为消费税，在税收体系的编成上，与营利税同样不可缺少的。消费税的职分，与营利税相等，同样的在于达到比例的或累进的课税于个人所得的目的。

原来消费税有使小所得负担比较重而大所得负担比较轻之弊，又在课税技术上缺点亦不少，达到如上的目的，虽甚困难；但亦有不乏匡正之策，即：（甲）注意课税品的选择；（乙）不误税率的高

下；（丙）适当的组织营利税并所有税，以补消费税的缺点；（丁）注意课税方法的选择是也。兹分别说明之如下：

（甲）课税品的选择

依经济政策上的必要，或以其收入特别谋下级人民的利益，即有课税于必需品的场合，但不可律以常规。下面所述的，不过在通常的场合，从税收政策上看来所须注意的事项而已。

（1）生活的必需品，以不课税为是。即食盐之外，在西洋如通常的面包，皆不课税。

（2）课税最适当的，是一般所消费的奢侈品，例如酒、烟草、糖、茶、煤油皆是。

（3）多数的粗制农产品并粗制的工产品，亦不课税为是。盖课以税时，国内税与关税的关系，并都会的课税与田舍的课税之关系，有颇烦杂之患。

（4）对于使用财产的使用，课以直接奢侈税，在理论上虽不能说是不可；但在大体上，亦无推奖的价值。

（乙）税率的高下

（1）税率的高下，大体依需要的多少，国民富裕的程度等如何而定；但在普通，不很高的税率，是能得到多的收入为常。

（2）就在同种类的物品，依品质的良否、税率设立差等，使消费良质货物的上流人民负担多的税收。

（丙）适当的组织营利税并所有税以补消费税的缺点

如前述之课税品的选择，并税率的高下，因在实行上很困难，所以适当的组织营利税与所有税，以补其缺点是最必要的。即如在前面所述的要注意于下列各项：

（1）在行非社会政策的课税之场合，中流以上的所得，课以累进税，以补那消费税使中流以下的人民受比较重的负担之缺点；而在行社会政策的课税之场合，尚更课以高度的累进税之必要。

（2）就在同额的所得，随其财源之异，应异其税率，即从财产所生的所得重课，从劳力所生的所得轻课，有混合性质的所得，课以适中的税率。

（3）取得所得的，依其有扶养责任的人数之多少而设差等税率。

（4）使用财产的使用，虽亦所得的一种；但课以直接奢侈税，不是得策①的。

（丁）课税方法的选择

课税的方法，务必要取冲突于税收原则少的，即：

（1）输入关税，在消费税中最为方便；唯依品质的良否，价格的高下，税率设有差等，很是困难。又欲不使关税有保护税的性质时，则对于同种类的国内品，必定要课以相当的税收。

（2）入市税虽与输入关税相类似；但是从税收政策上看来，将又从课税技术上看来，不是可推奖的。

（3）商品在转辗中课以税收，除关税及入市税的场合以外，务必废止之为是。

（4）专卖的方法，就中如用烟草的物品，最为适当，不但从技术上看来很好，为谋得收入亦最便利。

（5）从课税品的生产者征收消费税，不免有不公平之弊；若课税于既制品，且依其品质的良否而设差等税率时，此弊虽最少；但实行很困难，唯可努力注意于这方面而已。

又课税品限于少数的主要品为是。

（6）对某种类的营业者，就中经营消费税课税品的营业者，课以营业免许费，虽非必要；但以之补其他消费税不足之处，便利最多。尤其是应各营业的性质，而得有适切赋课税收之利益。

---

① "得策"意为谋略得当的意思。——整理者注

附　录

　　瓦格纳的财政学，最感兴趣的，就是他以社会政策思想为立论之中心，读者读了前面两篇，想可充分看得出来。现在为使更加了解瓦氏的社会政策主张起见，我特写下面两篇，作为本书的附录，以增读者的兴趣。

著者识

附录一

社会政策与社会政策协会

童蒙正

一、社会政策思想的由来

大凡一个国家，其国的文化生活非常贫弱的结果，其国民依其本国的文化不能满足其实践上或理论上的要求时，势必致从比较文化发达的国家输入种种文化的要素，以满足自己理论上或实践上的要求，这是当然的事情。但是此种倾向亦不是永久继续的。换句话说：即仅仅讴歌本国以外的文化的时代或憧憬的时代，对于其国决不能永久存续的。此中原因有种种，其最显著的有二，即：（1）国民性的不同；（2）现实生活的相异。我们纵观古今，横览东西，凡是一种思想发生，或是表演于现实运动，仔细把它来观察一下，均有其渊源，均有其特征，决不是偶然而产生而变化的。

我们现在来述德国历史学派之所以发生，与夫社会政策思想的由来，就可以说是完全由于上述原因所左右的结果。

原来德国自十七世纪末以来，有所谓官房学派的一种经济学，此种经济学包含农业、森林、矿山的调查整理，及经济行政财政法律等的种种事项，想做德国官吏的，不专攻此等学科就没有被采用的希望。其实这不过一种纯然行政上的学问而已。德国真正学问上的经济学，还是基础于英国正统学派的经济学，即自由主义经济学在德国出现之后，才可以方言有真正学问上的经济学。德国自由主义经济思想提倡最力的，要推约翰·普林斯·史密斯（John Prince Smith，1809—1874）。他是在1809年生于伦敦的，所以自幼就吸受了英国正统学派的自由主义经济思想，1830年回到德国以后，即从事于翻译英国的经济学，极力宣传正统学派的自由主义经济思想，并且组织了一个德国自由贸易党，自己为领袖，努力于自由主义的实际运动。

然而正统学派的自由主义经济思想，虽在德国轰动了一时，毕竟以其国的国民性与现实生活之不同及其他种种原因而发生反响，就是：第一，德国的地位与英国不同，英国是四面环海，依自然的保障而得国家的安全性，所以其国民不感有国防之难味；但是德国就不同了，那时内则处于八方割据的状态，外则处于四面楚歌之中，如三十年战争、拿破仑战争等，皆容易被化为战场之苦，所以国家一弱，即不能维持自己的幸福，因之遂发生对于强国的憧憬心，此憧憬心在某种意义上即构成反抗自由主义运动的要素。第二，德国社会与政治渐呈发达，1833年关税同盟成立，德国国家主义竟因之大为发展；此外较新较繁的工业问题，逐渐加多，尤以劳动问题为甚。凡此种种，正统学派对之皆不能与以解决的方法，几如风牛马之态度，于是遂发生反响而有新经济学派的出现。结局对于正统学派的自由主义经济思想，加以攻击，而反使之有根本发生动摇之势。此反抗具体的表现遂自立为一种学说，即德国诸教授为中心的所谓历史学派。所以德国发生历史学派经济思想不是偶然的。

形成历史学派贡献最大的有三人，即罗雪尔（Wilhelm Roscher，1817—1894）希尔德布兰德（Bruno Hildebrand，1812—1878）、克尼斯（Karl Knies，1821—1898）是。历史学派的经济学亦可以说是由他三人开始创造的。其后德国有许多经济学者，对其主旨及目的更加扩大展开，而表现有多少不同的色彩，即称此等为新历史学派，其中有布伦塔诺（Brentano）、赫尔德（Held）、纳瑟（Nasse）、施穆勒（Schmoller）、谢夫勒（Schaffle）、勋伯格（Schönberg）及瓦格纳等。

新历史学派与初期历史学派所不同的地方，初期历史学派是置重于正统学派的批评与经济法则之争论；而新历史学派则渐趋注意于实际问题，举其相异处，大致有如下列二点：第一，新历史学派非如初期历史学派仅以否认自然经济法则之存在，而主张宁可绵密的研究历史以发现此种法则为其职能。第二，新历史学派以为仅以历史研究犹不满足，亦要热心于实际问题的研究，所以他们发表有关于社会制度社会问题等许多历史的统计的研究，以期实行改良社会。此等人中，尤其是谢夫勒与瓦格纳氏有多点是共鸣于马克思社会主义思想的，从而发表有关于社会问题进步的议论。但是他们在一方指摘资本主义的缺陷，虽有赞成社会主义思想之点，然而又不采如马克思那样取全然社会主义的态度的。换句话说：他们一方面反对极端的自由放任主义，到了某程度，个人经济活动加以限制；他方面力说改善劳动者状态的必要，容忍劳动者团结的权利，而主张两阶级间的协调，即所谓社会政策是。所以社会政策思想，亦经过长时期的演进，决不是突然而产生的。

二、社会政策协会的成立

以上诸学者一齐热烈地提倡他们的主张，因为他们痛切地感觉到当时德国社会的危机，而欲解决之不是如那正统学派所信的单单自由放任主义可以解决的；然而实践上自由放任主义的主张，却支配当时德国的新闻界，所以对之不能不加以攻击。又他们亦相信有急激革命变化之可能；但这又不是可以期待的，故亦排斥工资铁则剩余价值学说之拉萨尔（Lassalle）、马克思（Marx）的科学定则，以彼等的观察为不正确。所以就这这点看来，他们与社会民主主义又是不相同的。

如此，他们一方面攻击自由主义，他方面又反对社会主义，因之引起反响亦特别大，国民自由党的一领袖奥本海姆（Oppenheim）曾著一论说《曼彻斯特学派与社会主义》（*Manchesterchule und kathe derso zialismus*），揭载报纸上，称他们的主义为"讲坛社会主义"（Katheder Socialisten），此名词遂成为世人对于他们主义的称呼。其所以命此名义，因他们大抵皆为大学讲师的缘故。

但是他们不但不屈服此种批评，并且更加强固他们的主张，遂组织了一个社会政策协会（Verein fur socialpolitik），即在 1872 年 10 月 7 日，由纳瑟、希尔德布兰德、克尼斯、施穆勒、布伦塔诺、瓦格纳、谢夫勒、勋伯格、恩格儿（Engel）、冯·谢尔（Von Scheel）等诸大学教授为发起人，召集德国全国经济学者及新闻杂志记者，开会于埃森纳赫（Eisenach），举行关于社会问题学术的研究讨论。开会时，先由施穆勒致开会辞，其次布伦塔诺报告工场法，施穆勒报告劳动组合及同盟罢业，恩格儿报告劳动者的住宅，对之均充分加以讨论，以此会合为机，遂议决组织一团体，名为社会政策协会，即于翌年 1873 年正式成立，发表贵重的著作，遂成为社会政策思想的主导者支持者，其影响于德国政治社会经济实在是很大的。

三、社会政策协会的主张

社会政策协会虽则是在轰动全国声中成立起来，但是他们间的意见，并不是完全相一致的。我们一看瓦格纳氏之所说，就可以知道。瓦氏在 1912 年所著的题为《讲坛社会主义及国家社会政策上之倾向》一小册子内，有如下一段的说着：

> 原来世人在如何意义之下才能谅解所谓讲坛社会主义呢？以自己所见，所谓讲坛社会主义，并不是代表一个统一的科学的团体，不过是各种各样理论见地的人们之'乌合之众'就是。如果我们之间有一共通之点的，其共通点亦不是积极方面，而是消极方面，消极方面是什么呢？就是我们的经济生活不能委之于纯然的自由放任主义。所谓我们经济生活上的自由放任主义，决不是有绝对的价值的。这一点可以看出我们意见的一致点。换句话说：就是对于自由放任主义不加以绝对的赞意。这就是讲坛社会主义所以成立的最有力的理由。

社会政策协会既以如上所述趣旨而成立。竟如瓦格纳氏所说，讲坛社会主义者是"乌合之众"，其中大体的主张倾向虽相同，而在精密的意义上是不存有一致点的，所以社会政策协会一成立之后，个个本来面目即次第表现出来，即其中如关于实际政策的，布伦塔诺与施穆勒之间，又关于科学研究方法的，施穆勒与瓦格纳之间，所持见解皆不很相同。施穆勒主张以历史研究为经济学研究的生命；反之，瓦格纳则勿论以历史研究为必要，但是仅以历史来研究经济学是不成的，演绎的研究亦仍旧认为必要。

至在实际政策上，更可以看出他们不同的见解，例如在德国很严重的谷物关税问题，有的主张谷物关税全然可以撤废，而有的则主张到了某程度可以存续。又如本位货币问题，有的唱金本位说，而有的则主张金银两本位说。又如对于近代工业最必要的恰如在中世工业的基尔特相等的劳动组合，亦有不同的见解。又对于热望国家干涉一切产业的一点，不同的意见更多，而瓦格纳氏为热望国家干涉最甚的一人。

如斯，各人就各个问题异其意见，唯其中有一共通之点的，就是他们绝对不讴歌自由放任主义而已，这就是连结他们讲坛社会主义者的一条线。

最后一述讲坛社会主义与其他主义的相异点。讲坛社会主义与自由主义的相异点，已如前面所述，现在一述讲坛社会主义与国家社会主义的相异点。普通人往往把此两者看做同样的东西，说讲坛社会主义就是国家社会主义，其实这两者很有明确的区别，不是同一的。讲坛社会主义者，如前面所说，是一些乌合之众，其间所连接的，只是消极一方面，就是不欢迎自由放任主义之一点而已，其在精密的意义上，即积极的主义主张，是没有的，所以在学问上主张倾向就显出不一致的地方；而在国家社会主义，则能看出一种具体的主义主张，就是他们主张一切生产手段为国有的。换句话说：即其一富的本源之土地为国有，国家自为地主；其二资本为国有，国家为劳动者的佣主，自为生产经营，生产物的交换分配。瓦格纳等的主张，虽抱有国家社会主义的目的；然而不进到这个程度，是一种不涉及于私有财产的消极经济经策。换句话说：他们无非在这国家社会主义的概念之下，齎来国家消极的经济政策而已。所以讲坛社会主义，严格地说起来，不能称做社会主义亦未可知。世间往往有把讲坛社会主义看做国家社会主义，又有把瓦格纳等的主张，看做国家社会主义，而说国家社会主义是讲坛社会主义之一部，这实在是不对的。瓦格纳等的主张，实在就是普通所讲的一种社会政策。

附录二

瓦格纳的社会政策主张

童蒙正

一、社会政策的通义与目的

社会政策（Sozial Politik）一语，最初是由德国经济学者提倡出来的，即前篇所述的德国讲坛社会主义者组织社会政策协会开始提倡以来，才为一般所采用。关于社会政策的定义乃至意义，到了今日，还没有一定的学说；不过在现代的经济组织不根本加以改革而欲除去资本主义的弊害之一点是一致的。以自由竞争与私有财产为原则，维持现在的社会组织，而加以适度的限制改革，以图社会的改良，是社会政策的通义。更明白地说：今日资本制度的社会组织，以私有财产与自由竞争为两大柱石，随其发达而渐渐发生弊害，遂酿成劳动阶级贫穷的大缺陷，以致齎来资本阶级与劳动阶级的阶级斗争，社会政策是为要解决此劳动者问题，但又不欲涉及现今社会组织两大柱石之根底，唯在其范围内预防种种社会的弊害而且矫正它就是。

社会政策认现今社会弊害之一点，是与社会主义同其见解的；但所取的解决方法与目的则很不相同。社会主义是主张把立于自由竞争制度及私有财产制度之上的社会，从根底加以改造，代之以构成一切生产手段为共有的新社会；而社会政策则主张仍旧维持现在的经济组织，唯在其范围内依个人的活动与国家的权力，防止阶级的轧轹①，以期社会的调和就是。但虽如此，社会政策亦不是如那个人主义者的主张，容许无限制的自由竞争的。何则？极端的自由竞

---

① 轧轹（zhá lì），意思是倾轧、欺凌。——整理者注

争，社会之弱者的劳动者，为强者的资本家所压迫，而有更加扩大别种社会弊害之虞，所以社会政策的使命，一方把自由竞争限制于某范围内，同时他方在不破坏社会国家的根本组织之圈内，图资本阶级与劳动阶级的融和，以期两方健全的存在与发达的。

虽如此说，社会政策亦不是仅仅以改善劳动者的境遇为其终局的天眼，社会政策乃以关于国家社会阶级个人的社会组织之协同调和，与关于政治经济法律道德等的社会现象之统一调和为其目的，所以社会政策的主义，可以说是社会协调或阶级协调（Harmonious Cooperation）主义，与那提倡个人自由竞争与国家不干涉，主张契约自由财产私有，相信天赋人权，轻视社会正义的自由主义乃至个人主义；又与提倡阶级斗争社会革命，主张财产公有劳动强制，重视社会平等，轻视个人人格的社会主义；又与相信国家固有的权力，重视神授天与的秩序阶级，国家及法律为先，社会及经济为后的国家主义乃至保守主义；将又与过信个人任意的协力，排斥国家政府一切的公力之无政府主义，皆不同其思想的。总之，社会政策是以企图社会阶级间的协力调和，与政治经济道德等的社会现象之统一为其最重要的意义。不过在今日最重要的是在谋资本阶级与劳动阶级的调和，所以第一着即为保护劳动者，努力改善劳动者的境遇。盖在近代经济组织之下，发扬被蹂躏的劳动阶级之自由，伸张其当然的权利，以使与其他阶级立于社会对等关系，为得到社会的调和，实在是最紧要的。

二、瓦格纳的社会政策定义

在前篇内已经说过，社会政策协会大体上主张倾向虽一致，而在精密的意义上则存有不同的见解；尤其是关于国家干涉的一点，有非常相异的见解。即有的主张以国家强制力为主，有的主张以个人任意团结力为主，前者瓦格纳、谢夫勒及舍姆透（Samter）等所主张，后者施穆勒、布伦塔诺、赫尔德、纳瑟及讷伊曼（Neumann）等所主张，前者有称所谓国家社会主义，后者有称所谓改良社会主义，此处只就瓦格纳氏所主张的社会政策来说一说。

瓦格纳氏下社会政策的定义道："社会政策是依立法及行政的手段以排除分配行程范围内的弊害之国家政策也。"

我们看了这定义，就可以知道他是重视国家的干涉设施的，他对此说明道："社会政策是要调和因财富分配不平均而发生的社会内各阶级间之反对利害，以改良无产者阶级的地位，图社会全体的圆满发达为目的的政策。这正是属于国家的职分。在历史上无论那一个时代，必有一个支配者，对于缺了整顿的国民经济状态与以秩序，国家是正义的权化，道德的人格，用来施行此种政策的主体，是最有适当公平的地位的，所以除依国家的立法及行政权力来实行改良外，别无他途。"

至于他所以重视分配行程，这不外反映于当时德国社会危机的结果。如前篇所述，讲坛社会主义者是要救当时德国社会的危机，而当时的情形正不能不重视此分配。又瓦格纳氏在其晚年，更有如下的说明，以证实社会政策乃为时代所需要，他说道："在现在国家的主要目的，是变更财富的国民分配，使为有利于劳动阶级，一切的政策使为社会政策化，国家不可不加味于劳动者方面，这因为我们到达新历史时期之所以，恰如封建时代让道于专制时代，代专制时代而有立宪时代之到来，现在的立宪时代，又有变为所谓社会时代，即社会思想渐渐更加有左右支配生产分配消费方面的一切之所以。而国家社会主义的任务，是使从立宪时代容易过渡到社会时代，对于一切的关系者，以最善最贤明而且最健全的方法使行过般的推移。新的社会时代已经在发达的途上，而助神的摄理，使它适宜的发达，这是国家社会主义的任务。新时代所要求的，就是使贫富均能沐文化的恩泽。"

三、瓦格纳的社会政策实行方法

瓦格纳的社会政策定义，既如前面所述，所以他主张的实行方法，比之他同僚中无论那一位都重视国家的干涉设施，他对于实行方法上有如下的主张：

> 实行的方法，即对于全体人民施以整然系统的教育，期于万民知识的平等与同时改善民众间社会的所得分配之二途。而为实行此方法，以立宪时代固有的个人自由之观念，是不能不抛弃的。不问生产分配消费的那一部分，亘于人类活动之一切部门，不能不与公宪以极其广泛的权力。

兹更列举其实行的具体办法如下。

（1）地租、利息及利润的形态，入于地主、资本家及企业家囊中的全部，务必要使之入于公共的库中。

（2）公有财产或公营企业，限于能够管理的，把个人的土地、资本及企业依赔偿法渐次收为国有或公有。

铁道、运河、电报、邮政等运输交通的大机关，并一切的银行及保险业，委之于国家，瓦斯、电灯、自来水事业等委之于地方团体。

（3）其他几多产业虽可委之于民营；但是国家对此等事业所使用的劳动者，务必使之与公企业所使用的劳动者相等，有保证他们安全生活的责任。

国家须讲究以此等产业总收益为标准，来设定支付赁银①强制制度，绝对的相对的增加赁银以给与劳动者。

国家对于劳动者保证雇佣关系的一定存续，其劳动时间依各种职业的技术现状而限定。

对于劳动者的事故疾病虚弱及老衰设立公共保险制度，对于寡妇孤儿与以准备救护。

（4）一切的官公企业，对筋肉劳动者比较社会的优者以低廉价金

---

① 赁银，即劳动报酬，或工钱。——整理者注

供给其货物，依社会主义的原则而经营之。

（5）以课税缓和财富的不平等，牺牲其他阶级的所得，使得节约劳动者的所得。累进所得税及劳动阶级所消费之一定物件的间接税收入，大多以用之于特殊劳动阶级为目的。

（6）国家使其人民勿为有害的费用，且防止其放漫的浪费，更讲究他们所取得的所得，使为经济的有效有益的使用之方策。

（7）维持小农及中产阶级必要的保护设施。

（8）制定保护幼稚工业与衰颓农业的关税。

（9）限制交换经济制度缺陷的货币资本之滥用，及严重限制投机的营利业。

（10）为实行以上诸政策，务使国家巩固强大，有完成自己使命的力量与意志，其权威确立于历史与国民的舆论之上。

瓦氏的上项政策，差不多统以财政为手段来施行，我们看了前面企业国家经营论和税收政策论两篇，更可以完全明白了。

新 编 附 录

附录一

对瓦格纳和科恩的财政学著作的比较①

塞利格曼（Edwin R. A. Seligman）

Finanzwissenschaft. Von Adolf Wagner. Dritter Theil：Specielle S/euerlehre. - Uebersicht der Steuergeschichte wichtigerer Staaten und Zeitalter bis Ende des i8. Jahrhunderts. - Die Besteuerung des I9. Jahrhunderts. Einleitung：Britische und franzosische Besteuerung. Leipzig, Winter'sche Verlagshandlung, 1889. -8vo, xxxi 9 I 6 pp.

System der Finanzwissenschaft. Ein Lesebuch fur Studierende. Von Gustav Cohn, ord. Prof. der Staatswissenchaften an der Universitat Gottingen. Stuttgart, Ferdinand Enke, I889. -8vo, x, 804 pp.

这两部著作几乎是同时出现的，表明了德国学生对财政科学的浓厚兴趣。要充分介绍和比较这些最新增加的财政文献中所包含的观点，需要一篇长达许多页的专门文章。在这里所提到的，可能只会略微触及一些更基本的观点。

瓦格纳教授的《财政学》（*Finanzwissenschaft*）的第一卷对所有学生来说都很熟悉。瓦格纳是一位敏锐的原创性思想家，他在近 20 年

---

① 本文为塞里格曼的一篇书评，原文载 *Political Science Quarterly*，Vol. 5，No. 1（Mar. 1890），pp. 171—173。

前就有了出版新版《劳的财政学》(*Rau's finance*) 的想法，但他很快发现自己与 Rau 的分歧是如此之大，以至于需要一种新的创造，而不是一个新的版本。这部著作的前两卷出版于多年以前，第二卷出版于 1880 年。刚刚完成的第三卷涉及的不是一般理论，而是关于税收历史和税收实践中的特殊问题。不幸的是，瓦格纳的计划是如此全面，他的方法是如此令人困惑，并且涉及如此多的重复，这总是使令人怀疑他能否最终完成这部著作。事实上，随着研究的推进，瓦格纳不断地进入到更多细节之中，而这些细节只有在一部百科全书中才会出现。其结果是，他花了十年时间才写出第三卷，而且还只能讨论到法国和英国的税收现状。

瓦格纳本人已经厌倦了这种微小的推进方法，他告诉我们，他现在实际上已经放弃了完成这部著作的意图。更令人遗憾的是，法国和英国的制度已经通过其他优秀的出版物为我们所熟悉，而其他国家的情况却远未为我们所熟知。瓦格纳从写第四卷所必需的努力中退缩了；但他被迫放弃自己的著作却只能怪他自己。这卷新的书没有特别的评论，只是说，在他对税收历史和税收实践的所有细节的描述中，以及在他对法国和英国制度的一般总结中，他仍然忠实于他在以前的书中所提出的思想。他一直铭记着他所谓的社会-政治原理 (the socio-political principles) 所提出的要求，根据这些原理，政府被视为是财富分配的监管者，而税收被视为仅仅是矫正现有财富不平等的引擎。尽管我们可能不同意瓦格纳基于其通常的财政立场所提出的基本观点，但所有人都必须认识到，他以高超的敏锐性和非凡的学识发展了他的学说，他的财政科学，哪怕只是一具躯干，也由于其观点的启发性和内容的丰富性而仍立于财政学文献的前列。

然而，科恩教授的《财政学》(*Finanzwissenschaft*) 的出现可能会严重威胁到瓦格纳的卓越地位。科恩的书是建立在一种完全不同的方法之上的。它构成了《政治经济学体系总论》(*the general System of Political Economy*) 的第二卷，其第一卷在《政治学季刊》第一卷第 143 页上被介绍后，在整个学界引起了相当大的轰动。在对财政科学的性质和历史作了总的介绍后，第一卷论述了政府经济（government economy）或公共家庭（public household）的本质。它涉及公共职能、公共支出、公共收入的历史和发展，以及预算。第二卷讨论了税收的原理、税收的历史和实际的税收制度。第三卷专门介绍了德国的税收。最后，第四卷所讨论的是公共信用。

我们对这部著作的主要兴趣在于第一卷和第二卷的第一章。这部著作的其余部分总是很令人感兴趣，就像科恩的所有的著作一样，但它没有包含任何可以被称为对财政科学的标志性贡献的内容。的确，通过他对瑞士财政学方法的深入了解，他常常能够比他的任何前任更成功地阐明某些原理，但总的来说，他遵循的是公认观点中相当保守的路线。那卷关于德国税收的书对当前情况作了很好的描述，但我们在此不必对此进行任何讨论。最后，关于公共信用的章节包含了一个令人钦佩的历史调查，虽然在原理问题上并没有给我们提供任何东西，但至少在亚当斯（Adams）教授最近的著作中也找不到同样好的说法。

在讨论财政学的一般原理时，情况就不同了。科恩对各种公共捐献（public contibution）的处理（Die Arlen des Offentlichen Entgeltes）标志着一个明显的进步。基于对私人利益和公共利益的比较分析，他在理论上将费（fees）、为征税而对财产所作的估价（assessments）、税收（tax）等区分开来，他由此对一个一直困扰着德国科学家的问题找到了满意的解决方案。他对公共经济的历史发展的描述比罗雪尔（Roscher）更清晰，并以一种高超的手法追溯了发展的主线。与其他著作中那些费力而混乱的章节相比，他对地方财政原理的简短讨论真的很令人感到舒心。

最引人注目的是对税收公平（the equities of taxation）的处理。科恩指出，正如公认的正义观念是历史进化的产物一样，公正税收（just taxation）的概念在人类进步的每一个阶段都呈现出不同的形式。他对不同时期影响公众思想的不同观点进行了有趣的历史概述，然后特别致力于考虑比例税与累进税。长时间讨论的结果是采用累进原则，这不是出于瓦格纳所说的社会政治原因，而仅仅是因为在现代条件下，按比例征税不再与应税能力相对应。科恩试图定义和限制累进的原则，与此相关，他提供一个关于"最低限度存在"的令人振奋的学说史。

这不是一个试图进行详细批评的地方。那必须留待其他时间和地点。不具说服力的观点并不缺乏，例如，在讨论税收影响及其扩散以及处理财产税时就是如此。我们的目的是让人们注意到科恩的书在哪些主题上比之前出版的书有明显的进步。瓦格纳、罗雪尔和科恩相辅相成。瓦格纳的建议更加激进和大胆，并通过大量的统计材料来说明他的理论。罗雪尔在理论上很弱，但在历史方面很强；科恩试图保持中庸之道（keep the golden mean）。但在清晰的风格和哲学视野这两个方面，科恩的财政学优于所有其他人。我们欢迎它作为十年来最重要的著作之一新加入到经济文献当中。

（刘志广　译）

附录二

瓦格纳论政治经济学的现状①

瓦格纳 （Aldolph Wagner）

［在最近出版的《国民经济统计年鉴》（*Jahrbücher für National-Oekonomie und Statistik*）中，阿道夫·瓦格纳（Aldolph Wagner）教授评论了科恩（Cohn）的《国民经济体系》（*System der National-Oekonomie*），其第一卷于 1885 年出版，并借此机会详细讨论了德国政治经济学的现状。这场讨论出自一位在世的最杰出的经济学家之手，值得广泛关注。为了方便那些无法阅读原文的读者，我们复制了原文中论述政治经济学一般问题的部分。有些部分我们给出摘要，其他部分则全文翻译。

瓦格纳一开始就简短地提到了 1882 年德国经济学家对舍恩伯格（Schönberg）的《政治经济学手册》（*Handbuch der Politischen Oekonomie*）的争议。当时，施穆勒（Schmoller）这位更极端的历史学派的领导者曾对是否到了对政治经济学进行新的系统研究的时候这个问题表示过他的怀疑。他认为德国经济学家的研究正在给这门学科带来一场彻底的革命，在这场革命结束之前，不可能产生具有永久价值的著作。经济科学最终将在经济事件的历史中分解，事实上，将在人类社会的历史中分解为其各个方面。政治经济学的原理只不过是对我们在经济和社会历史中所观察到的进步的一般路线的描述。与这些观点相反，瓦格纳

---

① 原文出版信息：Adolph Wagner. （1886）. "Wagner on the Present State of Political Economy", in *The Quarterly Journal of Economics*, Vol. 1, No. 1, pp. 113—133.

坚持认为经济史和经济理论是不能被区隔开来的。在进行历史研究的同时，还必须进行演绎性推理（speculative deduction），即对工业活动背后的欲望和动机进行分析，而不是被这种研究所抛弃。而且，对于经济科学的系统阐述，如在舍恩伯格的文集中所给出的，是必不可少的。随着经济科学所涉及的领域变得越来越大，专门的著作和专著变得越来越多，对问题的讨论也越来越详细，对这一主题的总体看法也就变得越来越必不可少。

由瓦格纳和施穆勒开始的对这些基本问题的争论并没有停止。有些历史学派经济学家，在他们反对某些英国著作者特别是那些所谓的曼彻斯特学派的著作者的态度时，竟然认为历史研究是政治经济学中唯一的"科学"方法，并且以某种轻蔑的眼光看待那些被他们称之为教条主义者和理论家的人。罗雪尔（Roscher）和克尼斯（Knies）是历史学派最初的领导者，他们从来没有走得那么远。但施穆勒和新历史学派经济学家采用了这种论调。在过去的两三年里，发生了两种对其观点进行反对的回应，一种是反对历史学家的夸大其词的回应，一种是再次支持理论和演绎处理的回应。第二种回应主要发生在奥地利。其中，维也纳的门格尔（Menger）的《社会科学特别是国民经济的方法研究》（*Unterwchungm über die Methode der Sozialwissenschafien und der Natirmal-Oekonomie Insbesondere*，Leipsic，1883），布拉格的萨克斯（Sax）的《国民经济的性质和功能》（*Wesen und Aufqabe der National-Oekonomrie*，Vienna，1884），因努克（Innspruck）的庞巴维克（Boehm-Bawerk）的《资本与利息》（*Kapital und Kapitalzins*，Innspruck，1884），抗议施穆勒的历史方法的狭隘性。他们坚持需要抽象和演绎推理来解决经济问题。门格尔是奥地利著作者中最活跃、最杰出的一位，他与施穆勒展开了激烈的论战。事实上，门格尔在抗议历史研究的排他性方面似乎走得很远，就像施穆勒在蔑视理论和演绎方面一样。每个著作者都认为自己的研究方法是唯一"精确"和"科学"的方法，而看不起其他人的工作，认为他们的工作没有产生有价值的成果。

值得注意的是，自从瓦格纳的文章发表以来，在弗莱堡大学新任命的政治经济学教授菲利普维奇（E. v. Phillipovich）的就职演讲论文《论政治经济学的任务与作用》（*Ueber Aufgabe und Afetlwde der Politzschen Oekonomie*，Freiburg，1886）中，出现了另一种反对历史学派的声音。这位学者宣称自己赞成严格的演绎方法。一位历史学派经济学家在《立法年鉴》（*Jahrbuch fur Gesetzgebung*，Jahrgang 10，Heft 3，p. 346）中评论了他的演讲。

在这两个学派之间，瓦格纳采取了中间立场，尽管他承认他更倾向于门格尔的观点，而不是施穆勒的观点。但是，最为重要的是，他对将经济学家划分为对立学派的做法提出了警告。他说——]

在我看来，对于一门学科的真正发展来说，没有什么比这门学科中的某种特定倾向更有害的了，这种倾向恰好与能力、思维的转变、对个别学者的培训相适应，而这些可能确实是富有成效和必要的，以至于要求对其本身进行排他性控制，并假装这门学科是唯一真正的科学。然后是分裂的"学派"的发展，以及仅仅根据一个或另一个"学派"（die Verschulung cles faches）的计划来追求学科的发展。其结果是，一种有价值的思想路线，首先由伟大的领导者提出，然后继续被一群普通的模仿者机械地遵循，这些模仿者可能是受过高级技术训练的人，而且因此更加傲慢。美术史往往显示出类似的发展。不幸的是，拉帮结派、排外、蔑视持其他观点的人的著作，都是该问题的一部分。对科学家来说，承认不仅有不同程度的能力，而且有不同种类的能力，从而有不同的倾向、不同的偏好、不同的方法，这难道很难吗？此外，在知识领域的多方面培养中，抓住这种差异的巨大优势难道也很难吗？事实是，有些头脑倾向于演绎推理、系统阐述、归纳和武断；还有一些更倾向于"历史"的人，他们转向归纳、历史和统计调查。后者倾向于专题研究，甚至微观研究；前者倾向于系统安排。每种偏好都有其优点和缺点，也有其长处和短处。

[瓦格纳自己关于政治经济学方法的观点在本文的另一部分中有阐述，现在将全面阐述。但是，当他赞同地引用科恩书中的一段话时，他足够清楚地指出了这些问题，在这段话中，作者宣称，期望仅仅从历史和统计数据的收集或仅从演绎推理来解释经济现象是虚幻的。与科恩相比，瓦格纳倾向于更多地强调演绎的价值，但他承认，他自己的想法可能会让他在这个问题上产生一些偏见。他相信，演绎推理的最大局限性在于，它所得出的结论只能在假设的情况下为真。它们只不过是近似的真理或趋势。事实上，这些趋势在多大程度上得到贯彻，必须通过历史、统计和各种形式的归纳来确定。

对于科恩的书，瓦格纳给予了高度赞扬。他尤其是因为它的相对简洁和优雅的风格而欣然接受它，因为与一本主要为学者而写的书相比，这有助于更广泛地传播它的观点。它将有助于在报纸作者中，在公共生活中的人中，以及在受过教育的上层人士中，以德国思想家所塑造的独特形式传播政治经济原则。瓦格纳认为，德国人所做的改变应该以这种方式向广大公众传达，这一点非常重要。在这些变化中，最值得注意的是学科的总体概念。在旧政治经济学中普遍存在的自由放任理论已被抛到一边。人们更加关注工业的组织以及作为其基础的社会和法律制度。这个问题已经在更广泛的关系中处理过了。不仅如此，瓦格纳将使政治经济学的范围与社会学（sociology）或社会科学（social science）的广泛领域相一致。他认为，经济现象虽然是社会现象，但与社会现象并不完全相同。但是，经济现象应从其与社会各方面的关系来考虑。与这一观点密切相关的是对政治经济学伦理方面的坚持。政治经济学不仅要分析和描述"是什么",而且要指出"应该是什么"。

施穆勒还在《立法年鉴》(*Jahrbuch Fur Gesetzgebung*)的最后一期上发表了对科恩论文的评论。他的评论很简短,但和瓦格纳的评论一样,都是高度赞扬。他在科恩身上发现了明显的伦理观点,此外,他还发现科恩的态度本质上是历史性的。在他看来,这与门格尔学派的态度形成了最大的反差。关于对具体经济学说的阐述,施穆勒满足于这些简短的评论:"科恩没有进行进一步的发展和转变,在我们看来,这仍有待于政治经济学的发展和转变。他对旧学说提出的这种修正,在很大程度上是他的许多同事的共同财产。"

考虑到经济科学的现状,它的基本命题,它必须解决的问题,以及它在多大程度上是一门伦理科学,瓦格纳对他的文章进行了单独的划分。这可以看作是他的观点的宣言;我们将其全部复制如下——]

在我自己对这门学科的概念中,我得出了以下结果;并且我将冒昧地陈述政治经济学的某些问题。在讨论这些问题时,我还将涉及各种方法的应用。

我们的工业行动,也就是我们的行动,只要是为了获取和使用财富或满足欲望的手段,就是由各种动机决定的。这些动机以不同的组合出现。有时,它们在同一个方向上共同运作:有时,一个对另一个不利。我们的工业行动的性质和目标就是根据它们而形成的。它们在个别情况下是不同的。全人类共有的普遍因素,仅仅是这样一个事实,即这些动机能够决定我们的行动,并且确实决定了我们的行动;而且,再一次,不同的动机组合和不同程度的力量可以而且确实会发生。在某一特定群体的历史中变化的因素,因不同的个体而变化的因素,以及同一个体在不同情况下变化的因素,都是动机组合的变化,是个体动机相对强度的变化;因此,我们的工业行动也就各不相同。因此，对这些动机的组合及其相对强度施加一些影响是有可能的，而且可能是可取的或必要的。这种影响可以来自内部，也可以来自外部，可以施加于个人，也可以施加于全体人民。因此，我们可以说一个人或一个民族的教育是为了实现我们认为正确的既定目标。

摆在个人或人民面前的目标是由道德法则所决定的，而道德法则在实在法中也得到支持；同时，这些目标也是由民族利益所决定的，它们在道德和法律的戒律中得到表达。我们已经找到了某些法律和道德规则，比如什么是各种动机的相对强度，比如强化其中的某种动机而弱化其中的另一种动机；比如按照不同方式对这些动机进行组合。社会的进步取决于那些符合道德法则（其本身受制于历史的发展）和民族利益的动机是否以适当的组合和适当的强度出现。最重要的一点是，个人优势的动机应该与利他主义动机相结合，或者被它们取代。一个人和一个民族的最后和最高的理想——一个虽然无法实现但仍努力争取的理想——首先是发展出更好的利己主义动机来代替更粗糙的动机，最后是完全用非利己主义动机来代替利己主义的动机。一个人或一个民族在这方面所取得的成就是衡量其道德价值和文明真正进步的标准。

我相信，不同的动机可以还原为五种，四种是利己主义的，一种是非利己主义的。每一个都表现在两个方面。利己主义的四种动机是：（1）自身的产业优势以及对自身匮乏的恐惧；（2）对惩罚的恐惧和对认可的希望，也许是对奖励的希望；（3）荣誉感和对耻辱的恐惧；（4）采取行动和行使权力的冲动，以及对不采取行动的结果的恐惧。非利己主义的动机是责任感和对良心的恐惧。

第一个动机，即对利益的渴望和对匮乏的恐惧，是自利、自私理论的基础。它是抽象理论演绎推理的基础，尤其是更极端的经济个人主义倾向的基础。假设，它的使用总是恰当的；而且，对于原因的分离，它已被证明是最好的方法和逻辑工具。在追溯工业实际现象的原因时，它的使用，至少在某种程度上，总是恰当的。因为我们在这里有一种所有人共有的因素。我们有一个建立在一条法则上的因素，这条法则实际上就是"自然"法则和终极法则。它基于人的身体本性、人的精神本性（主要取决于人的身体本性）以及人与外部世界的关系。正如它影响个体一样，它也代表了民族的利益，因为民族只能通过个体而存在和延续。历史学派经济学家的反对意见是模糊的，而且走得太远了，因为他们不承认从自私进行演绎的假设价值，而是否认它有任何价值。他们犯了一个错误，这个错误与纯粹演绎的倡导者的错误正好相反，并且他们的错误更大。在考虑到不同个人、不同民族、不同时期的工业自身利益及其与其他动机的各种组合时，他们忘记了，这种自私毕竟是人类的普遍因素。纯粹的演绎经济学家犯的错误较少，他们忽略了对自身利益的修改，以及它与其他动机的不同组合，错误较少，但仍然是一个巨大的灾难性错误。

我不认为这是演绎推理者所犯的部分错误之一，即他们忽视了这样一个事实，当谈到作为工业行动动机的自身利益时，往往不仅仅是指个人利益，还包括其他人的利益。可以肯定的是，采取行动的人对其他人的福利感兴趣。以家庭为例，获得财产以传给后代。在这里，利己行为变成了利他行为。然而，尽管自私的动机在扩大，但它仍然是利己主义的。更重要的是，在个人和社会中，这一动机与其他动机的修正、分化和结合。当我们考虑人的欲望及其满足的性质，他的工业行动，以及这些影响在人性中的分量时，我们可能会倾向于一劳永逸地说出人的"经济本性"（economic nature），并从中得出结论。然而，认为这种经济本性在个人或一个民族中始终保持不变是错误的。认为它是人的本性的全部是错误的。最后，不明白这一点是错误的，即使在经济生活中，人也可能随时受到各种动机的影响，这些动机的组合和强度各不相同；即使是他的工业行动，也会受其他动机而非仅仅个人利益的影响，这种影响是经常性的，当然也是应该如此的。

我的第二类利己主义动机包括对惩罚的恐惧（更一般地说，是对非经济类不利因素的恐惧）和对非经济类回报的期望。当个人自由不存在，劳动是在强迫下进行时，这些动机应被视为心理因素。它们有助于解释在这种条件下的经济现象。值得注意的是，在解释经济史上的一些重要事件时，都要考虑到它们，如奴隶劳动停止盈利的过程。它们导致我们修正了许多结论，这些结论是在没有充分定性的情况下从个别产业优势的动机中推导出来的。对于实际问题，他们的考虑可能是重要的，因为这可以纠正通常过分强调利己原则的有益作用。不错，自利原则一般是有益的；但该事实往往被过分强调。在关于废除奴隶制和农奴制的讨论中，在强迫人们工作或强迫从他们的收入中进行储蓄的讨论中，可以找到这样的例子。当黑人被视为好像受到与欧洲人相同的经济动机的影响时，他的解放只能导致许多的失望。

在第三类利己主义动机中，荣誉感和对于耻辱的恐惧是我们必须考虑的更高和更高贵的因素，但仍然是自私的因素。然而，看到他们在工作中以粗俗动机取代个人谋利，或者至少与个人谋利并驾齐驱，是一件令人高兴的事。全盛时期的行会制度就是一个例子。在经济立法中必须考虑到这种动机。它们能够而且确实产生了影响，这是不可否认的。旧的自私理论的错误之一就是无视它们，这是一个非常具有实际意义的错误，因为它导致了这样一种观念，即在分析"纯经济"现象时，关注基于其他动机而不是个人利益的行为是荒谬的。一位经济学家曾说过："过于谨慎在商业中是一种不利的因素，这是理所当然的。"这非常接近股票经纪人的话（谢天谢地，太夸张了）："如今，一个人不靠近监狱就发不了财！"当我们考虑到荣誉感是多么容易退化为单纯的野心时，很明显，这些动机归根结底是利己主义的；因此，我们再次得出结论，它们就像个人利益的动机一样，可能导致与社会的普遍利益相对立的行动。

还有第四类动机，与前一类动机不同，我们都知道，这些动机经常起作用，它们属于利己主义范围，因为它们是以行动的个人的利益和愿望为基础的。其中最典型的是行动的冲动，施穆勒已经引起了人们对它的关注。经常，尽管不是一成不变，它与行使权力（power）的愿望结合在一起。在它们的另一个方面，我们把它们看作是对失去权力的恐惧，也许是对身体疾病的恐惧，比如失去健康，也许仅仅是对厌倦的恐惧。不一定涉及经济利益。野心不需要进入，尽管野心很可能在这些动机中发挥作用。相反，公共精神的动机往往与它们结合在一起。但是，从根本上说，作为一种心理现象，它们只不过是基于"做某事"的冲动和欲望。有时，在从事大规模工业的人的缺乏休息的行动中，积累财产的愿望是直接的目标，但不是为了物质利益，而是为了财富所赋予的权力。这不仅仅是一个工业动机。近年来发生了许多重大的金融事件，如 Péreire Crédit Mobilier，它是以 Péreire 为代表的葡萄牙犹太人与以罗斯柴尔德（Rothschild）为首的德国犹太人之间的斗争；或者，再一次，是美国金融家之间的斗争。从心理上说，这些斗争不是基于单纯地获取财富的欲望，而是基于行使权力的愿望。

最后，在这种复杂的动机中，在为自我和为那些成为我们自己一部分的人的斗争中，我们发现了非利己主义的动机、责任感，以及当我们未能尽到自己的责任时良心受到的谴责。我们应当庆幸它能够出现，而且确实出现在工业行动中，从而压制和修正了其他动机。正因为如此，竞争不会达到最大限度，价格没有达到追求个人利益所能达到的最高或最低限度，而且在没有遇到仅仅出于荣誉和规矩（propriety）的有效制约的情况下，价格也不会达到这个限度。在这种情况下，我们不仅要对所有的慈善行动进行分类，还要对那些工业或社会上层人士故意不将自己的利益作为其经济行动的唯一依据的情况进行分类。

服从利他主义动机的行动，如个人偶尔出于自己的自由意志而采取的行动，应该是经常被道德法则的一般戒律所支配。所有的经验都告诉我们，如果这种行动也受到宗教的约束，那么它就会得到最有效的保障。如果将其体现在习惯法中，则会得到进一步的推广。随着这种行动的义务得到普遍承认，为其逐步被纳入法律体系并或多或少通过法律更彻底地执行铺平了道路。历史上最好的例子可以在高利贷法中找到。但是，所有限制契约自由的法律，为了保护工业上的弱者对抗工业上的强者，试图在竞争中增加穷人的收益，都属于这一类，保护工人和工人保险的立法也是如此。在这里，个人的任务是一种自愿的道德任务；社会的任务是确保人们在工业生活中遵守道德法则。其他人的手段，而不是那些直接相关的人的手段——税收中的公共手段——被用于特定阶层的利益。财政为学校、工人保险提供捐助；因此，社会的良知已被转为积极的努力。我们必须建立一种收入公正分配的理想，这种理想无疑是无法实现的，但却是永远要努力实现的，通过这种理想，利己主义动机的分配将得到改变和修正。这是一种与自由竞争原则相对立的要求。但是，另一方面，我们必须根据责任感建立这样一种理想，即每个人都应该尽最大努力增加、改进生产并使生产变得更为便宜。为了确保个人的这种行为，我们必须与利己主义动机进行合作，它们应该被良心的动机所修正和约束，而不是被消灭。它们所带来的刺激不仅是我们在历史上所知晓的人所需要的，在任何社会组织中，在我们所能形成的每一个可能的概念下，它都是必要的。后一种需要与极端社会主义者的教条相对立，前一种需要与自由竞争的极端个人主义相对立。

现在，理论，就其与心理动机的运作而言，从中作出推断，并试图解释基于人类经济行动的现象，必须从考虑所有这些动机的可能影响开始。假设，我们可以忽略其中一些动机的运作。例如，我们可以假定，第一动机，即确保个人利益的动机，是独自起作用的。但是，理论永远不能一开始就假定这是事实，并且假定一个动机就足以解释这些现象。这必须通过观察和经验来检验。而且，当理论上的问题是"应该是什么"时，我们必须始终通过研究去获得答案，而绝不能只是假设我们所追求的事物的状态将仅仅通过自我利益的运作而发生。如果它没有发生，我们必须寻找其他利己主义的动机是否能够或应该服务于实现预期的结果；最后，在必要的情况下，我们必须诉诸于从责任感中产生的动机。

为了使这些不同的动机发挥作用，为正确的工业习惯和健全的经济立法铺平道路，为此，必须寻求适当的实际措施。在准备它们时，必须求助于经验。在所有准备中，第一个准备是启发和教育公众舆论，以唤起每个人的良知，从而唤起公共的良知。必要的法律和强制措施，如工厂立法、工人保险、税收改革等，才会得到他的理解、支持和要求。工业改革不一定要等到公众舆论对这一点有了广泛的了解才进行：拖延往往会太久。但是，改革的顺利进行和更大程度的成功取决于公众舆论的进步。工业组织（Wirthschaftliche Organizationen）将刺激或迫使个人抑制自利动机，并让荣誉和责任动机占上风。因此，将生产部门重塑为某种形式的联合协同行动是值得称赞的，它可以取代我们这个时代的原子论。因为，在这种形式下，自私的动机不太可能压倒其他动机。过度的自由竞争几乎必然导致对个人利益动机的排他性控制。当然，我们必须始终询问，企业组织的优势是否得到了保障，其劣势，例如对生产力和艺术进步的制约，以及企业制度固有的垄断性，是否不会超过优势。

只有在全面分析工业行动的心理动机的基础上，演绎法才能没有问题地被应用于政治经济学。为了使通过演绎得出的近似结论更加精确，必须始终将归纳法引入进来，这个作为一条规则，仅通过演绎就可以得出。演绎被用于验证、确认和测试。我倾向于说归纳过程是对演绎的修正和补充。

这样，我们就有两种方法：一种方法是从心理动机出发进行演绎，首先从个人利益动机出发，然后从其他动机出发；另一种方法是从历史和统计，以及从不那么精确、不那么确定，但却是必不可少的普通观察和经验的过程中进行归纳。我们要用这两种方法来探讨政治经济学的各种问题，并尽可能地解决它们。哪种方法最好用，取决于具体问题的性质；但这也取决于研究人员个人的思维转变，很可能只是培训和教育的意外结果。

政治经济学的下列五个问题是可以被区分开来的。我可以简要地指出它们；为了更简洁明了，我以问题的形式提出：

Ⅰ. 哪些是经济现象？它们以什么方式产生、发展和变化？它们中的典型元素是什么，是什么将总体的现象与个体的现象区别开来？

Ⅱ. 这些现象和其中的一般因素，在它们的发展和目前的状态中，是怎样的呢？又怎样基于原因和条件对它们进行解释呢？

我们要阐述和解释这些现象：首先，列举并描述它们；然后去发现决定它们的原因和它们存在的条件。

描述和列举是在历史、统计或者通常观察的帮助下进行的。然而，即使在这里，也必须求助于从心理学动机中进行演绎，演绎提供假设来补充归纳链中缺失的许多环节。

然而，在这一点上，我必须和门格尔一起坚持认为，我们科学的真正职责是通过历史和统计与演绎相结合，发现不仅仅是具体的个别事实，而且是典型的和普遍的事实。例如，这里将经济史和经济理论相区别。在后一种情况下，我们首先不得不做的是比较历史（comparative history）和比较统计（comparative statistics）。这种区别证明了在实践中将寻找实际事实的历史学家和努力确定现象中的一般元素的理论家区别开来是正确的，而且也许是必要的。

对原因的解释主要是通过演绎进行的。然后，我们将我们推断为可能的现象与实际出现的现象进行比较。演绎再次与归纳相结合。比较统计在检验我们的演绎结果时特别重要，它们的价值当然取决于统计方法所达到的完善程度。

Ⅲ. 我们如何衡量经济现象的社会价值？为了衡量它，我们必须有一个正确的生产和财富分配的标准。那这个标准是什么？

IV. 我们应该为生产和分配的发展设定什么样的目标？

这里的问题是，什么是应该是？

标准是必要的，也是可以获得的。我们可以通过观察实际生产是什么来进行学习，并可以将其与现有工艺状态下的可能生产进行比较。我们可以将产品的实际分配与现有人口和现有工艺状态下可得的理想分配进行比较。在不同的地方和不同的时间，标准必然不同。它随着经济条件的变化而变化，特别是随着人口密度和工艺水平的变化而变化。

生产的目标是使产品的数量和质量足以满足人民适当的物质、智力和道德需要。既不能超过这些需要，也不能低于这些需要。尽管我们通常倾向于认为只有不充分的生产才是有害的，但在任何一个方向上的过度生产都不利于文明的进步。同时，生产应该以最小的成本和牺牲进行，这取决于工艺的状态，主要取决于我们对自然力量的控制。将这种理想生产与实际生产相比较，我们就能对后者作出判断。

分配的目标只能针对给定的工艺水平和给定的人口密度来陈述。人类的真正的和永久的利益，全体人民的真正的和永久的利益，必须永远是决定阶级和个人的欲望得到满足的方式和程度的检验标准。要达到的理想目标是这样一种分配，它能使人民群众在确保身心发展和参与文明成果的情况下满足他们的物质欲望。事实上，这一理想能在多大程度上实现，部分取决于人们的总收入，而不仅仅取决于以投资回报、企业家利润、高工资的形式分配给较高阶层的份额——为了维持生产和促进文明，这一份额必须分配给他们。但它也取决于一个社会主义没有适当考虑的因素；即人口增长与生产增长之比。把这种理想的分配与现存的分配相比较，我们就可以对分配问题作出判断。

在方法上，我们不得不再次将演绎推理与从历史、统计和通常经验中进行的归纳相结合。

V. 实现（也许只是接近）生产和分配的理想目标的途
径和手段是什么？为了实现我们的目标，应该做些什么？

首先是那些着眼于对个人意志产生心理影响的手段，以便它能
够以最有利于生产和分配的共同利益的方式决定经济行动。在这里，
最重要是要广泛使用演绎法，以确立我们结论，并用日常生活经验
来检验这些结论。其次，在工业生活中传播健全的道德观念和正确
的风俗习惯，是一种有效的手段。因此，荣誉的动机，责任的动机，
行动的冲动，都有助于战胜个人利益的动机。在这里，我们又有了
一个广阔的领域，可以进行心理分析，进行推理，以及通过生活经
验来检验结论。最后一种适当的手段是经济组织，由法律的命令和
禁令支持。这样的手段往往不可或缺。有时，由于个人缺乏适当的
动机，由于一个民族的道德缺陷，由于邪恶的工业习俗，在期望的
结果受到抵制的情况下，它们是唯一有效的。"组织"必须主要包括
公共工业、国家或市政工业（Gemeinwirthschaftliches System）与私
营工业的结合。它可能在于用前者完全取代后者。它也可能存在于
私人生产的不同分支的重塑中。在立法方面，竞争自由可能受到民
法和行政法的限制或管制。财产法、合同法、继承法、公用征收法
都可以被修正。

在任何具体情况下，只有在认真分析事实的基础上，并尽可能
根据与其他民族和其他时代的工业法律和习惯的比较，才能确定适
当的行动方针。在查明事实真相方面，历史和统计方法具有广泛的
应用领域。官方收集统计数据和官方调查往往是最有效的方法。反
过来，它们有助于选择新的组织形式和立法。但演绎法及其假设和
结论也是不可替代的。所以，举例来说，为了判断是否我们可以期
望达到预期的结果，我们要给定一定的习俗和道德规则，并且给定
一定的力量和经济动机的组合。由于达到既定目的的主要手段必须
始终是使个人的意志受到恰当动机的影响，我们必须经常满足于缓
慢但长期更有效地教育社会及其个人的过程。最重要的是，我们要

鼓励自我教育和训练，用新的动机代替旧的动机，从而争取和期待工业中的其他习俗和道德准则。

这五个问题，涉及确定和描述经济现象；解释其原因；评判它们的社会价值；确立经济发展目标；指出达到这一目的的途径。那么，这些就是政治经济学中众多普遍问题的各个部分。在对这一学科的系统阐述中，必须尝试解决所有这些问题。说明的形式必然受到这种分类的影响，但并不是说五个部分中的每一个都必须得到单独的处理。前四个问题连接太紧密，不允许将它们分离开来。第二个问题非常直接地与第一个问题联系在一起，第四个问题与第三个问题也是如此。只有第五个问题，即我们必须处理一门工艺的实际问题，可以清楚地与其他问题区分开来。我应该赞成保留前四个问题作为"社会经济"体系的一般的或理论的组成部分。第五个问题属于特殊或实用部分，同样可能分为两类，一是关于经济管理的，描述现有的法律和方法；二是关于经济政策的，讨论着眼未来的适当措施。在理论部分，第一个和第二个问题将被描述得相当清楚；而第三和第四个问题将提供考虑原则问题的机会。对于后者，我将给出对基本原理进行讨论的层级，并将其置于著作的开头，与对本能和动机的心理学分析、对基本概念的一些考虑、方法问题以及该学科的文献史相结合。

无论在哪里，我们都必须将源于心理动机和给定工业条件的演绎与源于历史和统计的归纳和描述结合起来。正如已经指出的，在处理不同的问题时，将或多或少地使用不同的方法。有些东西必须取决于著作者的个性。一种方法或其他方法将被不同的人在更大程度上使用。这本身就不是赞扬或责备的理由。关键问题是针对具体问题是否使用了适当的方法，以及所获得的结果是否有价值。当然，不同部分的结果各不相同，它们可能体现在事实、对原因的解释、赞扬或谴责、经济目标的确定或实际措施的提出等方面。

［总而言之，瓦格纳更具体地阐述了某些重要的经济学说。

他说——]

当施穆勒对舍恩伯格（Schönberg）的《手册》（这本手册已经被提及）进行评论时，他对阐述一般原理的论著表示了怀疑，他预言不久我们就会摆脱旧的教条体系。我当时冒昧地表示，这种彻底的拒绝走得太远了。我指出，历史学派的第一位伟大领导者罗雪尔（W. Roscher）没有抛弃旧的学说，而且毫无疑问，这是有充分理由的，因为没有替代性方案，任何其他路线都更值得怀疑。因为除了一些微不足道的批评之外，没有任何东西可以取代它们。不仅如此，历史学派经济学家本身也一再利用旧的原则，如在价值理论和生产成本理论中，它们只不过是所谓的"旧教条主义"的一部分。我很高兴地发现，在这一学科的概念上，科恩的书支持了我。

我们可以将"旧教条主义"的观点中比较重要的，实际上也是最为重要的观点，总结如下：首先，收益递减规律，即英国经济学家所说的土地生产规律。基于这一规律，也基于人口和产品需求的增长，我们有了第二个重要规律，即地租定律，其经典著作者是李嘉图（Richardo）和冯·屠能（Von Thünen）。其次是马尔萨斯（Malthus）的人口原理；再次是生产受到资本限制的学说；最后是所谓的工资基金理论（wages-fund theory），它在某种程度上是从生产受资本限制的学说中推导出来的。工资基金理论的旧说法无疑需要修正，需要更加仔细地加以完善；但不能说它完全错了。像桑顿（Thornton）这样的英国人，甚至密尔（Mill）本人，像布伦塔诺（Brentano）这样的德国人，像乔治（George）这样的美国人，都对它进行了全面的抨击，但都没有触及问题的根源。所有这些旧的学说都是科恩坚持的，罗雪尔、谢夫勒（Schäffle）和我自己也是如此。他把它们当作概括（generalizations）来处理，这些概括（也是基本观点）是旧的学说的核心，是正确的，这些概括是我们从对事实的归纳观察和对事实的演绎解释中得出的。他试图更彻底地分析它们，更仔细地陈述它们，指出它们在理论和实践上的局限性，说明在什么条件下理论将适用，以及其他条件可能如何进入并改变实际结果，这往往取得了很大的成功。科恩的论述有时是以一种不寻常的方式来处理的；但是，在实质上，他给出了旧的教条。

经济学家经常指出不同原因可能相互抵消的方式。科恩本人，在他早期的一次关于美国竞争对农产品价格和租金的影响的讨论中，给出了这种处理的一个例子。他指出，经济科学已经考虑到了这一不利于价格和地租在理论上上涨的原因，并在理论中赋予了它的地位。因此，这不是对理论的反驳，而只是理论的一部分，是一种公认的反作用力。在这一学科的分支中，没有一个事实不完全符合密尔所列举的抵消收益递减规律的力量。（密尔：《政治经济学》，第一卷，第二章，第十二章，第3节）

科恩并没有坚持工资基金理论，因为我仍然倾向于这样做。然而，即使在这里，在谈到工资对工资基金的依赖时，他也承认了这一基本观点。他承认，在任何给定的时间内，理论是相对健全的，并且，就目前而言，工资基金在决定工资方面具有决定性的重要意义。在我看来，工资基金理论的核心并没有被赫尔曼（Hermann）的理论所驳倒，赫尔曼的理论认为工资是从消费者的收入中支付的。的确，这两种理论并不矛盾，而是要结合起来。就目前的生产情况而言，劳动力的有效需求、劳动者的就业以及对他们的工资支付，通常来自企业家的资本。消费者对产品的需求只决定劳动力和资本的使用方向。但事实上，资本的作用不过是提前支付工资。预付款由消费者的付款和他们的有效需求来补偿。作为一种普遍现象，它必须得到补偿，以便资本可以继续雇用劳动力并支付工资。到目前为止，消费者的支付可以说最终是为了提供劳动力就业，并为一定的工资率提供保险。更好的是，可以说它决定了资本能够永久雇佣劳动力的条件，并给予劳动力一定的工资率。但是，在任何给定的时间点，只有当资本的数量足够大，或者如果资本由劳动者消费的商品组成（或者可以很容易地转化为商品）时，这种工资率才能得到保证。密尔在其伟大著作中的原创性学说，加上赫尔曼

（Hermann）和德国人建议的一些修改，至今仍是对这一学科的特别成功的阐述。

我认为科恩的一个特别优点是，他再次提出了与分配问题有关的人口原理，这是由旧的理论给出的。我以同样的方式维护它，并在我多年的演讲中一直是这样处理它的，这在某个方面偏离了我在论著中所作的阐述①。科恩最强调的是人口流动的重要性，特别是人口增长在分配中的重要性，尤其是对工资率的重要性。这是完全合理的。它驳倒了三种乐观主义，这三种乐观主义使问题变得模糊不清：曼彻斯特学派的个人主义者，像巴斯夏（Bastiat）；像凯里（Carey）这样的美国人，他们从人口稀少的国家的情况中得出了广泛的概括；还有极端社会主义者，比如马克思甚至罗德贝图斯（Bodbertus）。科恩走自己的路，不受那些对马尔萨斯站不住脚的公式的有效攻击的干扰。他无可辩驳地表明，尽管蒸汽时代生产能力有了巨大增长，尽管产量有了实际增长，但由于人口快速增长的冲动，劳动人口，特别是下层人口的最大利益仍未得到保障。

一方是社会主义者，另一方是凯里，在这件事上完全是盲目的。直到最近，德国社会主义者考茨基（Kautzky）才认识到，即使在一个社会主义社会中（更确切地说，在这样一个类似的社会中），人口问题也是最危险的问题，也许是它将受到致命打击的问题。我们在这里不需要解决任何法律或组织问题，甚至根本没有涉及心理因素。这个问题只是一个算术问题。如果人口增长快于产品增长，则每个个体的商数将变小。如果租金、利息、企业家的利润、高工资被认为是从总产品中扣除的，并且如果只有剩余部分作为工资支付给劳动者，那么后者的商数当然会变得更小。即使在一个社会主义组织中，如果不作这样的扣除，而整个产品在总人口中按某种方式分配，商数仍然是递减的。只有当生产在社会主义国家中比在我们现在的

---

① 在我的论著中，缺乏对人口规律的详细讨论。正确地说，它属于第二章第 I 部分，在 93 节和 94 节之间。我打算在将来的某个时间将其插入该位置。但是，在第 145 页，我已经以我认为合理的形式规定了人口的一般原则。

资产阶级国家——"资本主义国家"——中增长得更快，只有当生产技术发展得更快，而人口发展得不那么快时，个人的平均状况才能得到改善。但是，由于在社会主义国家，更有利的生产和更大的艺术进步至少是值得怀疑的，因为由于明显的心理原因，人口的增长可能会更快，个人的状况可能无法改善。当然，这是基于这样的假设，即在我们当今的社会中，租金、利息和企业家利润的过度增长将会受到抑制。换句话说，社会主义国家即使有了一个良好的开端，也很可能在人口问题上遭到破坏。

想一想人口问题同最严重、最困难的社会政策问题的联系，你就不得不确信，"旧的教条主义"不但有科学价值，也有实际价值。

（刘志广　译）

附录三

对法和经济学的早期贡献：
瓦格纳的《政治经济学基础》[①]

迈克尔·胡特（Michael Hutter）[②]

经济与法律之间的关系在 19 世纪末的新兴工业化经济体中被广泛讨论。在社会急剧变革的时期，社会及其秩序的发展已经成为一种直接的个人经验。历史被视为一个持续的社会变革过程，而不是脱离完美状态的偏差。这种新的观点影响了建筑、美术、人文和社会科学。它对法律研究产生了特别深远的影响，因为新的经济、社会和技术条件要求法律框架发生变化。许多决定当代经济表现的立法都是在 1870 年至 1890 年之间形成的。劳动法、社会保障法、合同法（尤其是与竞争有关的）、信贷法以及公共财产在提供公共产品方面的各种拓展都可以作为例子。然而，对于法律进程和经济进程之间的关系，没有一致的理论处理。德国经济学家阿道夫·瓦格纳（Adolph Wagner）可能是第一个提出这种处理方法的著作者。

这一主张源于 1879 年出版的瓦格纳的《政治经济学基础》（*Grundlegung der Politischen Okonomie*）第二版。与 1876 年第一版相比，主要变化是将最后一章扩展为该书的一个单独部分"经济和法律"。瓦格纳从这样一个假设出发，即法律制度是由经济需求随着时

---

①　原文出版信息：Hutter，M.（1982）．"Early Contributions to Law and Economics：Adolph Wagner's 'Grundlegung'". in *Journal of Economic Issues*，Vol. 16，No. 1，pp. 131—147.

②　作者是慕尼黑大学经济研究所理论与应用社会经济学研讨会的教师。他要感谢 Wolfgang Dase 提供的"法律"援助（"legal" assistance）。

间的发展而形成的。然后，他系统地研究了经济需求的变化对一些法律制度的影响，以及有意识地改变某些法律制度可能对经济绩效产生的影响。其研究关注的是应用于劳动、资本和土地的财产制度。

本文概述了瓦格纳在《政治经济学基础》第二版中对经济和法律的论述①。下面的研究大致遵循该书的结构。它试图强调那些仍然与目前关于法律进程和经济进程之间相互关系的讨论有关的要点。

一、经　济

（一）对正统假设的抨击

瓦格纳这本书的第一部分很少涉及与法律有关的问题。第三章"经济组织"是个例外。瓦格纳提出了三种基本的组织类型：私人的组织、共同的组织和慈善的组织。该章主要强调的是私人体系，特别是其当代形式"自由竞争体系"。根据瓦格纳的说法，这是由其"法律基础"界定的，其主要因素是个人身份、私人财产、合同法和权利效力规范（pp. 217—220）。法律基础并不是自由竞争体系本身所创建的（p. 216），它也不是逻辑公理（p. 229）。当代（在瓦格纳时代）的自由竞争体系是一种私有体系的历史形式。需要国家这一公共体系（common system）来加强和发展该法律基础。

瓦格纳指责经济理论家接受现有的法律基础，将其作为一种给定的经济条件（p. 216，附注），或假装分析法律与经济学之间关系的任务已经完成（p. 350）。瓦格纳认为，他所称的"亚当·斯密学派和重农主义者"的理论不能处理法律基础及其变化的条件，因为那些理论包含有一些隐含的假设。

---

① 正文中的数字是指第二版的页码。瓦格纳曾打算重写《政治经济学基础》，并增加关于私人财产内容的最后一节。他只抽出时间重写了第一部分[Wagner, 1892]，最后在第二部分做了一些小改动，主要是更新了参考文献部分。

第一，假定抽象的、绝对的、先验的自由和财产概念，并从这些公理中得出逻辑结论（P. 348）。一旦这样的公理被接受，就不能提出关于概念变化的问题。瓦格纳警告说："我们不能武断地从人有权利是自由的这一公理出发；我们必须研究他们是自由的是如何实现的。"（p. 348）① 如果自由和财产被假定是给定的，那么这些制度的"正义"就被隐含地假定了，任何规范性陈述都变成了同义反复：可以说，只有那些由自由竞争体系内的需求和供给所决定的价格、工资、利率等等才是"正义的"（p. 234）。

第二，假定私人利益和社会利益的同一性（p. 360）。因此，特定法律制度对部分经济的不利之处被忽视了。然而，这一问题不能通过假定权利的平等分配来解决，因为人口的社会和经济不平等是任何更高文化出现的先决条件（p. 153）。瓦格纳强调，从社会的角度来看，决定哪种类型和程度的不平等是最"可取的"的任务仍然存在。

第三，自由和财产被视为是没有义务的权利。瓦格纳指出："当社会义务这个方面得到承认时，自由和财产这两种法律制度失去了其个人主义的、私人的特性，而获得了其必要的社会经济特性（p. 361）。

第四，给定法律基础的假设导致了与古典理论家所持的劳动价值论的矛盾："人们提出理论，认为只有劳动才创造价值，然后惊讶于更激进的思想家，也就是社会主义者，对现存私法、财产秩序、资本和不动产、继承权和合同法的原则的抨击，他们认为所有这些法律在很大程度上与劳动创造价值的假设相矛盾。有人反对国家的干涉，却忽略了这种干涉大多是通过国家颁布的关于自由和财产的法令进行的（p. 560）。

由于这些假设，经典理论无法处理法律基础的变化。瓦格纳说：

---

① 　引自 Dunoyer［1845］。这并不是瓦格纳与"科学社会主义"文献的唯一联系。见本书 128 页脚注①。

"如果给定的自由竞争体系能够充分处理经济组织的整个任务，这一事实是可以被接受的。但该体系导致了缺陷和不和谐，无法充分满足共同需要"（p. 235）。

在一个单独的章节中（pp. 252—260），瓦格纳讨论了一系列共同需要，包括法律秩序、交通、通信、健康、教育和为后代提供的服务。其他两种经济组织，特别是公共体系，可以更有效地满足这种需要。这与不同形式的共同体有关：它们中有些是由亲属关系界定的（例如，家庭）；有些是通过自愿协议界定的（如俱乐部）；而另一些则是通过一个权威（如国家）的强制权力形成的①。对瓦格纳来说，在私人体系中体现的个人主义原则和公共体系的"社会主义"原则构成了任何经济组织的基本要素（p. 369）。为了最大化物品总量和最优化分配，必须寻求两种体系的结合（p. 211）。最优组合将随着经济行动所处环境的变化而变化（p. 149）。瓦格纳在一开始就指出，关键点是个人与共同体之间的关系（p. 2）。

（二）一个基本假设

该书第二部分"经济与法律"以一个导论章节作为开篇，其中包含了瓦格纳在研究法与经济学间关系时的基本假设：商法是一个进步经济中贸易需要的"产物"（p. 357）。因此，它是由经济变量决定的。因此，相关的法律制度，如财产制度，将与社会条件相适应（p. 351）②。因此，我们应该预料到，对于每一大类经济商品，都会

---

① 瓦格纳用了一章的篇幅来研究作为最广泛和最强大的公共系统的国家。这一章包含了瓦格纳最著名的成就，即国家扩张定律，也被称为瓦格纳定律。

② 瓦格纳的这一观点得到了耶林（Jhering）的支持："私法的所有权利，尽管它们可能只以个人为直接目的，但都受到社会考虑的影响和约束"（p. 351，引自 *Zweck*，p. 519）。

鲁道夫·冯·耶林可以说是当时研究罗马法的最杰出的德国学者。法律是一个由社会目的决定的不断变化的过程，这一思想发端于耶林（Jhering，1877，1883）。耶林成为那些激烈反对在新的德国民法典中纳入抽象的绝对私人财产概念的人中的一员。尽管耶林能够反驳这一主张，即这一概念实际上是罗马法的一部分，但绝对私人财产的神话依然存在。

形成一种特定形式的法律秩序（p. 534）。关于财产的一节表明这样一种事实，即不同类别财产的权利确实发生了这种发展①，而且随着技术和经济条件的变化，这种发展还在继续。这方面的例子包括用于出租房屋的新型城市财产和铁路的地役权（the easement rights of the railroads）。

法律秩序还决定了经济中的收入分配。这为研究各种法律秩序形式的影响提供了另一个理由，因为（在某种规范意义上）"令人满意的"收入分配是社会的基本目标之一。

瓦格纳认为，与贸易有关的主要制度有人身奴役（personal bondage）、自由、财产（包括合同法和继承法）和权利消除准则。这些制度——它们通过经济条件产生的决定作用和它们对经济行为的影响——是被分开进行研究的。瓦格纳对奴役和自由的论述相对比较简短；然后在本书的其余部分讨论财产。权利的消除仅具体涉及不动产（征用）。在将其研究局限于狭义的司法意义上的法律之前，应当指出，瓦格纳确实认识到非法律性质的规范的存在及其影响。他指出，法律和道德并没有被明确区分开来（p. 239），他认为道德培养和教育是保证法律维护的规范（p. 567）。然而，法律和经济过程的直接和频繁互动，证明了关注法律规范子集的合理性。

（三）奴役与自由

奴役和自由调节着人力资源的配置。对这种劳动权的讨论进展相对较快，尽管对其早期的演变仍然是未知的。仍然有待解释的是，为什么在经济史的大部分时间里存在着各种形式的奴役，以及为什

---

① 瓦格纳向卡尔·罗德伯特·贾格佐夫（Karl Rodbertus-Jagedzow）承认了这一"基本重要性原则"的最初观点,罗德伯特·贾格佐夫曾请注意与农村不动产有关的具体财产权利(p. 535)。瓦格纳认为罗德伯特·贾格佐夫是社会学家中最杰出的思想家。正是罗德伯特·贾格佐夫揭示了资本财产不断变化的本质,也正是他提出了一种"演进的"方法来处理资本财产的变化(p. 642)。但瓦格纳与罗德伯特·贾格佐夫在一个关键问题上存在分歧：罗德伯特·贾格佐夫采用了纯粹的劳动价值论。

么一些当代社会仍然对个人自由施加相当大的限制。古典理论假定个人自由是一条公理，"而［该理论］本应将其视为一个最重要和最困难的问题"（p. 345）①。因此，人身奴役被视为是经济理论中的一个主要制度。在瓦格纳看来，它是使经济主体能够为生产而征募他人劳动的第一种法律形式（p. 375）。他提到暴力是奴役产生的首要原因，正如古代对战俘的奴役所证明的那样（p. 377）。他还指出了用自由权利来换取领主保护并同意被其奴役的可能性。瓦格纳接着陈述了人们期望一种奴役或奴隶体系发展的条件：范围广泛的农业，容易监控的集体工作，以及低质量的产品。对于大米、糖、烟草和棉花这些奴隶劳动生产的主要商品来说，情况正是如此（p. 388 附注，p. 391）。

环境的变化必然会改变奴役劳动在经济上可行的条件。通过专业化和工业化，奴役劳动的生产力越来越低。与此相对应，奴役制度也发生了变化，给予被奴役的人越来越多的个人权利（pp. 393—395）。例如晚期的罗马奴隶制、封建劳动和美国黑人奴隶制（p. 395—398）。"随后，越来越多的有效手段被使用——首先是通过恐惧，然后是通过利益、荣誉和责任的刺激，以获得最大的数量和质量绩效"（p. 400）。因此，正如瓦格纳和他的同时代人在他们的时代可以很容易地看到的那样，有一种持续的发展将抵债劳动（bonded labor）的消亡与"自由劳动"的工资体系联系起来。当工业生产的条件需要流动工人时②，当"自由竞争学派"的教义占据主导地位时，在德国，个人自由的实现开始有意识地通过法律秩序的"改革"来实现（p. 412）③。瓦格纳以对绝对财产公理相同的怀疑态度来看待绝对个人自由公理在最近的成功。瓦格纳强调对自由的限

①　耶林再次支持了瓦格纳强调个人自由权利道路上的困难："人是自由的想法比地球绕着太阳转的想法更难找到。"

②　"工业……可以轻松满足其对劳动力的需求，同时数量可以随着需求的变化而灵活变化，这是其非常有趣之处。"（p. 431）

③　瓦格纳详细描述了个人自由发展的各个阶段。

制是一种障碍；例如，对行会成员的限制成为"资本所有者权力的全部力量"的障碍（p. 420）。证据还表明，个人自由的发展并不是普遍的。公司法构成了对个人自由的限制，但这被认为是对经济有利的（p. 471）①。

瓦格纳提到了基于自由概念的几种具体的制度形式：平等、一些"公民权利"、契约自由以及选择职业和自由贸易的权利（p. 417）。平等只是被简短地处理；关于契约自由和选择职业和自由贸易的权利的讨论被推迟到第二卷，这一卷从未写过。他详细讨论了婚姻、自由迁徙、迁入和迁出以及旅行的权利。虽然对其中一些权利的处理如今可能过时，但在许多经济体中仍在继续使用这些权利。瓦格纳预言，在社会主义经济中，即在废除私人财产制度的经济中，对自由的限制是不可避免的。秩序的丧失必须由不断增强的作为经济力量的恐惧和惩罚来弥补（p. 358）。这一预测显然得到了今天所掌握的证据的证实。

"自由"作为经济法律基础的一个要素，与"财产"有着明显的区别，这一讨论得出的结论是，与劳动和经济主体有关的"自由权"，和与经济物品有关的"财产权"不具有相同的分析性质。

二、财 产 制 度

（一）财产的定义

对财产制度的研究占据了瓦格纳著作的其余部分。它仍未完成，但研究的大部分内容已经完成。瓦格纳试图阐述制度的不同维度；在此过程中，他展示了这一概念的丰富性和多样性。

瓦格纳直接关注的是对罗马法中制定的私人财产制度的接受，

---

① 这种障碍的后果被提到："法律保护自由的工人，……鼓励用机器代替人类劳动，从而导致技术进步。"（p. 355）

根据该制度，私人财产被定义为一个抽象的、绝对的概念。这个问题在瓦格纳的时代具有实际的重要性，因为当时德国正在讨论一部新的民法典。几年后，受罗马法启发的财产定义确实被采纳了①。

瓦格纳对私人财产的处理将分为四个步骤。第一，讨论了关于确立财产作为一种法律制度的不同理论；第二，财产沿着几个维度被划分为各种形式；第三，对其中的两种形式——资本和不动产——进行了细致的研究；第四，对征用制度进行了探讨。

（二）财产理论

"私人财产"被定义为"法律所允许的对外部物品（物体）的最高形式的合法支配权"（p. 582）。瓦格纳指出了私人财产所有者的隐含法律限制和义务："因此，私人财产是对处置权和排他权的总和；其最高程度是由法律决定的，而不是由业主完全独立的意志决定的。"（pp. 582—583）② 瓦格纳反复强调，私人财产是一个历史范畴，而不是逻辑范畴。因此，它的进一步发展可以通过对财产产生或创造的过程的了解来预测和影响，具体要视情况而定。对私人财产的确立提出了三种不同的理论。

自然理论（Natural Theory）。私人财产是人性的自然结果。瓦

---

① 瓦格纳徒劳地指出，罗马法中的私人财产从来没有被理解为一个绝对的概念（p. 365），财产必须是灵活的，以便新的经济商品类别不必被挤进旧的法律模式，如"现代"资本财产和城市不动产（p. 533）。

② 瓦格纳的定义在当时并不是独一无二的。我们可以将它与施穆勒（Gustav Schmoller）提出的定义进行比较，即"《物权法》（Property Law）是确定个人和组织之间就实物使用的权利和禁令的法律规则的总和"[1890, p. 425]。施穆勒和瓦格纳的定义可能源于普鲁士法典，该法典将财产解释为权利的总和。

施穆勒是"历史学派"的核心人物。瓦格纳谨慎地强调了他的演绎和归纳相结合的论证与施穆勒声名狼藉的的"历史"方法之间的差异。尽管施穆勒研究了法律秩序的变化，但瓦格纳忽略了施穆勒著作中就提议的变革所提出的建议。施穆勒的一个基本假设是"个人主义"原则和"社会主义"原则的互补性。在其他作者的著作中也发现了同样的假设，例如，Albert Schäffle[1881]和 Ferdinand Tönnies[1887]，这表明许多作者都认同瓦格纳的"主要观点"（pivotal point）。

格纳承认，人性可以解释消费品私权的产生，但不能解释生产资料私权的产生。自然理论的一个版本将自然后果限定于人的经济本性。这一解释很适用于农业用地：在德国可以看到越来越广泛的私人权利的明显发展（p. 545）。它不与资本的私人权利一起运作；在不给予所有参与企业的人私人权利的情况下，生产是可能的（p. 543）。瓦格纳总结道："从历史来看，私人财产可能是一种具有最大经济效益的制度，但不是纯粹的自然需要"（p. 542）。

公理化理论（Axiomatic Theory）。 当私人财产通过具体行动，特别是通过职业或劳动被建立起来时，它就是正当的。该理论不能解释私人财产；这种制度的存在已经被假定（p. 549）。只有证明私人财产正当性的标准是假设的。占领理论（a theory of occupation），虽然在某些历史环境中相当可信，但在更发达的经济体中却失去了重要性。与之相反，劳动理论总是假定以占有行动为起始点，因此需要将占有作为补充解释（p. 555）。此外，劳动缺乏明确的个体轮廓：社会生产、资本和土地的使用以及不同类型和质量的劳动都必须被考虑到。这种共同生产的收益分配必须使用财产的法律规则；不存在对生产收益的"自然"分配（p. 561）。

立法理论（Legal Theory）。 私人财产被解释为立法行动的产物。这种行动可以包含一个契约，也可以是通过"立法者"对法律进行实际变更。契约理论与志愿团体和协会有一定的相关性，但在"社会契约"拟制的形式下，它是站不住脚的，也是过时的（pp. 523，271）。对瓦格纳来说，立法者是中心人物。他不仅可以"创造"财产，也可以废除或改变财产。在有效性和正义的约束下，立法者仍有足够的空间自由设计不同形式的财产权（p. 565）①。

在瓦格纳关于法与经济学关系的论述中，立法理论的采用是一

---

①　瓦格纳从未试图对立法程序本身进行分析。他似乎把"立法者"描绘成一个仁慈的君主，这可能是官房主义传统所暗示的。下面的引文揭示了这一范例的简单性："[立法者]审查个人和共同体的需要，然后决定归属于财产的权利的范围和内容。"（p. 575）

个基本要素。他强调其他理论并非一无是处；它们对立法者必须作出的决定具有重要意义。瓦格纳举了两个例子来说明立法理论的解释力：对财产和知识产权的逆权占有（adverse possession）。逆权占有是一种界定私人财产权的方法，其他理论均未涉及。只有法律拟制才能宣布时间的流逝是建立产权的理由（p. 568）。知识产权，例如专利、版权和商标，是私人财产概念的延伸，因为这一概念最初只是作为一种针对实物的法律制度而发展起来的。技术发明导致了财产的更广泛定义的发展。这种权利的削弱（例如，受到限制的专利权）与证据并不矛盾。相反，它证明了立法者并没有设计绝对的权利，而是设计了受限制的权利，这些权利被期望成为有效的激励（pp. 569—575）。

（三）财产的分类

经济条件和物理特征将决定财产的法律形式。这就是基本的假设。瓦格纳试图从两个维度来考察这种因果关系：财产的限制和特定法律形式所界定的权利束的具体化。《政治经济学基础》并不包含对权利束的具体化的完整研究，这里的具体化用瓦格纳的术语来说，就是财产的"内容"。瓦格纳打算把这项研究作为著作的最后一部分，但他从未写过。只有一个简短的草图（pp. 587—589）勾勒出他认为最为重要的权利类型是：（1）消费权或使用权，包括占有权、不使用权、遗弃权和消除权；（2）自由契约权，即交换、出售、出租和租赁的权利、授予用益权、抵押或赊欠的权利；（3）转让赠与财产的权利；（4）继承权①；（5）积累权——存在自由贸易时其他权利的一种后果（p. 589）。这一权利虽然看似无关紧要，但一直在讨论之中，对其进行限制也是税收立法的目的之一。

因此，我们所要做的就是研究对财产"范围"（extent）的限制。

① 这是两项权利之一，不是财产的直接后果，但与财产权的内容密切相关。继承权被解释为一项单独的私法制度，并引用历史证据作为理由。

范围是指在组织的"私人"或"公共"体系内，通过各自的其他系统对财产权的实际限制①。没有迹象表明这些限制被认为是不合理的"削弱"。公共组织的财产因私人权利的增加而受到限制；在义务教育、侵权责任法和与工厂安全标准有关的立法的情况下，个人和家庭的权利可能被削弱（p. 370）。随着经济条件的变化，在组织的这两个极端之间的变化可能发生在任何一个方向上。

在研究过程中，我们可以清楚地看到，瓦格纳的意图并不是对这一主题进行均匀、系统的处理。由于其"巨大的理论和实践意义"，他选择集中于他那个时代最紧迫的问题，即"私人资本和土地及其与资本和土地中的公共财产的关系"（p. 586）。

瓦格纳关注的是私权受到的限制。他对经济条件和物质特征的分析是以一种更普遍的方式进行描述的，但很快就缩小到资本和土地这两种情况上。有关瓦格纳财产分类的图示，请参见图 1。正如下面的论证大纲所示，财产可以用于生产目的或消费目的。瓦格纳关

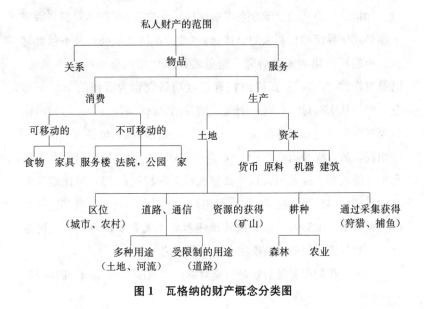

图 1　瓦格纳的财产概念分类图

---

① 本书第一部分"慈善系统"中讨论的第三类组织，后面没有再提及。

注的是生产。似乎"显而易见"的是，私人权利对消费是最有效的，尽管人们注意到，租赁合同本身在配置生活空间方面有很好的表现（p. 537）。在各种关于生产的权利中，其关注点仅限于与有形物有关的权利。个人服务和人与人之间的关系——善意、特权、专利和国家本身被列为例子——被认为是"经济物品的主要种类"（p. 538），但是它们的结构不像有形物体的结构那样简单。最后，对用于生产目的的有形物的权利是根据流动性标准划分的。不可移动物被称为"土地"，可移动物被称为"资本"。因此，作为一种衍生假设，瓦格纳提出，已经为资本和土地发展出的不同财产权是由这种差异决定的。这个主题现在正被进行详细研究。

三、财　产　权

对资本财产的讨论分两步进行。首先，说明资本中的私人财产是增加国民资本最有效的法律形式。其次，讨论限制私人资本权利的范围和内容的论据。

如果一个国家的资本存量掌握在私人资本所有者手中，那么创造、增加和利用"国家资本"的任务就留给了这些私人所有者。可以说，他们是"全体人民的公务员，创造和使用着国家生产手段的存量"（p. 594）。他们在履行这一职能的同时追求自己的利益（p. 638）。如果国家资本只能以私人资本的形式形成，那么采用私人资本权利符合所有人的利益，即使对那些不拥有资本的人来说也是如此。瓦格纳的论点基于对资本形成和利用的激励。道德规范、经济利益和风险规避将导致私人资本所有者将其收入投资于资本品。

在一个社会主义组织中，一个中央行政机构通过强制手段控制生产和分配消费品。"这是激进社会主义者必须从逻辑上看待问题的方式"（p. 609）。瓦格纳怀疑这样的管理在实践中是否可能，他引用了古雅典公共资金管理不善的例子（p. 609，附注）。但他指出，一定程度的外部强制是可以接受的，比如强制缴纳社会保障金。瓦格纳的结论是："在目前和可预见的将来，国家资本必须主要通过私人资本形式的私人财产来形成"（p.612）。在谈到他那个时代的社会主义要求时，瓦格纳预言，与私有土地和继承权相比，废除私有资本的可能性更小。私人资本权的范围和内容还有待确定。

有几个对私人资本权进行限制的理由是从社会主义文献中引用来的：使用抵押劳工、垄断市场、暴利和绝对成本优势。瓦格纳坚持认为，在特定情况下，这种条件的存在可能在经济上是有利的，比如专利。对他来说，这些论点足以证明限制是正当的，但"它们不足以将所有利润的处置权交给劳工，因为利润不仅是通过劳动获得的，而且是通过私人资本家的必要努力获得的"（p.630）。因此，规定利息、租赁、租金、工厂劳动和社会保障的法律并不与资本中财产的私人组织相冲突（p.642）。

（一）土地

瓦格纳对土地上的财产给予了最仔细的关注。显然，他期待着在私人不动产的减少和规范方面发生最直接的改变。核心问题是一个功能性问题："土地及其使用必须要求什么样的法律秩序，以便……资本和劳动的恰当应用以及正确的耕种强度得到最佳保证?"（p.656）这个问题的答案并不明显。例如，为大庄园辩护的论据必须集中在生产的影响上：大庄园的出现是否有经济原因?（p.674）答案是否定的："除非特定的政治或法律环境发挥作用，否则人们不能声称大地产比小地产具有经济技术优势。"（p.677）[①]

瓦格纳概述了中欧农村小地产的历史发展，以展示不动产随经济条件的改变而发生的变化。下一步，将分别讨论每类土地中私人不动产的衰减（见图1）。

小的农村财产彰显了私有产权的有效性；没有理由对这些权利

---

①　瓦格纳建议进行部分改革,如修改信贷法,其对小地产的不利影响已详细说明（p. 680—682）。

进行限制（p. 738）。大的农村财产类似于私人资本：如果促进国民生产的"社会功能"得到实现，所有权就是正当的（p. 741）。租赁合同的广泛使用表明，无论如何，财产权的进一步衰减不会导致生产的巨大变化。

土地或建筑的城市财产所有权则完全是另一回事。城市生活的性质决定了财产价值对整个共同体发展的依赖性。公寓、房屋和建筑工地作为正常商品的所有权导致了投机和危机（pp. 750—764）。这些论点支持废除城市土地和建筑物中的私人财产并建立共有财产和私人用益权制度的建议（p. 766）①。瓦格纳提出了启动改革的详细建议，以逐步实现这一目标：限制租赁合同的自由，设计具体的税法以避免暴利和投机，并扩大为公共利益进行征用的可能性。自瓦格纳时代以来，这样的发展确实发生了。

最后，瓦格纳对私人不动产的一些特殊情况作了简要论述。在获取矿山中的自然资源方面，似乎没有明确的标准来偏向私人政策或公共政策（p. 776）。就森林而言，由于森林的外部效应（气候、灌溉、湿度）和耕作的规模经济，共同财产更受青睐。共同财产也被建议用于道路和通信线路，以避免私人垄断，并确保此类道路和通信线路形成平衡的网络，其中赤字路段可以得到补贴。土地上被用于通过狩猎和捕鱼获得产品的私人财产，即瓦格纳方案中的最后一类，没有被单独讨论；瓦格纳可能认为这一类别没有什么意义。例如，当代关于海洋法的谈判表明，即使是最后一类，也值得费心研究各种财产权在其具体情况下的影响。

（二）征用

在瓦格纳的研究中，第四步是对经验进行讨论。对它的处理是

---

① 值得注意的是，城市土地是瓦格纳提议改为共有财产权的唯一子类。瓦格纳为他在经济政策问题上的明确参与辩护如下："我不会回避一项原则的逻辑结果，比如共同体原则（Gemeinschaftsprinzip），如果它与当前的个人主义观点相矛盾，但似乎适合社会的生活条件。我不确信，就像自满的历史学家所做的那样，事情会以历史的方式发展。"（p. 353）

瓦格纳的假设的逻辑结果：如果法律秩序是由经济需要决定的，那么法律内部就没有必然的发展方向。这种逆转的一个先决条件是存在征用规范。

为了澄清他对征用的解释，瓦格纳再次引用了鲁道夫·耶林的话："征用包含了协调社会利益与财产利益的任务的解决方案，它使财产成为一种可行的制度……没有它，财产就会成为社会的一种祸根。"（p. 790；引自 *Zweck*，p. 514f.）

有三个观点被强调。第一，征用的必要性是反对绝对私权概念的另一个论据。罗马法作为这一概念的历史先例，也承认征用。第二，征用不仅表明私人利益根据其需要塑造法律秩序，而且表明已经设计了维护共同体利益的工具。第三，经济理由为征用的程度提供了标准。不是未指明的"公共福利"，只有未来经济发展所必需的生产过程的改变才能证明该措施的合理性①。

征用的范围也与对象的性质有关。不动产一直是征用的重点，因为地点的独特性不允许有替代物。就流动物品而言，公共利益的目的和时间框架是决定性的：突发紧急情况导致对私人物品的公共使用；共同体的长期维持是由私人生产份额的公共权利提供资金的，这模糊了征用和征税之间的界线（p. 817）。

四、结　　论

瓦格纳经常沉浸在他那个时代政治讨论的细节中，在许多情况下，他的论点并没有超出归纳获得的分类法，也没有提供或多或少令人信服的故事。尽管如此，他的著作中仍有真知灼见，这些真知灼见必须在我们今天得以慢慢地恢复。（1）法律制度是由经济条件塑造的。瓦格纳指责"正统"理论忽视了这种关系，这一指责仍然

---

　　①　实例表明，在整个经济史上，伴随财产而来的征用方式不断变化（p. 800—801）。在瓦格纳时代，一个有争议的问题是对私人铁路的征用，它是通过合同、胁迫甚至直接阻挠来实现的（p. 806，附注）。

有效。（2）自由和财产不应被解释为抽象的公理。这些术语确定和描述了特定类型的社会关系，它们代表了个人和各种公共体系之间一种复杂的权利和义务安排。（3）自由是一个不同于财产的概念，因为它适用于经济主体而不是经济物品。（4）法律制度并不倾向于将财产权推向一种特定的形式。它们可能朝着更强的私人排他性方向发展，也可能朝着更强的公共支配性方向发展。谱系上的最佳点由物质特征和经济需求决定。（5）私人财产是权利的总和，是一系列不同的特权和义务。这为有意识地详细改变权利的分配提供了可能性。

如前所述，并非所有这些想法都是瓦格纳的原创，瓦格纳也坦率地承认这一点。社会主义著作家讨论了当前财产概念的过渡性质；制度的社会复杂性在阿尔伯特·谢夫勒（Albert Schäffle）的当代"社会生物学"（Sociobiological）理论中得到发展[1]；许多同时代的人目睹了资本和不动产的法律形式在各个方向上的迅速演变[2]。然而，其原创性在于所收集到的详细的事实信息、针对一般主题的理论方法，以及对法律变更备选方案的独立评估。

参考文献

Dunoyer，Charles. 1845. *De la liberté de travail*.

Gordon，R. A. 1963. "Institutional Elements in Contemporary Economics." In *Institutional Economnics*, edited by Joseph Dorfman. Berkeley：University of California Press. pp. 123—147.

---

① 瓦格纳认为谢夫勒对他的著作有很大的影响。谢夫勒将社会解释为一个有机体。尽管生物学观点在当时相当流行，但谢夫勒明确表示，他无意进行肤浅的分析。经济不是被视为一个有机体，而是被视为一个与有机体具有相同复杂程度的实体。除此之外，谢夫勒对"社会新陈代谢"的处理[1881]涉及社会的经济组织，被瓦格纳引用，它们与其著作具有相同的基本方法和关注点(p. 3)。

② 正是这种对法律变革的认识在当时的德国大学中盛行，并强烈地影响了像亨利·卡特·亚当斯(Henry Carter Adams)、威廉·J·阿什利(William J. Ashley)和理查德·T·伊利(Richard T. Ely)这样的美国学生，使他们关注经济与法律之间的关系。

Jhering, Rudolph von. 1877. *Der Zweck im Recht*. Volume 1. Leipzig.

Jhering, Rudolph von. 1883. *Der Zweck im Recht*. Volume 2. Leipzig.

Schäffle, Albert. 1881. *Bati und Leben des socialen Körpers*. Tübingen: Laupp.

Schmoller, Gustav von. 1900—1904. *Grundrisse der allgemeinen Volkswirtschaftslehre*. Leipzig: Duncker and Humblot.

Tönnies, Ferdinand. 1887. *Gemneinschaft und Gesellschaft*. Leipzig: Fues.

Wagner, Adolph. 1879. *Grundlegung der politischen Okonomie*. Leipzig: Winter.

Wagner, Adolph. 1892. *Grundlegung der politischen Okonomie*. Leipzig: Winter.

（刘志广　译）

附录四

自然法对瓦格纳公共干预理论的启示[①]

丹尼尔·科拉多（Daniele Corado）[②]
斯蒂法诺·索拉里（Stefano Solari）[③]

摘要 阿道夫·瓦格纳（Adolph Wagner）最著名的原则是国家对经济干预的增加。这一原则的特点由"伦理经济"的视角所刻画，结合了一些基于法律与政治经济之间关系的原创观点。瓦格纳的理论试图通过引用广泛的亚里士多德主义和源自克劳斯自然法的特定法哲学来使国家干预和累进税合法化。本文分析和比较了这种法律思想如何影响瓦格纳的国家-经济互动理论和他对公共经济学的洞见。

关键词 讲坛社会主义 自然法 实践理性 国家理论

一、导言：公共干预理论中的自然法与政治的首要地位

在十九世纪，亚里士多德关于经济的伦理观仍然激励着各种对公共经济学表达相关见解的学者。这些理论对构想国家干预的方式

① 本文的出版信息为：Corrado，D and Solari. S. （2010）. Natural law as inspiration to Adolph Wagner's theory of public intervention. *Euro. J. History of Economic Thought*，17（4），pp. 865—879.

② Daniele Corado, Faculty of Law, Riviera Garibaldi Be, 31100 Treviso, Italy; e-mail: d. corrado@giuri. unipd. it

③ Stefano Solari, Department of Economics, University of Padua，via del Santo 33，Padova 35123，Italy；e-mail: stefano. solari@unipd. it

产生了相关影响。通过将普鲁士的国家干预和集体福利改革合法化，讲坛社会主义（Kathedersozialismus）在二十世纪的欧洲经济制度中留下了深刻的印记。

这种自我定义为"第三条道路"以实现经济"有序"的方法，主张公共经济学的非自主地位（non-autonomous status），它需要一种开放的理论化，以便与法哲学和行政管理学等学科进行互动。特别是，在这篇文章中，我们将强调来自自然法理论①和亚里士多德的实用科学（practical science）概念的深刻启示。也就是说，一门以道德为导向的科学会根据共同善（common good）② 来指导干预。有趣的是，这一方面既影响了国家干预的理由，也影响了累进税的正当化理由。实践理性的"认识论"（epistemology）使这些学者强调政治的首要地位和利益调和优先于经济理性，这对公共经济学的范畴（categories）和政策都产生了影响。其结果是一种伦理状态，它在经济协调中或多或少地承担了某种延伸的角色，并为整个社会发挥了解放作用。

本文主要探讨阿道夫·瓦格纳（Adolph Wagner）③ 关于法的本质的思想对其国家干预经济观的影响。瓦格纳求助于一种特殊的法律理论来源，主要来自"新教的正义自然主义"（Protestant Jusnaturalism）④。

---

① 通过"经典自然法"，我们指出了法哲学中的一个传统，即人可以通过正确使用理性来认识作为其行为根源的法则，因为理性向他展示了一系列证明正确行为的关系。对于学术传统来说，"自然"是一种道德秩序，而不是一种给定的物理现象；它是一种现实，在这种现实中，理性存在能够解读结局（Dianin，2000：280）。从逻辑上讲，所有这些都发生在国家将这一权利正式化（formalisation）之前，而不是像法律实证主义者所认为的那样，是正式化的结果。

② 共同善的概念源自托马斯·阿奎那（Thomas Aquinas）对亚里士多德（Aristotle）形而上学的理解，即"宇宙不是一个自给自足的系统，其现实和行动的每一个部分，都完全是由一个处于体系之外的存在产生和维持的"（Gilby，1953：18）。

③ 瓦格纳（1835—1917）是德国最有影响力的经济学家之一。1870年，他成为柏林 Staatswissenschaften 的教授，在那里他成为弗里德里希·威廉大学的校长。在很短的一段时间里，他成为了社会政策协会的成员，同时他也是俾斯麦社会保障改革的顾问。他最著名的原则是"不断增加工业化国家中的国家干预"。

④ 沃尔夫（Wolf）、格劳秀斯（Grotius）和普芬多夫（Pufendorf）的传统。

他提到费希特（Fichte）的遗产是由奥托·冯·吉尔克（Otto von Gierke）详细阐述的公司法理论，更有趣的是，他提到了克劳斯学派（the school of Krause）①，包括阿伦斯（Ahrens）和罗德尔（Röder）②。在这些自然法理论中，一些关于善的形而上学思想，特别是超越个人利益的共同善，为人类行动中的"责任"（duty）概念定义了一个相关的位置。此外，这些理论反对以个人"权利"观念为中心的现代法律理论，这种观念来源于直接基于效用的个人主义和机械主义方法，在这种方法中，没有客观目的将公民团结起来，国家也没有为个人意志服务的客观目的或目的论③。

在下面的章节中，将介绍法哲学的主要方面。这些促使作者发展了他对经济和国家的独特看法。然后，经济理论的一些基本要素将被视为个人和公共活动的动机、机构的作用以及累进税的合法化。最后，瓦格纳的理论相对于其他基于自然法的理论的独特方面将在结束语中强调。

二、讲坛社会主义中的经济学与法律

德国经济学家瓦格纳通常以其在工业化国家的"不断增加国家

---

①　卡尔·克里斯蒂安·弗里德里希·克劳斯（Karl Christian Friedrich Krause，1781—1832）被认为是自然法的有机的和实证的学派的创始人。他最著名的两部作品是《自然之书》（Grundlage des Naturrechts，Krause，1803）和《法律体系》（Abriss des Systems der Rechtsphilosophie，Krause，1825）。克劳斯认为，如果没有对善和善本身的概念的积极定位，就不能积极地建立自由。因此，法律机构必须承认并反映这一方向（Dierksmeier，1999年）。其结果是，与经典自然法相比，克劳斯受到了查尔斯·克拉克（Charles Clark，1992）所描述的持续变化的"自然的"的含义的影响。

②　我们还发现了一些他对于亚当·穆勒（Adam Müller，1931[1808]）和卡尔·路德维希·哈勒（Karl Ludwig Haller，1816—1834）以及其他"浪漫主义者"作品的参考，但其影响仅限于看待社会的有机视角以及诸如大众精神和传统等概念。

③　在现代个人主义理论中，除了由契约产生的义务外，没有出现因社会性而产生的义务。因此，国家是从其自身利益出发的、自给自足的、自主的个人之间的契约。在这一理论中，我们可以发现私法的支配地位，而国家的权力仅仅来自于个人权利部分的转让。这样，公正法律的问题就消失了。

干预的定律"（law of increasing state intervention）而闻名，他可以被纳入讲坛社会主义这个团体中，更准确地说，他是一个国家社会主义者①。正如他自己所证明的，他的方法与阿尔伯特·谢夫勒（Albert Schöffle）的方法有很大的相似性，部分与兰格（Lange）、冯·谢尔（Von Scheel）、罗斯勒（Rösler）、滕尼斯（Tönnies）和法学家耶林（Jhering）、安东·门格尔（Anton Menger）和吉尔克（Gierke）的方法相似（Wagner，1892：41）。从方法论的角度来看，瓦格纳的理论观点受到亚里士多德主义的"实践方法"（practical approach）的强烈影响②，因此，其政治观点的特点是对来自法哲学的一些基本贡献持开放态度："然而，国民经济和法哲学必须相互视为辅助科学。"③（Wagner，1892：872）他补充说，自柏拉图和亚里士多德以来，政治经济学在法哲学的"一些关键的基本考虑因素"中找到④（Wagner，1892：872）中找到。将亚里士多德的实践方法应用于经济研究主要来自于官房主义传统并被很多德国经济学采用⑤。瓦格纳的实践方法在他的概念现实主义（Begriffsrealismus）和他对僵化理论的厌恶中表现得很明显，他的论点是"不能给出一个简单的规则；必须根据具体情况逐案决定国家是否应该干预（Wagner，1876：493）。他的研究还受到另一个外部学科即社会和制度的历史观（the historical conception of society and institutions）的影响⑥。这两个外部影响在社团法哲学（the corporative philosophy of

---

① 他经常批评以施穆勒为首的新历史学派经济学在方法论上前后矛盾。他还介入了方法论之争，支持卡尔·门格尔（Carl Menger），重视演绎方法（deductive method）在经济学中的相关性。

② 瓦格纳经常提到弗里德里希·阿道夫·特伦德伦堡（Friedrich Adolf Trendelenburg），他是亚里士多德哲学的主要解释者。

③ "政治经济学和法哲学应被视为相互支持的科学"。

④ "一系列重要的基础性讨论"。

⑤ 冯·萨维尼（Von Savigny）尖锐地批评了黑格尔的激进历史主义，并展望了一种更基于亚里士多德的方法。如 Mardellat（2009）所述，罗雪尔（Roscher）完全采纳了这一观点。另见 Hansen（1997：291）关于瓦格纳的亚里士多德主义的讨论。

⑥ 菲利波维奇（Philippovich，1912）主要坚持这一方面。

law）和国家理论中找到了共同点。其结果是其《系统化国民经济》
（*Systematische Nationalökonomie*）（1886a）的出版，它集中于建立有机
经济体系的法律要素以及国家在其中所扮演的角色①。从这个角度
来看，瓦格纳的著作可以被视为法和经济学的先驱（Hutter，1982）。

瓦格纳提到的法哲学并不是单义的。一方面，他明确坚持费希特
（克劳斯学派和冯·吉尔克）关于国家哲学的遗产；另一方面，当他
具体分析法律主题时，他赞同由冯·耶林发展的关于法律的目的论的
和功能的解释（特别是在 Wagner，1894）②。瓦格纳经常引用"自然法
新教师与有机国家概念的理论政治家（Die Neueren Naturrechtslehrer
und Theoretischen Politiker der Organischen Staatsauffassung）"③
（Wagner，1892：832），意思是克劳斯学派（Krausian school）的成
员④。阿伦斯（Ahrens）和罗德尔（Röder）是克劳斯的学生，其著作
被引用来支持有机主义者（organicist）和演进论的社会观，法律在其
中构成了根本的能动要素。在论述社会的有机体本质时，瓦格纳还引
用了一些保守的政治理论家，如亚当·穆勒（Müller，1931［1808］）
和卡尔·路德维希·冯·哈勒（Haller，1816—1834）。他用这样的作
者来支持国家的有机论观点，而没有提出有神论的解释。

关于对具体法律制度的分析，他似乎非常欣赏鲁道夫·耶林

---

①   这些文献在英语研究中很少被研究。在数据库中可以找到的为数不多的论文
之一是 Evalyn Clark(1940)关于瓦格纳作为希特勒(Hitle)的先驱的作用的著作，该著作
虽然信息丰富，但不幸的是充满了理论上的误解和错误。

②   在其思想的第二阶段，冯·耶林批判了历史法学派的教条主义发展。在《法律
的目的》(*Der Zweck im Recht*)(Jhering,1877)一书中，他详细阐述了他的现实案例法
(Wirklichkeitsjurisprudenz)，它提出了一种由社会利益驱动的法律含义。他肯定法律的
目的论分析应该先于逻辑分析，以这种方式引入了功利主义和实用主义的法律概念
(Viola,1974)。

③   "对国家进行有机解释的自然法和政治理论的新学说"。

④   卡尔·克劳斯(Karl Krause)的哲学体系(与他的导师费希特和谢林一起发展，
与冯·萨维尼和冯·吉尔克的哲学体系平行)可以被认为是德国哲学中介于康德和黑
格尔之间的一条中间道路。他拒绝了黑格尔的国家全能计划，在他看来，这将是对人类
繁荣条件的完全曲解。克劳斯的人文主义观点构想了一种有机的、非冲突的社会观，其
特征是具有不同文化目标的人的功能性联盟。

(Rudolph Jhering) 的《论法律》(*Der Zweck im Recht*),这更好地支持了他关于自由和财产演变的功能性观点。特别是,他从阿伦斯的基于自然法的财产辩护出发,提出了他自己的工具性观点,该观点受到耶林的启发,并基于合理性(Zweckmässigkeitsfrage),也就是在经济需求方面实现最佳满足水平的能力(Wagner,1894:219)。在这种解释中,财产是一种历史制度,它的演变是为了确保对生产的最佳激励。结果,经济被嵌入到法律结构中,但后者可以被动根据共同体所定义的经济动机进行演变①。尽管如此,他仍然坚持克劳斯的法律制度观,即法律与道德严格相关②。

阿伦斯和罗德尔的共同意图是为法律理论可以作为社会主义和自由主义之间的"第三条道路"的基石奠定基础,以消除国家主动性与市场自力更生的对立。阿伦斯(Ahrens,2006〔1853〕)的自然法是基于三个概念,即平等、自由和结社,据说这三个概念毫无疑问地得到了理性的认可。男女平等优先于其他两个概念。自由是控制和安排各种手段的理性能力,这些手段使我们能够实现我们的生存目标。在这一体系中,社会秩序不是社会存在的障碍,而是社会存在的条件:人的一个基本特征是他与邻居交往以实现人类生活最高目的的能力(和自然本能)。但是,这种关联不应妨碍个人的利益(Ahrens,2006〔1853〕)。与历史主义相类似,阿伦斯(Ahrens,1866〔1850〕)认为国家的有机作用遍及人类生活的所有领域。但与历史主义不同的是,他推崇社会的自由和理性。法治国家(rechtsstaat)是赋予社会团结的要素,它不应直接干预社会目的的产生;它必须注意并支持其他机构的良好趋向(Ahrems,2006

① 耶林的《论法律》(*Der Zweck im Recht*)(1877—1905)在瓦格纳的《政治经济学基础》(Grundlagen)第一版出版时尚未出版。瓦格纳在这本书的第二版和第三版中,更明显地认可了这种自愿的(voluntaristic)和自觉的(conscious)法律发展观,这可能是因为他对新历史学派越来越敏感。

② 作为一个例子,阿伦斯坚持康德式的道德和法律之间的区别(相反,这为法律的经典理论所拒绝)。然而,他批评康德对法律、道德自由和一般善的原则之间的关系理解不足(Ahrens,2006〔1853〕:37)。

［1853］：230）。国家必须准备实现社会目的的途径和手段：它被认为是"人类命运的调停者"（Ahrens，2006［1853］：229）。作为"社会的机构"（2006，［1853］：251），它通过其强制权力帮助社会进步。因此，这种"道德国家"（ethical state）必须接受社会情况，根据阿伦斯的说法，可以通过国家中的社团代表（a corporative representation）来实现（Ahrens，1866［1850］）。

在罗德尔（Röder，1843）的著作中，更清楚的是，财产权不能是不受限制的，也不能涉及对社会有害的东西。总体而言，这一法律往往与人民的"共同体意识"（Gemeinsinn）密切相关，是行为监管的一个基本要素。

这些作者并不完全同意国家的扩展，特别是在引入和促进社会保险融资的机会方面。阿伦斯赞成国家发挥纯粹的监管作用。相反，罗德尔（Röder，1887）确保了更广泛干预的合法化。他支持瓦格纳将税收制度作为促进经济有序化的最重要的工具的观点。公正被认为是这种干预的一项基本原则。这样，税收就成了调整个人地位和长处（merits）的一种基本手段，也成了对人们需求进行救济的一种手段。因此，国家可以承担保险公司的职能，既可从事监管性干预，也可直接入场（direct positions）（Wagner，1887，I：1881）。

瓦格纳还将他的历史的-演进的法律理论建立在冯·吉尔克（Gierke，1954［1874］）对德国法律传统的综合基础上，旨在将"关于法律和国家的古代哲学以及基督教-德国良心"加入进来。吉尔克提出了一个体系，在这个体系中，自然法和实在法，以及国家和法律，并没有明显的区别。他的新法人法从有机政治的角度强调了社会团体自治的原则。社团组织源于通过中间机构中特定利益的代表和自治进行有机调解和和解的传统（Mohl，1851）。

三、国民经济的系统化与国家干预的正当性

瓦格纳在其关于"社会框架"（The Sociale Frage）著名演讲中提

出了他的亚里士多德方法，即"政治经济学必须再次具有伦理科学的特征，以便能够恰当地处理社会问题"（Wagner，1939［1871］：489）。因此，在《政治经济学基础》（Wagner，1876，1892）一书的开头，他认为政治经济学应该为人类动机提供更准确的心理基础。他抱怨说，标准经济学所采用的人的模型不仅拙劣，而且具有误导性。因此，他提出了一系列人类行为的动机，包括：个人利益、害怕惩罚、希望奖励、荣誉和声誉、作为手艺的行动本身的乐趣、不以自我为中心的行为、责任感和害怕后悔。重要之处并不在于将责任感或制度背景预设为等级制度或共同体，而在于"人以统一的方式行事"（Wagner，1876，1：122）。与其他基于自然法的政治经济学观点类似，他提出调和理想主义和现实主义，"接受人的本来面目，但也接受人可能成为的样子"（Wagner，1876，1：30）。

瓦格纳接着指出了国民经济中经济互动的三项组织原则（Wagner，1876，3），这也是谢夫勒（Schäffle，1878）所尝试的任务。它们对于理解经济作为"人工组织的有机整体"（不同于罗雪尔的自然有机体）的运行特性是十分必要的（Wagner，1876，3：172）。这三项原则是——

（1）私有经济原则，或者说个人主义和利己主义。

（2）基于强制（权威）的集体经济原则。

（3）以单方面的慷慨和团结为基础的博爱原则。

它们意味着报酬、成本回收、生产和分配的不同标准。他认为，这种区别是心理上的，是基于这些形式中隐含的活动。瓦格纳的基本立场是，当经济的某些生产部门难以按照私人和慈善原则进行组织时，国家必须进行干预，以实现有效的协调。在第三版的《政治经济学基础》中，瓦格纳（Wagner，1894）使用了"自由"和"非自由"的范畴。发展是一个为实现集体行动的共同利益而将演进的界限引入到个人行动领域的过程。因此，国家不得不限制人民的自由，并以允许采用最佳技术来满足经济需求的方式来塑造经济权利。事实上，他认为公共行政（Verwaltung）的目标应该从法律理论和公共福利理论来设定。因此，国家应该考虑适当使用权力，以确保有机整体的生存能力（Backhaus and Wagner，2005）[1]。

因此，国家在社会中有两项有机任务：法律（Das Recht）和文化与福利（Wohlfahrt）目标（Wagner，1892：885）。它被视为被当作一个整体来看的经济体系的一个生产要素，这就引出了他著名的但未被很好理解的"在工业化国家国家干预不断增加的定律"[2]（Wagner，1892：892ff.）。后者综合了理论和经验观察，认为需要越来越多的"不自由"，以确保更复杂的生产方式[3]。因此，他对中央政府在具体经济问题上的作用提出了更强烈的主张：管理生产、抑制投机、增加工资、确保就业、缩短工作时间、管理童工和女工、引入劳动保险、干预文化领域、将垄断企业、银行、通信等国有化。我们可以将这些政策视为基于视经济为有机体的框架下协调经济的需要而采用一种简单的现实主义态度的结果[4]。国家不得不干预所有发展中部门和基础设施，因为它们难以与整个经济协调地自发增长。

四、税收在进步国家（the progressive state）中的作用

瓦格纳建议将正常的财政收入与面向福利干预的财政收入分开。前者应该为正常的国家活动提供资金，但人们认为这种活动正在增加。后者涉及一种需要某种再分配的活动，并因此以某种累进税为前提。他对累进税和遗产税的要求来自于上层阶级和下层阶级为调

---

① 然而，他打破了德国官房主义的传统，因为国家不应被视为一种简单的"管理"，而是像阿伦斯和其他法学家一样，被视为发展和文明的一个要素（Wagner，1876，1：86）。他反复确认，这些思想在很大程度上归功于亚当·穆勒和海因里希·阿伦斯，政治经济学必须与法哲学保持密切联系（Wagner，1876，3：341）。

② 见 Dluhosch 和 Zimmermann（2008）的详细讨论。我们可以补充说，这条定律符合阿伦斯的观点。

③ 他批评马歇尔没有考虑工业的法律基础和法律对工业组织的影响（Wagner，1891）。另见 Prisching（1997）。

④ 我们可以考虑这种推理与同时代人关于复杂性的理论的相似性，如 Delorme（1997）。

和对立的国民利益而合作的需要（Wagner，1887，I)①。这一思想与自然法有着严格的联系，但瓦格纳超越了这种联系。国家不仅被视为生产和发展的要素，它还作为收入"再分配的调节器"而行动（Wagner，1876，5：354）。这是共同体的一个政治目标，它超越了经济效率，与"文明和进步"有关。由于国家被视为是"自然的"有机体，同时也被视为是"计划的"有机体，瓦格纳能够用这些取自法哲学的概念来证明再分配的合理性（Priddat，1997）。从理论上来说，浪漫主义-亚里士多德式的政治因素是决定性的：政治共同体是基础性因素，共同福利相对于个人利益来说是首要的——即使瓦格纳肯定共同利益也符合个人利益②。

国家干预的主要合法化基础不仅是基于采取有利于经济弱者的行动的需要（正如在关于社会问题的演讲中所主张的那样；Wagner，1939［1871］）。这是对国家在经济发展和整个社会文明进程中的进步作用的一般理解的一部分。它主要源于瓦格纳在十九世纪七十年代移居柏林时对以市场为基础的工业经济的不可持续性的认识（最终传给了卡尔·波兰尼)③。瓦格纳对这个问题的回答是，只有国家干预才能导致生产率的大幅提高（Priddat，1997）。因此，国家对基础设施的投资是对私人投资的补充，而根据他所称的"预防原则"（precautionary principle），服务的生产可以作为促进经济增长的重要因素。在国家干预的帮助下所产生的财富增长可以重新分配给有需要的人。通过这种方式，国家可以要求某种累进税（一种非自由的形式）来为这些投资和其他"减少不确定性"的公共服务提供资金，因为对这些资源的利用是具有道德性目的的。税收成为一种转变的工具，而征用则以这种方式被合法化（我们在 Ahrens（2006

---

① 关于这一点，也可参见 Riess(1997)。

② 在 Priddat(1991：347，注)的研究中，他只是在一个注释中谈到这个方面。

③ 正如在他之前和之后的许多伦理自由主义的倡导者以及社会天主教徒一样，他一直提到农业制度的稳定美德，并关注工业制度的困难，以产生能够实现伦理上可接受的、可行的社会的制度(Barkin，1969)。

［1853］）的著作中找到了关于这一主题的章节）。然而，我们不能恰当地将此描述为简单的再分配；我们可以更好地将其描述为将通过私人和公共举措的协同作用获得的剩余财富进行社会分享①。

汉斯·冯·谢尔（Hans von Scheel，1875）提出了同样的，但"更经济的"征收累进税的理由。他认为，个人投资的表现也总是取决于整体的行动（Gesammtheit），因此"每次收购都有个人股和养老金股。后者是由整体产生的"②（von Scheel，1875：281）③。因此，个人从其经济活动中获得的收益中总有一些租金成分。这种收益取决于经济的有机特性和国家作为一种确保增长的生产要素以及作为一种有益于提高生产力的宽泛性非物质资本的重要作用。因此，在任何情况下，如果税收产生的正外部性符合纳税人的利益，就不能适用确切的利益原则。数量关系不能精确计算（unbestimmbar），因此，不存在最优税收，而仅仅是一些关于税收义务的上限和下限的规定。因此，国家可以为这些收费确定一些政治上适当的原则（von Scheel，1875：282）。应税能力（Steuerfähigkeit）的基本思想是"为财政负担做出贡献的能力"——这一原则（尽管经济学家试图这样做）必须保持不精确，以便进行政治管理。

瓦格纳通过研究 1891 年普鲁士财政制度中决定税基的原则，为德国税收制度的形成做出了贡献。这些都是基于"收入来源"原则。也就是说，要精确地确定一些具体的、可察觉的收入来源。这样做的缺点是遗漏了资本收益和其他形式的非劳动所得（non-earned income）。汉森（Hansen，1997）认为，施穆勒在萨克森州详细阐述的确定税基的原则更普遍、更全面，它们比瓦格纳自己强调的决定因素更符合瓦格纳的经济和财政理论。然而，正如汉森（Hansen，

---

①　这一观点让人想起阿奎那的观点，即多余的财富属于穷人，但在瓦格纳的著作中没有这样的引证。

②　原文为 In Jedem Erwerb Giebt es Einen Persönlichen Antheil und einen Rentenantheil. Der letztere ist der von der Gesammtheit erzeugte.——译者注

③　在每个收益中，都有一个个人部分和一个租金部分，后者是总体的贡献。

1997：318）明确指出的那样，这是瓦格纳的概念现实主义（Begrif
fsrealismus）的结果，导致了更实际和可操作的税收管理，指出了精
确的收入类别（尽管留下了一些不一致的地方）。在这一点上，我们
仍然可以找到他以实践为导向的理论的进一步迹象。

五、结论：“非自由”的进步作用

我们已经从影响其理论化的法律理论的早期视角考虑了瓦格纳
的研究。我们从中发现了特定的法哲学与瓦格纳的政策结论之间的
某种关系。瓦格纳明确主张公共经济学与法哲学之间不可或缺的共
生关系，这是对亚里士多德思想中仍然具有明智性的遗产的具体表
达，它们自官房主义以来就一直影响着德国经济学。瓦格纳主要依
赖于克劳斯学派，该学派虽然提到了通过形而上学来确定共同善，
但却试图将一些积极因素引入有机主义的社会方法中。十九世纪的
自然法理论以这种方式强化了有机共同体（organic community）的
概念，使国家和累进税在经济中的作用增加合法化。共同善的经典
概念被用作一种道德要求（终极原因），以使相关影响价格机制或收
入再分配的制度合法化。在他的方法中，政治和正义优先于简单的
效率理念，这使集体利益由于终极原因的提法而被合法化。因此，
正义是效率的共同要素或前提，而不是与效率进行协调。

瓦格纳关于国民经济系统的理论试图从结构的角度来研究经济
的运行。这使人们能够将国家的经济作用理解为为实现特定（良好）
秩序以实现特定目的而强加的“非自由”因素。因此，国家被视为
一个结构化要素，而不是一个简单的行为者。此外，国家是一个
“伦理国家”（ethical state），因为它应该确保发挥“文明化”作用或
为共同体的文明化努力做出贡献。关于法律的理论问题是，自然法
优先于从道德或伦理原则发展而来的“社会法”（social law），而不
是政府的进步作用。在这一点上，对俾斯麦改革合法化感兴趣的瓦
格纳转向了耶林理论中更具功能性的方法。后者加强了国家的伦理

作用，提高了明确的利益驱动的法律发展和基于集体目标的合理性。这一要素使瓦格纳能够强调"义务"或"非自由"作为一种相对于个人的调节机制的作用，并在公共政策的认定中运用一种实践理性。

在这里，我们可以在讲坛社会主义和其他基于自然法的公共干预理论中，指出国家的伦理角色与规范的伦理特征之间的相关差异[1]。在后者中，规则与公民的道德冲动是协同的；他们倾向于认可和规范化有组织的共同体所表达的价值[2]。在瓦格纳那里，这种功能被归为一种家长式国家（a paternalistic state）。因此，共同体意识不是公民行动的动力；它是国家的一种合法化。瓦格纳对基于个人道德行为来建立新的合适的制度不抱什么期望。

毫无疑问，在国家机构的新的稳定和进步作用方面，讲坛社会主义比当时的大多数经济学家更加现实。在这个意义上，我们分析了在工业化国家中"持续增加的国家干预定律"。正如 Dluhosch 和 Zimmermann（2008）正确指出的那样，只有在工业化进程中才需要考虑这一原则；此时没有某种形式的公共干预就无法实现一种具体目的。这突出了由于冯·耶林的工具主义观点而引入的工具性元素，使临时政府政策合法化。

累进税的理论依据也是如此。瓦格纳明白，只有迅速提高生产力和稳定经济，才能解决社会问题，而这一过程需要增加国家支出。因此，他将共同利益的定义扩大到一系列广泛的公共支出，进而扩大了累进税的领域。

致　谢

作者感谢 Euro. J. History of Economic Thought 的匿名审稿人提出的宝贵建议。文中残留的任何错误都由作者承担唯一责任。

---

[1]　意大利的许多天主教学者从瓦格纳的作品中找到了灵感，这可能是由于他的有机-结构观。关于这一主题，见 Parisi(2000)。

[2]　见 Bianchini(1989)和 Solari(2007,2010)。

参考文献

Ahrens, H. (1866[1850]). *Organische Staatslehre*. Wien: Gerold (trad. it. *Dottrina Generale dello Stato*. Naples, Classici Italiani).

Ahrens, H. (2006 [1853]). *Cours de Droit Naturel ou de Philosophie du Droit*. Boston: Adamant Media Elibron Classics (facsimile of Meline. Cans et Cie: Bruxelles).

Backhaus, J. G. and Wagner, R. E. (2005). The continental tradition in the theory of public finance: An exercise in mapping and recovery. *Journal of Public Finance and Public Choice* 23: 43—67. Available at http://mason. gmu. edu/~ rwagner/BackhausWagner_ContinentalTradition200404. pdf

Barkin, K. (1969). Adolf Wagner and German industrial development. *The Journal of Modern History* 41 (2): 144—159.

Bianchini, M. (1989). La tassazione nella seconda scolastica e negli scritti politici dell'Italia cinque-seicentesca. In H. Kellenbenz and p. Prodi (Eds.), *Fisco Religione Stato nell'Età Confessionale*. Bologna: Il Mulino, pp. 43—61.

Clark, C. M. A. (1992). *Economic Theory and Natural Philosophy*. Brookfield: Edward Elgar.

Clark, E. A. (1940). Adolf Wagner: From national economist to national socialist. *Political Science Quarterly* 55 (3): 378—411.

Delorme, R. (1997). Evolution et complexité: l'apport de la complexité de second ordre àl'économie évolutionnaire. *Economie Appliquée* 50 (3): 95—120.

Dianin, G. (2000). *Luigi Taparelli D'Azeglio* (1793—1862). Rome: Glossa.

Dierksmeier, C. (1999). Karl Christian Friedrich Krause und das 'gute Recht'. *Archiv für Rechts und Sozialphilosophie* 85 (1): 75—94.

Dluhosch, B. and Zimmermann, K. W. (2008). *Adolph Wagner und sein 'Gesetz': einige späte Anmerkungen*. Working Paper No. 85. Helmut Schmidt Universität Hamburg.

Gierke, O. (1954 [1868, 1873, 1881, 1913]). *Das Deutsche Genossenschaftsrecht*. Vols 1—4. Graz: Akademische Druck (orig. Berlin: Weidmann).

Gierke, O. (1874). Die Grundbegriffe des Staatsrechts und die neuesten

Staatsrechtstheorien. *Zeitschrift für die gesamte Staatswissenschaft* 30 （1）: 154—198.

Gilby, T. (1953). *Between Community and Society: A Philosophy and Theology of the State.* London: Longmans, Green & Co.

Haller, K. L. Von （1816—1834）. *Restauration der Staatswissenschaft.* Aaler: Scientia.

Hansen, R. (1997). The pure historical theory of taxation. In J. G. Backhaus （Ed.）, *Essays on Social Security and Taxation, Gustav von Schmoller and Adolph Wagner Reconsidered.* Marburg: Metropolis, pp. 289—317.

Hutter, M. (1982). Early contributions to law and economics: Adolph Wagner's Grundlegung. *Journal of Economic Issues* XVI (1): 131—147.

Jhering, von R. （1877—1905）*Der Zweck im Recht.* Leipzig: Breitkopf and Härtel.

Kraus, K. C. K. (1803). *Grundlage des Naturrechts.* Jena: Gabler.

Kraus, K. C. K. (1828). *Abriss des Systems der Rechtsphilosophie*, Ebd. , in Commission.

Mardellat, p. (2009). Économie éthique et justice chez Gustav Schmoller sur une certaine tonalité éthique en économie. In A. Alcouffe and C. Diebolt （Eds.）, *La Pensée Économique Allemande.* Available at http://afhe. ehess. fr/document. php? id = 1332 (accessed 21 January 2010).

Mohl, R. von (1851). Gesellschafts-Wissenschaften uns Staats-Wissenschaften. *Zeitschrift für die gesamte Staatswissenschaft* 7 (1): 2—71.

Müller, A. （1931 ［1808］）. *Vom Geiste der Gemeinschaft — Elemente des Staatskunst; Theorie des Geldes.* Leipzig: Alfred Kröner Verlag.

Parisi, D. （2000）. German economic literature as a source for analysing "capitalism". The views of economists at the Catholic University of Milan, in the first decades of the 20th century. In V. Gioia and H. Kurz (Eds.), *Science, Institutions and Economic Development — The Contribution of "German" Economists and the Reception in Italy* (1860—1930). Milan: Giuffré, pp. 249—268.

Philippovich, E. von （1912）. The infusion of socio-political ideas into the literature of German economics. *The American Journal of Sociology* 18 （2）:

145—199.

Priddat, B. (1991). *Der ethische Ton der Allokation. Elemente der Aristotelischen Ethik und Politik in der deutschen Nationalökonomie des 19. Jahrhunderts*. Baden-Baden: Nomos.

Priddat, B. (1997). National-economic extension of the philosophy of law: Adolph Wagner's legal theory of distribution. In J. G. Backhaus (Ed.), *Essays on Social Security and Taxation, Gustav von Schmoller and Adolph Wagner Reconsidered*. Marburg: Metropolis, pp. 341—359.

Prisching, M. (1997). The preserving and reforming state. Schmoller's and Wagner's model of the state. In J. G. Backhaus (Ed.), *Essays on Social Security and Taxation, Gustav von Schmoller and Adolph Wagner Reconsidered*. Marburg: Metropolis, pp. 173—201.

Riess, R. (1997). Worker security and Prussian bureaucracy: A meeting in the Prussian Ministry of Commerce. In J. G. Backhaus (Ed.), *Essays on Social Security and Taxation, Gustav von Schmoller and Adolph Wagner Reconsidered*. Marburg: Metropolis, pp. 143—170.

Röder, K. A. (1843). *Grundzüge des Naturrechts oder der Rechtsphilosophie*. Heidelberg: C. F. Winter.

Röder, K. A. (1877). Über das richtige Verhältniss der Sittlichkeit zum Recht und zur Aufgabe des Staats. *Zeitschrift für die gesamte Staatswissenschaft* 33 (3): 524—540.

Rosner, p. (2004). State, society and the economy in German economics from Mercantilism to the Historical School. Paper presented at the ESHET Conference, Treviso, 26 February 2004.

Schäffle, A. (1878). *Bau und Leben des socialen Körpers*. Tübingen: Laupp.

Scheel, H. F. W. von (1875). Die progressive Besteurung. *Zeitschrift für die gesamte Staatswissenschaft* 31 (2/3): 273—303.

Solari, S. (2007). The contribution of Neo-Thomistic thought to "Roman-Catholic" social economy. *American Review of Political Economy* 5 (2): 39—58.

Solari, S. (2010). The corporative third way in social catholicism (1830—

1918）. *European Journal of the History of Economic Thought* 17（1）：87—113.

Viola F.（1974）. *Interpretazione e Applicabilità del Diritto tra Scienza e Politica*. Palermo：CELUP.

Wagner, A.（1939 [1871]）. Speech on the social question. In Donald O. Wagner（Ed.）, *Social Reformers*. *Adam Smith to John Dewey*. New York：Macmillan, pp. 489—506.

Wagner, A.（1876）. *Les Fondements de l'Économie Politique*. Vols 1—5. Paris：Girard & Brière.

Wagner, A.（1881）. Der Staat und das Versicherungswesen. *Zeitschrift für die gesamte Staatwissenschaft* 37：102—172.

Wagner, A.（1886a）. Systematische Nationalökonomie. *Jahrbücher für Nationalökonomie und Statistik* N. F. 12（3）：197—252.

Wagner, A.（1886b）. Wagner on the present state of political economy. *The Quarterly Journal of Economics* 1（1）：113—133.

Wagner, A.（1887）. Finanzwissenschaft und Staatssozialismus. *Zeitschrift für die gesamte Staatswissenschaft* part I, 43（1）：37—122; part II, 43（4）：675—746.

Wagner, A.（1891）. Marshall's principles of economics. *The Quarterly Journal of Economics* 5（3）：319—338.

Wagner, A.（1892）. *Grundlegung der politischen Oekonomie*. *Grundlagen der Volkswirtschaft*. 3rd ed. Leipzig：C. F. Winter.

Wagner, A.（1894）. *Grundlegung der politischen Oekonomie*. *Volkswirtschaft und Recht*, besonders Vermögensrecht. 3rd ed. Leipzig：C. F. Winter.

（刘志广 译）

附录五

瓦格纳与德国工业化发展[①]

肯尼斯·巴尔金 （Kenneth Barkin）

加州大学河滨分校 （University of California，Riverside）

一

只要统一问题占据了大多数受过教育的德国人的思想，主要的专业级宣传员（professorial publicists）就是历史学家，如西奥多·蒙森（Theodor Mommsen）和海因里希·特赖奇克（Heinrich Treitsch），他们对当代政治事务保持着积极的兴趣。当工业萧条和日益壮大的无产阶级取代统一成为德国许多人面临的中心问题时，历史学家的影响力逐渐让位于经济学家。研究霍亨索伦（Hohenzollerns）的历史学家奥托·欣策（Otto Hintze）在 1917 年古斯塔夫·施穆勒（Gustav Schmoller）所写的讣告中观察到了这一变化[②]："经济学学科在当时（1848—1870）和更早的时候都没有在德国大学中处于领先地位，直到 1870 年阿道夫·瓦格纳（Adolf Wagner）进行呼吁之前，它在柏林所处的地位就很微小……我们民族历史的新时代

---

　　① 原文出版信息：Kenneth Barkin. （1969）. "Adolf Wagner and German Industrial Development", in *The Journal of Modern History*, Vol. 41, No. 2, pp. 144—159.

　　② Otto Hintze, "Gustav Schmoller: Ein Gedenkblatt," in *Soziologie und Geschichte*, ed. G. Oestreich (Gottingen, 1964), p. 520. Also see Hans Rosenberg, *Grosse Depression und Bismarckzeit* (Berlin, 1967), p. 82.

（1871—1914）呼唤将经济学这个学科推到最前列。"到了 1890 年，政府部长们经常参加专门讨论社会问题的学术会议，并与瓦格纳（Wagner）等著名经济学家就立法框架进行磋商。学术界和公务员在柏林国家科学院（Berlin Staatswissenschaftliche Gesellschaft）举行的频繁和非正式会议上讨论共同感兴趣的问题。

瓦格纳作为政治经济学家的声誉在威廉帝国仅次于施穆勒，他在抵达柏林后不久就宣布他打算为他的工业化观点寻求大众听众①。十九世纪八十年代，他坐在普鲁士州议会中为国会竞选而实现了这一愿望。他为马克西米利安·哈登（Maximilian Harden）的《未来》（Die Zukunft）和被广泛阅读的《本周》（Die Woche）撰稿。瓦格纳接受了鲁尔区矿业城镇以及农业利益集团的演讲邀请，甚至与奥古斯特·贝贝（August Bebel）在一群社会民主党人面前进行了辩论。他每周就当前感兴趣的话题发表公开演讲，吸引了数百名柏林人。1894 年，他参加了由卡普里维（Caprivi）召集的 Agrarkonferenz 会议，以调查德国农业危机；在这次会议上，他向帝国的主要政治家和大臣们提出了他关于工业资本主义的思想②。

瓦格纳的重要性在 1900 年后达到了顶峰，当时伯恩哈德·冯·比洛（Bernhard von Bülow）将其视为朋友，瓦格纳对他的经济思想产生了最大的影响，他后来升任为总理。赫尔穆特·冯·格拉赫（Helmuth von Gerlach），一位属于弗里德里希·瑙曼（Friedrich Naumann）的国家社会党（National Social Party）的自由贸易主义者，在评价瓦格纳在 1901—1902 年关税运动中的作用时写道："阿道夫·瓦格纳是重农主义者（the agrarians）的明星。他的学术重要性、他的诚实和客观性、他的社交经历，使他成为他们最重要的代

---

① 在他的 *Offener Brief An Herrn H. B. Oppenheim*（Berlin, 1872）中，瓦格纳写道，他"希望对大部分仍然存在的圈子产生影响"。

② 与会者包括：冯·普特卡默（Von Puttkamer）、格拉夫·泽德利茨（Graf Zedlitz）、格拉夫·卡尼茨（Graf Kanitz）、冯·米克尔（Von Miquel）和农业部长冯·海登（Von Heyden）。完整的名单和瓦格纳的演讲见 *Landwirtschaftliche Jahrbücher*, Vol. XXIII（Suppl. II; 1894）。

言人……如果他所说的新关税通过的话……瓦格纳将而且必须承担不小的责任。"①

瓦格纳思想的意义超越了其对比洛政策的影响。他从曼彻斯特自由主义到国家社会主义，最后到农业浪漫主义的历程，反映了世纪末德国对工业文明日益增长的失望。在当代经济学家中，柏林的马克斯·塞林（Max Serin）、马尔堡的卡尔·奥尔登伯格（Karl Oldenber）、莱比锡的路德维希·波勒（Ludwig Pohl）和弗莱堡的卡尔·迪尔（Karl Diehl）走过了相似的道路②。瓦格纳的失望（disillusionm）与尼采（Nietzsch）和朱利叶斯·朗本（Julius Langbeh）等文化批评家的失望不同，他们憎恶俾斯麦帝国粗俗的物质主义（materialis）。与之相反，瓦格纳从未动摇过对这位铁血宰相的崇拜，他所主要质疑的是工业资本主义的社会和政治影响。他非但没有拒绝帝国，反而担心它有被快速的经济变化破坏的危险。另一个不同之处在于，瓦格纳试图通过影响政治决策过程来实现他的目标。探究瓦格纳思想的演变，可以揭示这一重要且相对未经检验的反现代主义潮流。

阿道夫·瓦格纳于 1835 年出生于埃尔兰根的巴伐利亚小镇，并在哥廷根度过了他的青年时代，他在一个相对固定的前工业化环境中长大成人，这更像是对 18 世纪晚期而不是对后来的威廉式工业巨人的追忆。与英国或法国不同，德国各州没有经历从封建主义向工业资本主义的逐步过渡。在工业变革前夕，普鲁士既没有扩张的商业传统，也没有大的城市中心和相当重要的资产阶级。在广大民众中，非资本主义心态依然存在。

瓦格纳选择追随父亲的学术生涯，这或许是德国乡村和小城镇

---

①　Helmuth von Gerlach，"Die agrarische Bewegung，" *Die Hilfe*，XXXV（Sept. 1，1901）.

②　历史学派和演绎理论家都认为,如果工业资本主义成为经济基础,德国就会衰落。见 Karl Oldenberg，*Deutschland als Industriestaat*（Gottingen，1897）；Ludwig Pohle，*Deutschland am Scheidewege*（Leipzig，1902）；Karl Diehl，*Zur Frage der Getreidezolle*（Jena，1911）；Max Sering，"Die Bauern，" *Deutsche Monatschrift*，Vol. XV，No. 2（Nov.，1901）.

普遍存在的静态氛围的另一个标志。在哥廷根和海德堡老大学城学习期间，他接触到了罗伯特·冯·莫尔（Robert von Mohl）和卡尔·罗德贝图斯（Karl Rodbertus）的思想，两人都反对当时流行的自由放任主义哲学。

尽管如此，这位年轻的学生还是受到了曼彻斯特学派理论的深刻影响。1850年代是科布登（Cobden）和布莱特（Bright）的全盛时期，经济自由主义是德国各州成功联合成为一个贸易集团的原因。德国人民自由联盟（Kongress Deutscher Volks Wirte）这一经济学家最主要的组织完全赞同亚当·斯密和大卫·李嘉图的经济哲学。瓦格纳对自己的背景和教育做出了尖锐的反应，他加入了对政府监管的流行批评之中。他对自由放任政策可能对他成长的传统社会产生的影响一无所知，完全在曼彻斯特思想的影响下写了一篇博士论文①。几十年后，当他成为国家干预的主要支持者时，他早期的自由主义观点使他给人的印象像是年轻人的恶作剧。

在1860年代，作为俄国拉脱维亚的多尔帕特和布雷斯高弗莱堡的一位经济学教授，瓦格纳获得了热心的普鲁士爱国者和国家财政专家的声誉。奥地利政府和俄国政府都称赞他对他们国家货币体系的分析，后者甚至将他的著作翻译出来。他的极端民族主义的著作《阿尔萨斯-洛林及其对德国的恢复》（*Alsace-Lorraine and Its Recovery for Germany*）在1870年和1871年印刷了六次，帮助他在柏林大学获得了一个职位②。这本小册子是在来到色当（Sedan）之后写的，它接受了关于统一的克林德茨（kleindeutsch）解决方案，赞扬了普鲁士的军事实力，并敦促立即吞并法国的两个省。作为对特赖奇克（Treitschke）的回应——瓦格纳赞赏其政治主张，瓦格纳设想一个统

① Wagner，*Beiträge zur Lehre von den Banken*（Leipzig，1857）. 在其处于自由主义思想时期，他还写文章对罗伯特·皮尔爵士（Sir Robert Peel）的银行监管进行批评，见 *Die Geld und Credittheorie der Peel'schen Bankacta*（Vienna，1862）.

② Wagner，*Elsass ulnd Lotharingen und ihre Wiedergewinnung fur Deutschland*（Leipzig，1870）. 根据欣茨（Hintze）的说法，瓦格纳尽管没有被学院提名，但他被文化部选中获得了在柏林的职位。

一的德国成为欧洲最强大的国家。

二

除了在维也纳的短暂停留，瓦格纳在 1870 年之前从未在大城市或工业中心居住过。他对工业化带来的巨大社会变革的了解主要是学术性的。他所经历的德国是由田园诗般的大学城和乡村风景组成的。柏林已经经历了从德国北部的一个地方城市转变为一个强大的工业帝国的首都的变化，这一变化首先对瓦格纳主张的自由放任政策造成了严重冲击，然后又提出了挑战。他既没有预料到犹太人在柏林经济生活中的主导地位，也没有预料到股票交易和房地产投机商交易中不受约束的利润动机。他所观察到的工人阶级的肮脏生活在他的经历中是独一无二的。在德国经济繁荣年代（Gründerjahre），他对曼彻斯特的同情在柏林这个无拘无束的新兴城市的氛围中没有持续一年。

1871 年 10 月，他受邀在著名的 Versammlung Evangelischer Männer 上发表演讲，他对社会问题的坦率分析震惊了成员们①。他用类似于马克思的语言说："自由竞争制度允许工人被视人商品，工资被视为商品的价格，这不仅是非基督教的，而且是人类最糟糕的东西。"他谴责工厂劳动力的微薄工资和就业不稳定特征。由于没有合法的申诉渠道，工人们成了激进分子和无神论者的牺牲品。瓦格纳警告说，如果曼彻斯特哲学继续不受阻碍地影响，德国社会将在富有的财阀和贫穷不满的大众之间呈现日益严重的两极分化。

与马克思不同，他没有去预见世界末日。对抗性力量仍有时间阻止事态的发展。自由主义的胜利带来了经济领域的道德冷漠；在一个日益分裂的社会中，劳工不可能对自己的困境毫不关心。为了

---

① Wagner, *Die Verhandlungen der Kirchlichen Oktober-Versammlung in Berlin von 10. bis 12. Oktober* 1871（Berlin，1872）。瓦格纳的演讲以 *Rede uiber die sociale Frage*（Berlin，1872）为题单独出版。

阻止这一趋势，瓦格纳呼吁放弃曼彻斯特原则，恢复人类事务中的伦理考量①。基督教社会的教义必须再次确定经济关系的目标。在他自己的政治经济学领域中，他敦促学者们重新审视源自英国的枯燥理论。他告诫富裕和受过教育的听众要记住，随着他们的成功，他们作为好基督徒有责任帮助那些不幸的人。然而，认识到问题的严重性，瓦格纳怀疑仅靠私人慈善是否足以解决问题。

为了使工人成为社会的内在组成部分，他认为国家的干预是必不可少的。为了阻止进一步的两极分化，国家必须恢复其既代表弱者也代表强者进行统治的义务。"不，让我们不要自欺欺人"，他对听众说："在国家的命令下，通过法律和强制手段进行深远的干预，对于履行人类和基督教最简单的义务是必要的。"② 瓦格纳对改革的性质也是毫不含糊的。

在演讲结束时，他概述了在六个具体领域实施改革的建议。在接下来的 25 年里，他为这些建议被采纳而努力地工作。第一个领域的改革包括政府对工时和工资进行监管，以及废除周日劳动。第二个领域的改革包括在工人生病或发生事故的情况下，为工人提供全面保险；养老保险覆盖退休后的几年。第三个领域的改革要求国家通过并执行严格的工厂安全法规。他还主张建立消费者合作社，以降低生活必需品的成本。瓦格纳最关心的是第五个领域的改革，即呼吁上层阶级"提高下层阶级的精神、道德和宗教水平。"最后，他建议将税收用于减少工业资本主义导致的巨大财富不平等的社会目的。

在瓦格纳的演讲中，最引人注目的是他对曼彻斯特思想的无条件拒绝。柏林的生活显然使他相信，自由主义不仅未能治愈他所察觉到的社会弊病，而且对这些弊病负有很大责任。听众中那些对瓦

---

① Wagner, Rede, pp. 4—7. 关于和谐与综合（相对于不和谐与冲突）在德国思想中的重要性，参见 Ralf Dahrendorf 的优秀著作：*Society and Democracy in Germany* (Garden City, N. Y., 1967), chaps. iv—xiii.

② *Ibid.*, p. 30.

格纳教授的激进主义表示惊讶的人（毕竟，自由放任思想的全盛时期还没有过去，如果在第五个领域上的改革做一些小的改动，该计划可能会被最近组织起来的社会主义派别所接受）没有抓住要点①。

瓦格纳显然是想唤醒保守派而不是左翼激进派，目的是让他们认识到工业化的不祥之兆。他的演讲是一个警告，农村地区有凝聚力的社会结构在城市里已经崩溃。他担心，以稳定和父权关系为特征的传统等级制度正在为一种激起激烈阶级冲突的制度所破坏。新统一的帝国能否在日益加剧的分裂中生存下来似乎是不确定的。他希望通过实施他的改革建议，制止以财富为基础的危险分裂。

在 1871 年时，瓦格纳仍然相信，工业发展所产生的对立可以缓和，乡村完整的社会秩序可以在城市中重建。为了实现这一目标，必须对利润动机进行管制，使其服务于整个社会的需要，而不是服务于少数富豪阶层的需要。国家必须采取行动保护工厂劳工，就像它曾经帮助农奴对抗渴望土地的容克地主一样。工人，类似于早期的工匠，需要一定程度的经济保障和其他社会阶层对其地位的尊重。可以毫不夸张地说，瓦格纳倾向于认为无产阶级不是一个新兴的阶级，而是一个尚未与三大传统秩序相融合的新的社会阶层。

瓦格纳并没有自欺欺人，他充分认识到自己的任务十分艰巨。正如俾斯麦继续与国家自由党结盟所表明的那样，曼切斯特思想在1871 年仍处于上升趋势。如果不是在政治观点上，普鲁士文官制度在经济上倾向于自由主义。很少有当权的官员意识到进一步两极分化的危险。在他的演讲中，瓦格纳多次在修辞上思考工业资本主义所造成的社会混乱是否实际上是无法补救的。他强调说："无限制的行动自由和结束对缔结婚姻的所有限制……一方面带来了很大的好处，但另一方面也带来了相当大的坏处，因此采取一些规制可能会显得很明智。"②虽然他没有建议废除上述特权，但他确实呼吁讨论其

---

① 　听众对瓦格纳对政府的尖锐批评表示惊讶。

② 　Wagner, *Rede*, p. 16.

后果。毕竟，"以牺牲农村地区为代价的城市发展为我们提供了思考的食粮"。如果他的所有建议都不能抵消德国社会日益增长的分裂，那么他显然想留下一个选择，那就是停止甚至扭转整个工业化进程。

　　然而，在接下来的二十年里，他像任何社会主义者一样孜孜不倦地工作，并取得了更大的成效，以改善工人阶级肮脏的生活条件。由于德意志帝国对压力集团特别敏感，而在制度化政治参与方面又滞后，瓦格纳和几位志同道合的年轻经济学家在 1872 年创立了社会政策协会（the Verein für Sozialpolitik）①。他们希望唤起受过教育的公众的关注，工人与德国主流生活的正日益疏远。在其定期会议上，并通过其期刊，社会政策协会鼓励学者们讨论工业化的有害副产品，并提出缓解改革。仅仅过了几年，瓦格纳就愤怒地辞职了。他希望协会根据他的建议通过一个正式的计划，但事实证明，更具天主教思想的领导层无法接受他的这一愿望。由于无法与他的同事达成一致，他加入了小而保守的中央社会改革协会（Zentralverein für Sozialreform），在那里，他的个性和学术资历使他能够决定政策。1879 年，中央社会改革协会与宫廷牧师阿道夫·斯托克（Adolf Stöcker）的基督教社会主义运动合并，成立了一个致力于大规模社会改革的新教政党。在 1881 年成为名义上的主席之前，瓦格纳在党内一直处于第二的位置②。社会和经济的纲领（platforms）完全掌握在他的手中，因为斯托克更关心促进工人中的宗教复兴，并与犹太人对德国生活日益增长的影响作斗争。此时，瓦格纳的基督教社会主义思想在柏林学生中的传播激怒了特赖奇克（Treitschk），他决定

　　① 关于协会起源的讨论参见：Hans Gehrig, *Die Begründung des Prinzips der Sozialreform*（Jena，1914）；and Lujo Brentano, *Mein Leben im Kampf um die soziale Entwicklung Deutschlands*（Jena，1931）. 关于社会政策协会成员间在理论上的争议参见：*Dieter Lindenlaub, Richtungskädmpfe im Verein für Sozialpolitik*（2 vols.；Wiesbaden，1967）.

　　② 参见 Walter Frank, *Hofprediger Adolf Stöcker und die christlichsoziale Bewegung*（Berlin，1928）；and Karl Buchheim, *Geschichte der christlichen Parteien in Deutschland*（Munich，1953）.

开设一门从自由主义角度探讨社会主义的课程①。

在十九世纪八十年代，瓦格纳大声疾呼支持总理的社会立法，并就其技术方面提出建议。俾斯麦在 1882 年感谢奥斯特哈维兰选区选举瓦格纳为普鲁士众议院议员②。从 1882 年到 1885 年，他经常代表他的政党为社会改革发言，经常比总理本人走得更远。与斯托克和宗教历史学家阿道夫·冯·哈纳克（Adolf von Harnack）一起，他在 1890 年创建了福音社会大会（Evangelisch-Soziale Kongress），将学者和新教神职人员聚集在一起，讨论迅速增长的社会问题③。到 1897 年，有 800 多名牧师参加了年度会议。马克斯·韦伯（Max Weber）和弗里德里希·瑙曼（Friedrich Naumann）定期参加每次演讲后的热烈辩论。当普鲁士内政部长约翰尼斯·冯·米克尔（Johannes von Miquel）在 1891 年引入了累进所得税时，瓦格纳为他的目标之一已经实现而感到自豪。

瓦格纳并没有放松他的学术努力。他在 1871 年提出的社会分析在他后来的《政治经济学基础》（Grundlegung der Politischen ökonomie）中得到了更充分的发展。1881 年，三卷本名为《财政学》（Finanzwissenschaft）的厚书开始出版，并立即成为关于这一主题的权威著作。通过累进所得税对国民收入进行再分配是普遍的主题。他将自己关于国家干预的思想扩展为一种被称为"国家社会主义"的综合理论，这在很大程度上要归功于他的老师罗德贝图斯（Rodbertus）的思想。德国政府凌驾于愚蠢的既得利益之上，被认为有能力公正地纠正工业资本主义造成的不公正。这些手段包括社会立法和选定行业的国有化。像法国和美国这样的资产阶级共和国，

---

① Andreas Dorpalen, *Heinrich von Treitschke* (New Haven, Conn., 1957), p. 203.

② H. Ritter von Poschinger, *Fürst Bismarck und die Parlamentarier* (3 vols.; Breslau, 1894), III, 139.

③ Hans Eger, *Der Evangelisch-Soziale Kongress: Ein Beitrage zu seiner Geschichte und Problemnstellung* (Heidelberg, 1930).

其强大的经济集团控制着政府，在处理社会问题时会遇到更多困难①。瓦格纳预见到，国家社会主义将与经济自由主义和集体主义的社会主义并驾齐驱，成为工业时代最伟大的半社会主义理论之一。为了加快它在德国的接受，他不断重申国家社会主义"不仅仅是人类和基督教的责任……也是国家保护［有利于国家福利，Staatserhaltende］政策的任务"②。

由于他的非传统思想，他受到保守主义者和实业家的质疑。瓦格纳貌似社会主义的观点激怒了冯·斯图姆男爵（Baron Von Stumm）。斯图姆男爵是帝国党的宗法实业家（the patriarchal industrialist of the Reichspartei），他向瓦格纳发起了一场决斗，并公开要求将瓦格纳开除出大学③。瓦格纳向施穆勒（Gustav Schmoller）透露，他的财政提案引起了柏林保守派的愤怒，但他否认有任何改变这些提案的意图④。

保守派当然很难理解瓦格纳对社会民主党的态度。他在福音社会大会上就社会民主党于 1891 年通过的极端激进的埃尔福特计划（Erfurt Program）发表讲话，表示赞同该党的具体经济目标。他描述了他们对德国教育、医疗、卫生、司法、财政和税收的改革建议，认为它们基本上是合理的，值得认真考虑⑤。他和倍倍尔（Bebel）一起哀叹工厂劳动缺乏个人满足感。在工业社会里，工作不仅成了苦差事，而且还得不到充分的保护。工人阶级几乎享受不到生产力

---

①　关于瓦格纳的国家社会主义观点的完整说明，参见他的 *Grundlegung der politisclien Ökonomie* (3d ed.；2 vols.；Leipzig, 1892—1894), I, 24 ff.；和 *Sozialismus, Sozial Demokratie, Kathedersozialismus, und Staatssozialismus* (Berlin, 1895).

②　*Stenographische Berichte üiber die Verhandlungen des Preussischen Landtages, Haus der Abgeordneten* (1882—1883), II, 806.

③　为了回应这次对瓦格纳的攻击，柏林的学生团体为他举行了一天的纪念活动，全体教员选举他为校长。

④　Letter to Schmoller, 1886, *Schmoller Nachlass*, Deutsches Zentralarchiv (Abteilung Merseburg).

⑤　Wagner, *Das neue sozialdemokratische Programm* (Berlin, 1892). 这是他在福音社会大会发表演讲前出版的版本。

提高和贸易扩大带来的好处。最后，瓦格纳告诫受过教育的阶层不要纵容违反传统道德原则的不公正现象。

对于教条化的马克思主义，瓦格纳只有蔑视[1]。他认为，深入的研究表明，马克思的经济学充满了模糊和未经证实的概括。农民的数量增加了，而不是越来越集中于农业，这是以牺牲庄园为代价的。瓦格纳预言，如果西欧的私有财产被废除，就会回到与当代俄罗斯相似的原始文明水平。剩余价值理论，以及马克思对工资和资本的分析，都被他视为纯粹的诡辩而加以拒绝。

他的最重要的保留在于心理层面。瓦格纳否认人性是受生产力变化影响的可塑实体。他嘲笑社会主义者，他们预见在不久的将来会有一个乌托邦，一个没有利己主义和竞争性的乌托邦。他没有将基督教视为过时的上层建筑的一部分，而是强调基督教社会伦理为减轻新生工业社会的不平等提供了最好的希望。一个完整的社会秩序依赖于限制人类作恶的能力，而不是绝望地试图摧毁它。

马尔萨斯逻辑是他在曼彻斯特时期的遗产，也导致瓦格纳质疑马克思的乐观预测。英国牧师阴沉的悲观主义迎合了瓦格纳的路德教对人类先天局限性的认识。下面将展示他如何利用马尔萨斯的担忧来质疑一个工业化国家的长期生存能力。最后，工业资本主义给瓦格纳留下深刻印象的不是马克思认为将为人类开辟新前景的物质福利，而是工业资本主义在一个曾经有凝聚力的社会中造成的解体。

三

在十九世纪九十年代中期，瓦格纳开始严重怀疑资本主义与合理的整体社会秩序的兼容性。他较早时期的保留发展成了对资本主义本质的批判。他从保守的国家社会主义的姿态转向了农业非理性

---

[1]　关于瓦格纳对马克思理论的评价，见 Wagner, *Die Abschaffung des privaten Grundeigenthums* (Leipzig, 1870)；cf. Wagner, *Die akademische Nationalökonomie und der Socialismus* (Berlin, 1895)。后者是在瓦格纳成为柏林大学校长时发表的演讲。

主义的方向。在工业资本主义中，他越来越多地看到潘多拉的盒子，现代世界的所有罪恶都是从那里产生的，他开始把农民看作是德国人民健康的青春之泉。"我们的未来"，他现在强调，"过去和现在都在这片土地上，它也将继续存在。"① 在他对农业利益集团的演讲中，农业对德国未来的重要性成为一个普遍的主题。不可替代的神秘特性归因于土地的耕耘者。例如，在 1901 年，他将他们描述为"国内人口中最强大的部分，对未来来说……它们是民族神经、肌肉和脑力的储备"②。在第三版的《政治经济学基础》（Grundlegung）中，瓦格纳比较了农民和城市工人阶级③。他发现前者更强壮、更有纪律、更关心道德价值。与工厂工人不同，农民认为自己是更大社会的一部分；因此，他有能力超越自私的既得利益。总之，瓦格纳判断土地是"一种无法与其他善相比的对象，因此，另一种法律秩序一直存在，必须存在，并将永远存在"。瓦格纳现在强调健康的农民和地主阶级是不可或缺的。过度拥挤的城市根本不能培养出足够的具有牺牲精神的粗犷的年轻人，而这种精神是一支负责任的战斗部队所必需的。

　　同样，容克家族的美德也受到了越来越多的关注。瓦格纳拒绝用经济效用的标准来评判东埃尔比安（the east Elbian）的庄园主。他坚持认为，这是曼彻斯特思想中最糟糕的恶习。在社会和政治上，他认为容克是一个稳定的德意志帝国的必需品。难道不是"经常受到诽谤的容克们与霍亨索伦家族（Hohenzollerns）一起，经过漫长的岁月，通过在战争与和平中的缓慢努力，塑造了普鲁士国家，并为新的德意志帝国铺平了道路"④？瓦格纳怀疑崛起的工业财阀是否也

---

① Wagner, *Die sozialen und wirtschaftlichen Gesichtspunkt* (Berlin, 1901), pp. 8—16.

② Wagner, "Die Erhöhung der Getreidezölle," *Die Woche* (Mar. 2, 1901), p. 389.

③ Wagner, *Grundlegung*, II, 456 ff.

④ Wagner, Die sozialen und wirtschaftlichen Gesichtspunkt; Grundlegung, II, 461 ff.

会为国家服务。他们缺乏自我牺牲的意识和对责任的尊重，这正是容克地主在人群中传播的品质。

1901年，他出版了《农业与工业》（*Agrar-und Industriestaat*）一书，发泄了他对工业文明日益增长的失望感。这一全面的批判在第一年经历了两个版本和几次修改。无论从哪个角度来看，他都认为德国的福祉受到了工业资本主义的威胁。它使依赖其他国家的粮食和市场成为必要，这在和平时期削弱了国家安全，并可能在战争期间发展成为灾难性的问题[①]。瓦格纳预见到，在不太遥远的将来，在工业化扩展到非洲和亚洲之后，所有国家都将争夺剩余农田中日益减少的粮食盈余。作为一个优秀的马尔萨斯主义者，他警告说，四分之一的德国人已经在食品上依赖进口。德国，没有庞大的帝国，也没有强大的舰队，一旦发生战争，很容易因饥饿而屈服。英国的地理和海军阻止了类似危险的发生。瓦格纳预计，德国的粮食短缺最终会被用作出口国外交政策的工具。

像他这一代的许多经济学家一样，他认为世界正在迅速分裂为庞大的自给自足帝国。首先，美国人和俄国人建立了很高的保护性关税，而英国，其内阁中有约瑟夫·张伯伦（Joseph Chamberlain），也给出了走同样道路的所有证据。随着这一进程的发展，德国的出口将逐渐被排除在整个大陆之外。日本的经济发展加速了市场的流失，因为其劳动力成本非常低。出口下降将同时引发大规模失业，从而引发激烈的阶级冲突，并将削弱国家支付粮食进口的能力。因此，进一步的工业化意味着进入一个只会导致灾难的经济恶性循环。

瓦格纳还表达了他对工业城市道德氛围的厌恶。1901年，他提醒听众："不要让我们陷入诱惑。"然而，他发现，"人们晚上走在灯

---

① Wagner, *Agrar- und Industriestaat：Eine Auseinandersetzung mit den Nationalsozialen und mit Professor Lujo Brentano über die Kehrseiten des Industriestaats und zur Rechtfertigung agrarischen Zollschatzes* (2d ed.；Jena, 1901), p. 152 ff. 这部著作是 1894 开始进行批判的结晶，参见："Agrar- und Industriestaat," *Die Zukunft*, V（Sept. 8, 1894），后来得到进一步的发展，参见："Zur Frage von Industriestaat und wirtschaftlicher Entwicklung," *Der Lotse*（Nov. 17, 24, 1900）.

光明亮的大街上，巨大的百货商店令人眼花缭乱，优雅的商店出售
奢侈品，引人注目……这引起了嫉妒和贪婪：这是完全不健康的"①。
他经常评论英国公共道德水平低得令人沮丧。曾经善良的英国人对
不能原谅的波瓦战争（Boer war）的疯狂反应使瓦格纳相信，一个信
奉基督教的民族是可以被工业资本主义的恶魔引入歧途的②。证券
交易所产生的投机风气破坏了古老而受人尊敬的价值观。工业主义
培育了一个社会，在这个社会里，利己主义得到了回报，而对公共
福利的关注则遭到了破坏。有时他会思考基督教是否能在工业时代
长久存在。最近，犹太人声名鹊起，他们以不道德和沉迷于物质获
取而闻名，瓦格纳发现了确凿的证据，证明他的观察是正确的③。

在《农业与工业》（Agrar-und Industriestaat）一书中有关英国经
验的章节中，瓦格纳得出了一个奇特的结论，即工业资本主义是一
种短暂的现象。它的出现是对农村人口过剩的回应，并将随着人们
认识到在农村产生的问题比它解决的问题更多而消失。在他看来，
经济自由主义者的伟大典范英国似乎已经度过了其巅峰时期。面对
欧洲和美国的竞争，英国的生产和出口在 1870 年代和 1880 年代严
重下滑。尽管拥有庞大的商船队和技术知识的优势，英国的首要地
位似乎不再确定。他没有夸耀德国的工业成就，而是问道："人们真
的会相信德国或北美……从长远来看会有更好的命运吗？"④ 提倡工
业化是愚蠢地拿国家的未来做赌注。德国人民必须认识到，打破行

---

① Wagner, *Die sozialen und wirtschaftlichen Gesichtspunkt*, p. 16.

② 1901 年 11 月 6 日，瓦格纳向德国学生协会（Alten Herren des Vereins Deutscher Studenten）发表了对波瓦战争的尖锐批评。演讲概要参见 Karl Wippermann（ed.），*Deutscher Geschichtskalender*（Leipzig，1901），III，112.

③ 在普鲁士下议院任职期间，瓦格纳发表了许多下流的反犹太言论。参见：*Stenographische Berichte*（see n. 19 above）：（1883），I，167；（1884），III，1824；（1885），I，581. 他经常将犹太人称为 19 世纪 90 年代的腐化元素（*Agrar- und Industriestaat* [2d ed.；Jena，1901]，pp. 31—81）.

④ Wagner，*Agrar- und Industriestaat*（2d ed.），p. 173. 早在 1893 年，他就预言，如果遵循英国模式，德国将走向毁灭。参见 Wagner，*Schriften des Vereins für Sozialpolitik*，LVIII（1893），194.

会制度和有保障的农村经济，这是犯了一个错误。

为了使大家转而反对工业化，瓦格纳主张实行高谷物关税。如果农业再次经历繁荣时期，可能会出现人口向土地的回迁；当然，城市的扩张和资本主义的传播将受到阻碍①。因此，他支持冯·比洛（von Bülow）总理在 1901 年提出的高额关税计划，甚至在他在全国各地的巡回演讲中暗示，前所未有的关税水平可能还不够。当其他经济学家称他为"土地反动派"（agrarian reactionary）时，瓦格纳反驳说，他以拥有这样的头衔为荣②。

1890 年后，他越来越频繁地建议将金银复本位制（bimetallism）作为振兴农业的一种手段。双重货币对瓦格纳特别有吸引力，因为它将阻碍工业增长，同时缓解负债累累的农民的困境③。如果金本位制继续实行，他担心德国会落入"货币资本和证券交易所"的手中。在德国国会，威廉·冯·卡多尔（Wilhelm von Kardor）等复本位制的倡导者引用了瓦格纳的成果，为他们的建议争取学术支持。此外，在整个 90 年代，国家被敦促规范证券交易所，禁止城市土地投机，并将选定的行业国有化。一个建立在工业资本主义基础上的德国似乎是如此不祥，以至于瓦格纳鼓励政府忽视大多数人的意愿，如果他们不明智地倾向于这样一个未来的话④。

四

人们很自然地会对瓦格纳戏剧性地转向极端农业立场的理由产生很多疑问。如何解释他对工业文明的全面控诉？很明显，在俾斯麦被解职后不久，瓦格纳就放弃了任何通过制度化来缓和伴随工业

---

① Wagner, "Die Erhöhung," p. 388.

② Editors, *Korrespondenz des Handelvertragsvereins* (Nov. 15, 1901).

③ Wagner, *Bimnetallismus und Handelsvertrage* (Berlin, 1894). 在发生农业大萧条之前，他一直是金本位制的狂热支持者。关于他早期的观点，参见："Unsere Munzereform," *Deutsche Zeit- und Streitfragen* (Berlin, 1877), Vol. VI.

④ Wagner, *Agrar- und Industriestaat*, p. 85.

化而来的阶级冲突的希望。他对农业社会优势的回顾，证明了他希望保持德国健康的社会结构。

我认为，瓦格纳失去信心的关键在于 1890 年代初的农业衰退和卡普里维（Caprivi）的经济政策。当罗德贝图斯（Rodbertus）批评 19 世纪 50 年代工业发展的社会影响时，城市只不过是乡村海洋中的岛屿；农业享受了很长时间的价格上涨，直到 1870 年代中期才结束。但到了 1890 年代初，几乎 50% 的人口居住在城镇（许多工业城市的规模在十年内几乎翻了一番），15 个表现不那么突出的年份被这一代人在农业上经历的最低价格所掩盖①。此外，德国农民，特别是东部的庄园主，债台高筑，深受劳动力严重短缺的困扰。同时，由于 1892 年几个贸易条约到期，德国经济的工业部门遭遇了世界范围的萧条，并面临着市场的损失。卡普里维决定通过降低谷物关税来优先考虑工业的需求，以便为工业赢得安全的新市场并延缓外国移民，这在德国历史上是前所未有的。在俾斯麦的领导下，八年内三次提高关税证明了农业的首要地位，但现在，德国农业第一次不能在危机时期向国家寻求补助。

"新方针"（New Course）的这一完全不可预见的新环境导致谷物农场主成立了农民联合会（Bund der Landwirte），保守党在 1892 年的蒂沃利计划（Tivoli program）中呈现出农业利益集团的特征。瓦格纳通过成为学术界的主要农业宣传者来回应国家对农业发展的默许。在此之前，他没有认真考虑过快速工业化对农业的影响。

现在，他开始将农业和工业视为相互竞争的经济和社会制度，它们竞相决定着德国未来的特征。（在封建主义和工业资本主义之间缺乏过渡的一个结果是，十九世纪的德国理论家普遍倾向于从整体和分立系统的角度来思考问题。）一旦从这个角度来解释事件，他就会不由自主地站在农业一边。从他的角度来看，社会的健康基础正

---

①　在 19 世纪 90 年代，柏林的人口增加了 14.2 万人。与此同时，慕尼黑从 35 万人增长到 50 万人，莱比锡从 29.5 万人增长到 45.5 万人。

在被牺牲，以加速社会解体，并最终危及统一。

瓦格纳越来越担心他自 1871 年以来一直寻求防止的分裂性阶级冲突是工业发展不可改变的伴生物。在过去的二十年里，几乎没有发生什么事情来改变他对工业资本主义所持的保留态度。俾斯麦的社会立法并没有成功地使工人远离政治激进主义。在每一次选举中，社会民主党都赢得了成千上万的新选民，他们的工会在规模上大大超过了他们的天主教和赫希-邓克尔（Hirsch-Duncker）工会①。该党的埃尔福特纲领（Erfurt program）在基调上比之前在哥达（Gotha）通过的纲领更具革命性。在不久的将来，没有任何新的尝试来缓解城市中出现的社会两极分化；事实上，政府的政策似乎旨在加剧阶级冲突。在发表了一份同情劳工的宣言后，威廉二世逐渐受到了来自萨尔（Saar）的臭名昭著的反动实业家冯·斯图姆男爵的影响。斯图姆时代，也就是众所周知的 1890 年代中期，没有产生新的社会立法来补充俾斯麦和卡普里维的立法；相反，他们试图限制工会的权力，在罢工期间保护拒绝参加罢工的工人（scab labor）。汉斯·弗赖赫尔·冯·贝勒普施（Hans Freiherr von Berlepsch）是卡普里维时期负责社会立法的部长，由于威廉转向激进的反劳工立场，他于 1895 年递交了辞呈。

对德国来说，由于其脆弱的团结纽带（天主教徒和新教徒、自由主义者和保守主义者之间已经在一些基本问题上存在分歧），工业发展所需的社会代价相当高，瓦格纳认为高得令人望而却步。他在 1897 年警告德国社会党成员，内部冲突一直是德国人民的克星。十六世纪的宗教分裂阻碍了德意志民族国家的发展；现在，社会分裂可能导致俾斯麦最伟大的成就毁于一旦。他说："为了人民和国家维护最高利益，我们必须不惜一切代价团结在一起。只有一件事可以拯救我们，那就是团结。我们的冲突不应使我们分裂。"②

---

①　1890 年后，在全国选举中，没有一个政党获得的选票超过社会民主党。

②　对其发言的评论记录在社会政策协会的著作中，见 *Schriften des Vereins für Sozialpolitik*，LXXVI（1897），441 ff.

因此，在二十世纪初，瓦格纳告诫德国人民，安全的未来只在于加强农民和地主阶级。他鼓励对连锁店和大公司进行限制，以使手工业者和旧的中小型企业能够生存和繁荣①。只有前工业化社会的基础才能产生必要的社会团结，以确保一个统一和强大的帝国。他呼吁上帝保佑德国有一位政治家，他不会带领国家在工业主义的道路上越走越远②。在 1871 年的演讲接近尾声时，人们对放弃一种久经考验的生活方式的智慧所表达的疑虑，在一代人之后发展成了全面的信念。

正如在 1870 年代和 1880 年代一样，瓦格纳为自己的观点寻求尽可能广泛的共识。这一点尤其重要，因为他相信国家的命运将在十年内决定。当比洛总理这位瓦格纳的老学生选择推翻卡普里维的关税政策并在 1902 年引入极高的谷物关税以及普遍的农业经济政策时，瓦格纳感到如释重负，因为在正确的方向上迈出了第一步。比洛对其政策的辩护严重依赖于瓦格纳的思想，这是瓦格纳的思想在整个社会得到广泛传播的标志③。

中世纪以经济自由主义为特征，俾斯麦时期以讲坛社会主义（professorial socialism）为特征，而对农业文明的怀旧是威廉式德国最强烈的（也是经常被忽视的）潮流之一。后一种现象在经历快速经济变革的国家中并不罕见。在德国，将社会的封建组织与城市化和工业巨头的流动性相区别开来还不到一个世纪，政治统一是最近才出现的，而且并不是理所当然的，因此它是一股特别强大的力量。

（刘志广　译）

---

①　*Bericht über die Verhandlungen des siebenten Evangelisch-Sozialen Kongresses* (1896)，pp. 96 ff.

②　Wagner, "Agrar- und Industriestaat," p. 450.

③　比洛在他的回忆录中特别指出，瓦格纳是对他的经济思想产生重大影响的人之一。见：Bülow, Denkwiirdigkeiten (4 vols.；Berlin, 1926)，IV, 118. 比洛为更高关税进行辩护的许多演讲都与瓦格纳的观点相似。在他的《帝制德国》（*Imperial Germany*，trans. Marie Lewenz，New York，1914）中，比洛讲述了瓦格纳支持农业社会占主导地位的所有论点。

附录六

瓦格纳： 从国民经济学家到国家社会主义者[①]

埃瓦林·A. 克拉克（Evalyn A. Clark）

洛蒂安勋爵（Lord Lothian）关于希特勒主义是布尔什维克主义出于经济民族主义的产物的格言，如果被应用于著名俾斯麦经济学家阿道夫·瓦格纳（Adolf Wagner）思想的演变，既有针对性，也有启发性。1935 年，瓦格纳在其诞辰一百周年之际，被称为纳粹主义之父之一。瓦格纳是自亚当·穆勒（Adam Müller）和李斯特（List）以来国民经济学学说的主要倡导者之一；他也是一位激进的国家社会主义者，试图将马克思主义的社会主义改造成"德国社会主义"。其结果是以不宽容的民族主义、反犹太主义、军国主义、有机主义和对土地的浪漫崇拜为特征的民族社会主义，与当今德国的教义惊人地相似。

历史学家没有必要对纳粹主义的本质及其意识形态的真诚进行形而上学和心理学的讨论，尽管这些问题确实具有挑战性。然而，主要的问题是希特勒主义是如何上台的，除非相当多的德国人已经习惯于对诸如极权式民族主义、有机主义、精神动力主义（dynamism）、反犹主义、反资本主义、反智主义、反个人主义和反自由主义等学说作出正确反应，否则很难怀疑该党的说教，无论真诚与否，都不可能成功地赢得认可。这些学说已经形成了一种根深蒂固的德国传统，在整个十九世纪与德国思想中的另一种自由主义

[①]　原文出版信息：Evalyn A. Clark. （1940）. "Adolf Wagner: From National Economist to National Socialist", in *Political Science Quarterly*, Vol. 55, No. 3, pp. 378—411.

传统不断发生冲突①。

当然，在历史学家的心目中，毫无疑问，当代国家社会主义的所有要素在十九世纪都已经存在，而当今极权主义的先驱们在第一次世界大战前的德国舞台上发挥着越来越重要的作用②。瓦格纳的职业生涯——正如他在现代德国历史的关键转折点上所做的那样，和俾斯麦（Bismarck）的崛起，体现了十九世纪德国民族主义和社会主义的演变。他的思想显示了俾斯麦时代现实主义的、不宽容的民族主义对早期浪漫主义的和自由主义的民族主义的胜利，以及这种现实主义民族主义演变为一种新浪漫主义的民族主义，它由泛日耳曼主义、种族主义、反智激进主义、伪尼采式的英雄主义和帝国主义地缘政治等组成。

直到 1870 年，瓦格纳的民族主义在很大程度上是一种政治民族主义，因为他主要关心的是颂扬霍恩佐勒王朝（Hohenzollern dynasty）对德国的最高爱国服务，以及通过"血与铁"统一德国的"普鲁士使命"。德国对他来说只是普鲁士的同义词，而民族主义则意味着普鲁士主义的胜利，因为他成长于自由和民主的民族主义在法兰克福议会失败后的时代，他的学生时代和成年早期与俾斯麦日益增长的权力相吻合。瓦格纳的这种早期民族主义本身经历了一个演变过程，从对德国人民族原则神圣性的浪漫文化的坚持，到对低等的非德国人的民族原则的否定，再到国家利益和现实政治的学说，这反过来又促使他在 1870 年后对整体的或极权的民族主义（integral of totalitarian nationalism）的宣传转向对经济的强调。他所表达的文化

---

① 在德国思想界对这两种传统冲突的众多论述中，最有趣的是一位同情这两种文化的德国人所写的《自然法与人性的观念》(*Ideas of Natural Law and Humanity*)，它由恩斯特·特罗尔奇(Ernst Troeltsch)撰写，由欧内斯特·巴克(Ernest Barker)翻译，作为其编辑的《自然法与社会理论》的附录，见 Otto Gierke, *Natural Law and the Theory of Society* (Cambridge, England, 1934), vol. I.

② 如 C. J. H. Hayes, *Historical Evolution of Modern Nationalism* (New York, 1931); L. L. Snyder, *From Bismarck to Hitler：The Back. ground of Modern German Nationalism* (Williamsport, Pa., 1935).

民族主义是完全不宽容的，并且坚持将低等文化强制进行德国化。只有德国文化是神圣的，并负有维护其民族优越性的使命，特别是在与波兰人、捷克人、丹麦人和法国人的对抗中。从这一点过渡到社会达尔文主义和强权政治的帝国主义并不困难。

瓦格纳对德国民族主义思想发展的贡献，是由德国自身的演变和统一后德意志民族所面临的问题类型的变化所决定的。其中我们可以列举德国的迅速工业化，铁路的普及，本世纪最后三十年伴随农村移民和人口减少的人口惊人增长，第一次世界大战前十年的出生率下降和随之而来的农村劳动力的斯拉夫移民，野心勃勃的军事、海军和殖民政策所导致的日益严重的财政问题，社会动荡的加剧及其对传统社会关系的威胁，以及世界经济运行对德国内政的日益影响。所有这些都决定了他年轻时的民族主义中占主导地位的浪漫的、文化的和政治的方面，以及德国统一时期的民族主义在他成熟时期（这一时期与德意志帝国的成熟时期相吻合）不再具有首要地位，而民族主义的经济方面则应在他的思想中占据优先地位。其结果是，他主要关注这些民族问题的经济的和"现实的"解决方案。

对他来说，国家是共同体的首要利益，其本质特征是权力。它是强制性的军事力量。战争力量（Kriegsmacht）是"所有国家问题中，我可以补充说，是所有经济必需品中的第一个也是最重要的事情"。因此，国家行使这种力量的能力，即其战斗力，必须优先于其他一切，因为这决定了国家有机体的生死存亡。这种力量取决于生产的自给自足，取决于人力的供应，取决于民族士气，取决于战略布局和对交通的控制，取决于军事组织和商船队的规模，以及国家财富的增加和这些财富对国家来说的可得性。

瓦格纳的政策旨在实现国家力量和潜在战争能力的目的，并主要用于俾斯麦时期的安全和威廉二世时期的扩张，这些政策可以概括为以下几个方面：（1）财政；（2）司法；（3）农业；（4）基督教社会主义和反犹太主义；（5）泛日耳曼主义；（6）国家社会主义。因此，在第一次世界大战期间，德国经济学家蒂尔曼（Tillmann）和托尼斯

（Tonnies）称赞瓦格纳是一位伟大的"祖国的朋友"（*Vaterlandsfreund*），他在为德国经济体系为战争作准备方面所做的工作比其他任何经济学家都多。

瓦格纳的民族主义如此清晰地反映了他那个时代的兴趣和关注点，仅凭这一点就值得研究，但在某些方面，他的思想只与其他民族主义思想家和著作家的思想平行或反映了后者的思想，而在民族主义的经济方面，他显然是一位领导者。在德意志帝国时期，从1870年到1917年他去世，他在柏林大学占据了德国学术界的最高职位之一，在这个职位上，他向德国陆军、海军、官僚机构和受过教育的阶层的数千名未来成员灌输了这些教义。此外，他还发挥了重要的政治作用：作为俾斯麦的经济顾问，从1882年至1885年作为普鲁士州议会的代表，作为基督教社会党和福音派社会大会的领导人，从1910年至1917年作为普鲁士议会上议院的成员。无论在国内还是国外，他都被视为是德意志帝国国家社会主义制度的主要倡导者。

瓦格纳不同于特赖奇克（Treitschke），甚至不同于与他同时代的一些经济学家，因为他几乎从职业生涯一开始就是一个极端的民族主义者。由于他出生于1835年，只是一个在四十年代自由主义时期的哥廷根长大的孩子①，他从未被他后来称之为政治自由主义的外来影响诱惑过。就像特赖奇克一样，只是非常短暂地受到他的教授赫尔曼（Hermann）和劳（Rau）的温和经济自由主义的影响。他谈到他在通往大马士革的道路上的转变，即从经济自由主义和国际主义到经济民族主义的转变，这发生在1864年的经济大会上，当时一些正统的纸币通胀反对者大声疾呼："宁可让国家灭亡，也不能让健全的货币灭亡！"他的反感和震惊向他揭示了他未来的道路。从此以后，他的经济学说自觉地依附于费希特（Fichte）、黑格尔（Hegel）、亚当·穆勒（Adam Müller）、罗德贝图斯（Rodbertus）、洛伦茨·斯

---

①　但是哥廷根在1837年通过驱逐其主要的自由主义者对其自由主义进行了严厉的清洗。

坦因（Lorenz Stein）和谢夫勒（Schaeffle）的有机论、反个人主义的民族主义，以及斯坦因、特赖奇克和俾斯麦的普鲁士主义。

很有可能受他父亲的影响，他非常投入，这在很大程度上促成了这一德国思想路线的选择。他的父亲鲁道夫·瓦格纳是哥廷根著名的生物学教授，继承了谢林自然哲学和民族主义的虔诚主义（nationalistic pietism）的传统。他是保守威权主义类型的民族主义者，是汉诺威（Hanover）的反动统治者恩斯特·奥古斯特（Ernst August）的党徒，后者是"七位哥廷根教授"剧中的反派，也是自由主义的一贯反对者。

像德国的许多学者一样，瓦格纳在 1864 年、1866 年和 1870 年的事件中陷入了狂热的民族主义热情。1864 年，他转到俄罗斯的多尔帕特大学（the University of Dorpat），尽管身处波罗的海德国失去的土地上，但这是"所有大学中最德国化的大学"，这导致了他的第一部民族主义作品《欧洲国家领土的发展和国籍原则》（*Die Entwicklung der Europaiischen Staatsterritorien und das Nationalitätsprincip*），这是 1867 年至 1868 年期间在特赖奇克（Treitschke）的《普鲁士-雅尔比彻》（*Preussische Jahrbiucher*）中的四篇长篇系列文章之一。从他与极端民族主义者的交往中，他开始对民族和民族情感的本质产生了兴趣。他接过了他们的坚持，认为维护和传播自己的民族言论是最重要的，并通过德国学校、德国报刊、补贴和其他对农民的经济援助来破坏敌国的民族言论。他也接过了他们对国家荣誉涉及对民族生存价值的考验的坚持。从特赖奇克和强权政治与社会达尔文主义的整个"意见联盟"中，正如罗乔（Rochau）、西贝尔（Sybel）、德罗伊森（Droysen）和谢夫勒（Schaeffle）在 1850 年代和 1860 年代的著作中所表达的那样，他挪用了民族优越性是强制性主张的信仰。一个民族必须声明其对其内部所有个人的权利，并通过一场所有民族对所有民族的战争来证明其在其他民族中存在的权利，在这场战争中，只有强者才能生存下来。像特赖奇克和德罗伊森一样，他毫无保留地接受了"普鲁士使命"（Prussian Mission）的想法，霍恩佐勒家族声称拥有德意志（Deutschtum）的垄断地位，并认为只有通过将所有的小国强制纳入普鲁士的垄断地位中才能形成一个真正统一的德意志民族。"普鲁士赢得的就是德意志赢得的。"[①]

瓦格纳以浪漫主义的方式接受了赫尔德（Herder）和施莱格尔（Schlegel）的语言和种族标准，主张民族的神圣权利，但却为德国通过征服、吞并和德国化来摧毁弱小民族的独立和存在进行辩护。他对分别由德国和俄罗斯主导中欧（Mitteleuropa）和东欧（Osteuropa）的宏伟计划[②]清楚地揭示了这一矛盾。这些就是德国和俄罗斯的"民族国家"。波罗的海国家和巴尔干国家是如此之小或如此之差的民族，它们必须不可避免地放弃任何独立要求，并忍受外国统治。很明显，德国文化注定要执行这一任务，德国文化反对捷克、波兰等的文化。赫尔德的浪漫主义式民族主义由于与社会达尔文主义融合而转变为一种不宽容的帝国主义式民族主义，这种民族主义声称，小国总是注定要灭亡的，在所有伟大的大国中，最伟大的国家也是最好战和最具扩张性的国家。

1866年的奥地利战争与他在边境民族主义者中的逗留和普鲁士主义者的影响一起，完成了他的转变，他全心全意地接受了俾斯麦巩固德国统一所采取的不自由的和强硬的方法。他对"最博学的德国政治和法律历史学家"进行了挖苦，这些历史学家"全神贯注于德国地产和土地的数千项权利，但却丧失了对德国民族建立一个能够生活、呼吸、行动和服务的国家的权利的感觉"[③]。

当然，瓦格纳毫不留情的批评不仅是针对国内的德国特殊主义者（Particularists），也是针对奥地利的伟大的德国人（Grossdeutsche），他们声称自己是德国人民的领导者。德意志帝国的结晶核心不是奥地利，而是普鲁士，普鲁士武装的成功就是明证。柯尼希格拉茨（Königgratz）的《清算之日》（The day of reckoning）甚至使最盲目、

①   *Preussische Jahrbücher* XXI（1868），379—402.
②   *Preuss. Jaltrb.* XX（I867），1—42；XXI（1868），401.
③   *Ibid.* XIX（I867），542.

最恶毒的人也坚信"旧帝国的两个竞争对手"中哪一个才是德意志民族的核心是一个非常重要的问题。"在经历了半个多世纪的帝国分裂之后，一个强大的、真正的德意志国家再次崛起"，这就是勃兰登堡-普鲁士①。这个"德国人的民族国家"本身将能够进一步执行将波兰人德国化的"东方使命"（Eastern Mission）。

和德国学术界几乎所有其他人一样，当1870年7月法俄战争爆发时，瓦格纳陷入了民族主义的狂热之中。1870年6月1日，他刚刚被召到柏林大学，但在那些夏末歇斯底里的日子里，他抽出时间写了一本小册子，名为《阿尔萨斯·洛林与德国的复苏》（Alsace-Lorraine and Its Recovery for Germany）。这本小册子非常极端，特别是在它对中立国权利的剥夺方面，甚至连特赖奇克都担心它的沙文主义会扰乱其他欧洲大国。然而，整本小册子似乎很可疑，像是剽窃了特赖奇克自己一个月前写的煽动性小册子《我们对法国的要求是什么？》（What Do We Demand from France）。他对法国的谩骂，对奥地利和巴伐利亚的过度要求、怀疑和怨恨，都不亚于特赖奇克。在这一老调重弹中加入的令人不安和值得注意的成分是一种威胁和鲁莽的泛日尔曼主义，它声称有权征服叛变的德国人，即荷兰人、佛兰芒人（Flemish）和瑞士人，从而建立一个伟大的条顿帝国（Teutonic Empire），其基础是这些迷路的德国人将被带回德国，就像阿尔萨斯-洛林（Alsace-Lorraine）应该做的那样。1870年战争标志着德国人民族主义思想的发展，如特赖奇克、瓦格纳，事实上，也许还有大多数德国教授。在此之前，重点是德国的统一，但对法国的征服使他们开始考虑如何赢得德国在世界政治中的地位。

当然，对德国统一的旧有关注仍然存在，小册子的几乎每一页都充斥着对德国特殊主义者、奥地利人、南德人、教皇全权论者（the Ultramontanists）、自由主义者、世界主义者、人道主义者和和平主义者的嘲弄、胜利和警告。所有反对普鲁士向权力胜利进军的

① *Preuss. Jaltrb.* XX (I867), 1—42；XXI (1868), 540-I.

人，甚至为其受害者请求宽恕的人，都是叛徒。这是强权政治的神化之日，但当然，披着正义的外衣。这是一场圣战，一场将世界从法国种族中解放出来的战争。这是一场恢复德国阿尔萨斯人神圣的天赋权利的战争——即使他们否认对天赋的任何渴望。这也是一场维护国家荣誉——也同样是民族利益——的战争，以获得阿尔萨斯和洛林的煤矿和铁矿，并获得更好的边界和其他经济和军事优势。但这场战争主要是为了证明德国文化优于法国文明，证明德国的语言、种族、国家、道德和军队优于法国人，因为法国人错误地声称自己是"最文明的国家"，是最好的战士。

在1930年代的十年中，为我们所熟悉的另一个论调是，将法国作为世袭敌人进行猛烈攻击，它同时是德国的残暴压迫者、欧洲的贪婪征服者，它是德国安全的威胁，也是自然与历史的宠儿，因为它是统一的，有受保护的地理位置，很早就赢得了民族统一，然而，我们在当前的德国、意大利和日本报刊上都熟悉这种矛盾，这个颓废的国家现在完全衰落了，在生存斗争中败北，就像荷兰和迦太基一样，一个只值得鄙视的软弱易变的吹牛者。

法国人仇视德国的真正原因是害怕在生存斗争中失败——这是日耳曼种族和罗马种族之间的斗争。"事实上，高卢人，或者说现在的法国混血儿（高卢人仍然是其中的主要部分），越来越受到日耳曼人的压制。最后，在达尔文主义的生存斗争中，所有低等生物的命运都在等待着它。"正是瓦格纳在第一页中的这一承认，似乎排除了对不公正、违反条约、帝国主义等的任何虔诚的愤怒，因为他接着指出，德国在欧洲的殖民扩张主义和向国外移民只是其优越性的另一个证据。北美是一个"新日耳曼世界帝国"；澳大利亚很快就会是；墨西哥已经向法国证明了这一点。

有人可能会认为，德国人在已经证明了他们满意于法国人即将退出后，可以安顿下来，可以无视法国人，尤其是在拿破仑三世的帝国主义在色丹惨败之后。但瓦格纳对整个法兰西民族的仇恨过于强烈，也过于走向了非理性的民族主义。他坚持认为，敌人是法国人，而不是拿破仑。"就好像拿破仑三世不必简单地追随这个民族的民族本能一样!"可以肯定的是,他确实诉诸战争,以摆脱专制主义的困境。

> 但是,难道这种专制制度不是法国历史发展的必然产物,不是破坏了任何有序的自由统治的基础的八十年人民革命的必然产物吗? ……这个民族将永远无法自由,因为他们没有政治自治能力,没有对他人权利的同情①。

尽管他描述了法国的完全无力、虚弱、人口和不断扩张的力量的减弱,尽管他自己鼓吹特赖奇凯恩主义,即条约只有在符合国家利益的情况下才能得到遵守,而且战争本身是好的,但他把战争的全部责任都推给了法国人——"轻率的法国破坏了和平",并宣布,"你们的要求是如此不公,那我们的要求也会如此。"② 但当他大声说道,"因为强权、武力、使用强权的权利(the right of might)、征服权的原则决定了这一切而且必须决定这一切。因此,它将发生在阿尔萨斯-洛林,我们完全有这样的权利"③ 时,他泄露了自己的观点。他在这里展示了典型的特赖奇克式混淆,即将旧国际法概念与强权政治的相对主义、动态性和非道德性相混淆。再一次,这让我们听起来非常熟悉。

在这本小册子中提出的吞并阿尔萨斯-洛林的各种民族主义论点,显示了被纳入民族主义的各种主张的矛盾性质,并揭示了瓦格纳关于民族国家的权利和特征以及一般民族原则的概念。他声称,德国吞并阿尔萨斯洛林是基于"民族原则"(the nationality principle),"这是国家建设和国家领土边界的最自然、最持久、最强大、最公正、最有益的原则。"法国人破坏了它,德国人将恢复它,这将给整个欧洲

---

① *Elsass und Lothringen und ihre Wiedergewinnung für Deutschland* (2d ed. , Leipzig, 1870), ch. I, esp. 2—3.

② *Ibid* . , 4—6.

③ *Ibid* . , 64.

带来和平和祝福。但他对兼并原因的总结揭示了除民族原则之外的其他因素的重要性。"我们支持自己的民族原则、自然边界原则，以及建立更安全的边界来对抗不安全的邻国的必要性的权利。"①

如果我们考察瓦格纳提出的不同论点，我们会发现他的民族主义中有以下要素：

（1）作为民族国家基础的共同语言和种族的浪漫主义标准；

（2）浪漫主义和黑格尔式的整体优于部分的概念，因此，阿尔萨斯-洛林的自决权被认为只是整个德意志民族的一部分，其意志被普鲁士所解释；

（3）每个民族都有自由的权利的浪漫主义观念，加上卢梭和黑格尔的观点，即如果一个民族因被囚禁而堕落到不能渴望自由的地步，就必须强迫它获得自由（这也适用于要求德国摆脱其世仇法国的威胁）；

（4）对莱茵河作为"德国的河流而不是德国的边界"的浪漫渴望，以及因此德国获得了整个莱茵河东岸，包括瑞士、卢森堡、佛兰芒和荷兰；

（5）民族使命的浪漫主义观念，但由于对优越文化和力量的假设而变得不宽容和咄咄逼人；

（6）对过去民族悲伤的浪漫主义忧郁；

（7）作为战略要点的可防御的自然边界是旧的现实主义军事需求，即使这违反了民族原则；

（8）关于民族经济必要性的主张——如果德国要成为世界强国，就必须赢得阿尔萨斯-洛林；

（9）纯粹武力的主张——古代的"刀剑权"，坚持小国和中立国没有存在的权利；

（10）关于国家荣誉的争论。

_____

① *Elsass und Lothringen und ihre Wiedergewinnung für Deutschland* (2d ed., Leipzig, 1870), ch. I, 17.

也许正是这种神秘主义和残暴的混合，使得现代民族主义成为一种令人陶醉的饮料，尤其是对年轻人来说，无论是年轻的个人还是年轻的民族。

现在可以观察到，在这个虔诚主义、浪漫主义和现实政治的联盟中，有一些惊人的矛盾。言论准则（speech criterion）是一种神圣的真理，它是民族生活和团结的真正基础。法国人把阿尔萨斯语（即农民使用的语言）降格为法语的一种方言，这是一种犯罪。因此，他们，德国人，将恢复阿尔萨斯人的德国身份，即使他们自欺欺人地抗议说，他们更喜欢法国文明和法国政治生活，他们认为自己是法国人和天主教徒，他们憎恨普鲁士主义，历史经验和经济福祉将他们与法国联系在一起。所有这一切只不过是法国人堕落的标志。"这就是我们对阿尔萨斯人和洛林人最好的辩护"，他说道，"我们把人民的最高和最宝贵的权利还给他们，让他们拥有自己的国家。"①

然而，瓦格纳毫无歉意地承认，当德国的经济和军事利益因此而受到青睐时，德国人就会违反这一语言界限。正是法国的沙文主义和对自然疆界的荒谬坚持，才要求以莱茵河为法国的疆界，但要求梅斯及其所有腹地，尽管不可否认是在法国的语言疆界内，这只是对德国的正义和对德国人流血的赎罪。普鲁士很快就会把它德国化。同样在阿尔萨斯，语言边界侵入了孚日山脊，法国人将被并入德国，这样德国就可以拥有一个可防御的自然边界，而不会有法国领土楔入德国领土的危险②。

所有这一切都与慕尼黑事件之后在戈德斯贝格（Godesberg）划定的苏台德捷克边界（SudetenCzech boundaries）有相似之处，特别是因为瓦格纳坚持认为，捷克人以及波兰人、丹麦人和法国人都是打入德国自然领土的危险楔子，因此必须被德国人摧毁或同化③。

此外，根据瓦格纳的说法，如果德国要发展其经济资源并实现

---

① *Els.-Loth.*，ch. 4—8，esp. 67—70.
② *Ibid.*，ch. 2 and 29—31，34.
③ *Ibid.*，22.

其作为一个大国的历史命运，如果它要获得内部统一并在军事上变得坚不可摧，那么吞并阿尔萨斯和洛林是必要的。他对自由派德国人和中立观察家的反对意见做出了最后的总结：

> 那么，为什么德国要承担这种费力不讨好的任务，重新回顾一两个世纪的历史，而最终只是费力不讨好地挥霍自己的力量呢？为什么？答案是：是因为德意志的民族荣誉，她的安全和她的利益，事实上，她的阿尔萨斯-洛林兄弟家族忽视了其民族性，因此她的真正利益无法持久①。

然后，他对那些敢于指出这些论点的弱点的德国人用了一个充满感情的撇号作为结束语。

> 哦，德意志，你自己的儿子们什么时候才能停止用他们狂热的"客观性"来伤害你至死？什么时候才能最终拥有一种健全的民族利己主义以及对其他人的权利的保障？什么时候才能首先考虑自己国家的福祉并放弃被诅咒的世界主义？因为我们对外国的每一种合理和不合理的情感都不感兴趣②。

瓦格纳在1871年出版的另一本小册子《欧罗巴的维兰德龙根》（*Die Veränderungen der Karie von Europa*）表达了与《埃尔萨斯与洛林根》（*Elsass und Lothringen*）相同的扩张主义冲动，即将这些叛变的德国人纳入其中。"欧洲将不得不习惯于将我们民族中被疏远的部分恢复为我们的国家，并为此保持沉默！"③ 不仅是边境上的"德国人"要像阿尔萨斯人那样"从压迫中被解放出来"，而且已经独立的条顿民族（the Teutonic stocks）也不应被允许作为独立或中立的国家而存

---

① *Els.-Loth.*，36，着重号内容是瓦格纳自己标的。
② *Ibid.*，86。
③ *Ibid.*，35；cf. 4。

在。这是特殊主义的罪过，因为它们实际上只是德国民族的被分离的部分。因此，普鲁士必须粉碎这种特殊主义，就像它在德意志联邦内部已经做的那样。中立是不自然的和人为的，小国没有存在的权利，尤其是小的"德意志"国家。这些国家声称自己是独立的民族，而不仅仅是国家，例如，它们是瑞士民族和荷兰民族，拥有自己的文化、语言和政治形式，但这一说法却可以通过宣布它们是人为的国家而不是自然的国家而被忽略，因为它们不是民族国家①。这些民族也不被允许有任何自决权或公民投票权。因为局部的意志不能指导整体。不管他们愿不愿意，他们都必须进入"应许之地，伟大统一的德意志祖国。"②"因此，人民的自决权绝不能是一个民族的一部分对整个民族的权利。"③

在另一个黑格尔式的预言中，他大声说道：

> 当然，现在和将来，德意志民族国家重组的世界历史进程不会因为汉诺威王朝或石勒苏益格-荷尔斯泰纳（Schleswig-Holsteiner）王朝没有主动放弃他的特殊主义而停止，也不会因为被疏远的阿尔萨斯阿勒曼尼亚王朝仍然被巴黎的金箔所蒙蔽而停止，也不会仅仅因为瑞士的"农民战胜装甲骑士"的梦想或荷兰的"另一个时代"的梦想而阻止我们向更伟大的未来前进，那时他们的海军上将手持扫帚沿泰晤士河航行。世界属于那些清醒的人！

他回答了一个反问句，大概是德国自由主义者的反问句——"那么，那么，难道征服和吞并的权利没有要求有关人民严肃认真地对待

---

① *Die Verdnderungen*, 14 *et seq.*; Els.-Loth., ch. 2 and 40—43, 49—51, 69—70, 78—85.

② Els.-Loth., 71.

③ *Die Verdnderungen*, 14 *et seq.*; Els.-Loth., ch., 62—65; *Die Veranderungen*, 14 et seq.

吗?"他自信地回答说: "只要该政策仅在民族原则的范围内实施,就一点也不需要。"①

我们可以看到为什么瑞士人和荷兰人在那个时候晚上睡不好,就像他们最近一样,正如他们在 1890 年代和战前的泛日耳曼主义蓬勃发展时所做的那样就像他们一样。

让我们用这张充满欢乐和幸福的感人描述来结束瓦格纳生命中的这一幕: "普鲁士王国将东普鲁士省、波美拉尼亚省、石勒苏益格-荷尔斯坦省和阿尔萨斯-洛林省作为新婚新娘日尔曼尼亚的晨礼。但泽 (Danzig) 和斯特拉斯堡 (Strassburg) 是装饰霍恩佐勒恩 (Hohenzolerns) 皇冠的珠宝,是帝国真正的增援者。"②

德国的统一战争在其历史上引起了德国经济学家,特别是历史经济学家的民族主义的激化。他们的民族主义表现为对民族利益的排他性坚持,甚至损害国际利益,以及在他们对整个经济史的看法中强烈的相对主义和民族利己主义。对曼彻斯特主义的反抗被认为是"德国的使命",正如在浪漫主义时期,施莱格尔、费希特和穆勒号召德国人为他们的民族文化而战一样,现在德国经济学要征服英国和法国的机械论的、原子论的和唯物主义的经济学,并代之以德国唯心主义的、目的论的、总体性的、创造性的、充满想象力的、道德的和宗教的经济学③。

---

①　*Die Verdnderungen*, 14 *et seq.*; *Els.-Loth.*, ch., 62—65; *Die Veranderungen*, 14 et seq.

②　*Die Veränderungen*, 34; *cf. Els.-Loth.*, 4, 33。同样的短语, "帝国元首", 在波希米亚吞并后被授予希特勒。

③　K. Chr. Planck, "Manchestertum und deutscher Beruf", *Zeitschrift für die gesamte Staatswissenschaft* XXXI (1875), 304—419; "Wagner on the Present State of Political Economy", *Quarterly Journal of Economics* I (1886), 113—133 (部分译自瓦格纳的"Systematische Nationalökonomie", in Conrad's *Jahrbücker für Nationalökonomie und Statistik* XII [1886], 245 et seq.); Theo Oelsner, *Der Siegeszug der deutschen Idee* (Berlin, 1870); G. Schönberg, "Die deutsche Freihandelspartei und die Partei der Eisenacher Versammlung", *Zts. f. d. g. Stw.* XXIX (1873), 493—532, esp. 531. 施穆勒在向社会政策协会发表的演讲中, 提出了制定其计划的任务, 即德国国民经济学的任务是将这门科学完全从英国和法国功利主义哲学的教义中解放出来。

1870 年以后，德国历史上又出现了另外两大因素——快速工业化和随之而来的国际社会主义的发展。这两个因素都让国民经济学家感到震惊，因为在他们看来，每一种因素都是危险的瓦解力量，对新成立的德意志民族不利。因此，他们宣称帝国建立后的第一个国家任务应该是解决"社会问题"。

考虑到这一目的，瓦格纳和当时新历史学派的许多主要成员于 1872 年在爱森纳赫（Eisenach）成立了社会政策协会（Verein fur SozialPolitik），以反对经济自由主义和民主社会主义，并捍卫普鲁士的官房主义传统，正如霍恩佐勒（Hohenzollerns）的"社会君主制"（social monarchy）所体现的那样。他们的纲领宣称，德意志帝国的直接任务是具体解决社会问题，但更根本的任务是德国国民经济学与仍然统治着英国学说的自由贸易学派作斗争。因此，社会政策协会必须努力确保必要的社会改革，以将国家从革命和分裂中拯救出来。该计划的结论是，他们寻求国家、人民和经济的联合，以促进国家的伟大①。社会政策协会是一个由各种观点组成、不能被明确界定的团体，其唯一的共同点是其对革命的民族主义的反对。其目的是共同的，那就是拯救民族，但手段，像往常一样，把这个团体分成了碎片。

---

① 对于社会政策协会的民族主义，参见：*Verhandlungen der Eisenacher Versammlung zur Besprechung der Socialen Frage am 6. u. 7. Okt. 1872* (Leipzig, 1873)；G. Schönberg, *Zts. f. d. g. Stw*. XXIX (1873)，493—532, and "Zur Literatur der socialen Frage", *ibid*. XXVIII (1872), 414 et seq.，和他的 *Die sittlich-religiose Bedeutung der sozialen Frage* (Stuttgart, 1876)；A. Wagner, *Rede uber die sociale Frage* (Berlin，1872)，*Die A bschaffung des privaten Grundeigenthums* (Leipzig, 1870)，和他的 *Offener Brief an Herrn Oppenheim, eine A bwehr manchesterlicher Angriffe gegen meine Rede iiber die sociale Frage* (Berlin, 1872)，esp. pp. 5, 13, 17,对自由贸易自由主义者的国际主义和犹太主义进行了攻击。阿道夫·拉森（Adolf Lasson）在《德意志评论 X》(*Deutsche Revue X*, Jan.-Je., 1885, 64)的《瓦勒与福尔谢尔爱国主义》(*Wahrer und falscher Patriotismus*)中抱怨保护主义者的异端的狩猎民族主义(the heresy-hunting nationalism)，而现在，"新的经济政策是唯一的爱国政策，任何反对它的人都不是爱国者，而是一些被外国势力或外国利益集团所收买的人，或者至少对他的祖国没有爱；而且，所有反对殖民主义的人都同样被指责为'不爱国、自私自利、无党派'。"

这些被嘲弄地称为"讲坛社会主义者"（socialists of the chair）的人同意，国家有机体的福利必须战胜个人和阶级利益，国家是国家所有伦理和经济制度的创造者和监管者，但对于必要的改革是否应该通过国家尽可能最大程度地进行干预，还是通过经济体制的逐步道德化，即一种道德重整来实现，他们之间是存在分歧的。

瓦格纳性情急躁，很快就厌倦了这些畏首畏尾、见风使舵的团体，大约在 1877 年左右，他渐渐远离了社会政策协会，形成了一种极端的国家社会主义，其特点是有机论和对自由主义的攻击、强烈的普鲁士主义、相信国家对民族生活的一切进行干预的原则，以及对俾斯麦的社会和经济政策的认同。

瓦格纳国家社会主义的最终的民族主义目标在一定程度上可以从 1870 年代和 1880 年代的著作中看出，这些著作确立了他作为德国最重要的经济学家之一和作为最重要的国家社会主义者之一的声誉①。然而，这些学术著作，不像他的小册子和他的政治演讲和活动那样清楚地揭示他的民族主义，部分是因为它们是学术性的，部分是因为它们受到其固有形式的限制。无论是他的《政治经济学基础》（*Grundlegung der Politischen Oekonomie*，1876），还是他的《财政学》（*Finanzwissenschaft*，1872），都是从修订他的非常正统的教授劳（Rau）的经济学标准教科书开始的。在这些学术著作中，瓦格纳为国家社会主义的经济学和政治政策奠定了理论基础，它们在后来不仅出现在泛日尔曼（Pan-German）和土地改革联盟的计划中，而且

---

① 我们感兴趣的瓦格纳的主要理论著作是他的《政治经济学基础》：*Grundlegung der politischen Oekonomie*（Ist ed.，1876，the 7th revision of pt. i of Rau's *Lehr- und Handbuch der politischen Oekonomie*），3d ed.，2 vols.（Leipzig，1892—1894）；他的四卷本《财政学》：*Finanzwissenschaft*（源于对 Rau 的 *Lehrbuch der Finanzwissenschaft* 的修正），vol. I（Ist ed.，1872），3d ed.（Leipzig，1883），vol. II（Ist ed.，1880），2d ed.（1890）；他的论文"Finanzwissenschaft und Staatssozialismus"，*Zts. f. d. g. Stw.* XLIII（1887），37—122，675—746；"Systematische Nationalökonomie"，Conrad's *Jahrbücher für Nationalökonomie und Statistik*，Neue Folge XII（1886），197—252；and "Staat in nationalökonomischer Hinsicht"，Conrad's *Handworterbuch der Staatswissenschaften* VII（3d ed.，Jena，1911），727—739。

被纳入政府政策，旨在促进俾斯麦统治下的内部统一和安全，以及威廉二世统治下的军事权力和扩张。只有根据泛日耳曼主义的民族主义目的和整体民族主义的基本原则，才能正确理解其所倡导的政策和措施的意义，根据这些原则，政治体的每一个部分都必须按照整体的国家目的积极发挥作用。

因此，瓦格纳的国家社会主义所提出的社会政策，是作为对"社会问题"的解决方案和"有机的社会改革"而提出的，是将个人主义经济转变为"社会经济"或真正的国家经济，在这种经济中，"整个国家的真正和永久利益必须始终是决定阶级和个人的愿望和目标得到满足的方式和程度的检验标准。"① 新社会经济学主张，改革"不是为了片面的幸福主义，不是为了个人，而是为了整体，为了国家。"② 国家通过其权威，而不是通过人民的同意，通过其制定法律的权力来控制国家政治、经济、社会和精神生活的整个有机结构，并发展出一种社会的或公共的法律，而不是私法，一种真正的日耳曼法，而不是关于个人权利和私人财产的罗马法③。"对于政治经济学来说，从国家的有机概念以及政治、司法和经济生活的政治经济后果中推断出的得到矫正的法哲学是必不可少的，但政治经济学和法哲学是相辅相成的。"因此，德国政治和经济问题的唯一解决办法是"现代有机的和历史的国家概念"，它必须发展一种真正的国家型的法律体系以及经济和财政政策。

国家以拥有国家权力为目的，其内部目标包括国家政治和经济统一、财富、福利和文化，外部目标包括维护国家对抗其他国家。

---

① *Handw. d. Stw*. VII (3d ed., 1911), 730.

② *Grundlegung* I, loc. cit. and secs. i8, 297, 299—300, 352, 358—359, II, Books I and II, esp. secs. i—6, II—3, 20, 24, 90—I, 95—96, 在他的"Social Economy"; *Quart. J. of Ec*. I (1886), 116; and *Hlandw. d. Stw*. VII (3d ed., 1911); and *Zts. f. d. g. Stw*. XLIII (1887).

③ *Grundlegung* I, loc. cit. and secs. 18, 297, 299—300, 352, 358—359, II, Books I and II, esp. secs. 1—6, 11—13, 20, 24, 90—91, 95—96, 在其"Social Economy"; *Quart. J. of Ec*. I (1886), 116; and *Hlandw. d. Stw*. VII (3d ed., 1911); and *Zts. f. d. g. Stw*. XLIII (1887).

国家必须以必要的权力和强制手段为后盾，以控制国家及其国民经济的发展。瓦格纳的"社会财政政策"认为，军队不是像英国自由主义者认为的那样是一种必要的罪恶，而是一种国家的生产力，是国家资本的一部分，为军队纳税不是对个人的剥夺，而仅仅是偿还正当的债务，即它是亚当·穆勒所说的国家资本的利息。军队本身是生产性的，因为它保证国家的独立，所以它是国民经济的基础①。

国家必须采取预防措施来削弱其内部敌人，即政治和经济自由主义和民主社会主义，并强化其内部团结和国家力量。为了这个目的，它必须号召它的盟友、教会、学校和军队，帮助它建立责任感、荣誉感、自我牺牲、忠诚和服从国家权威的意识，并与物质主义、享乐主义、个人主义、自由主义、怀疑主义、马克思主义与民主进行斗争②。它必须进一步采取直接的法律措施，通过对自由放任的实业家（属于自由党的）采取行动，同时消除一些工人最痛苦的不满，来抵消这些对国家统一的威胁。这些直接措施可以通过国家对分配的控制来实施，包括通过财产法和合同法，通过为促进国家福利和团结而征收的税收政策；也可以通过以下措施来实施：警察权力，保护性关税，建设国家铁路和从事国家垄断的政策，直接干预和与私营企业竞争，旨在使工人脱离社会主义的社会立法，并给予他们在国家中的利益来激发一种资产阶级的保守主义精神③。国家必须通过拯救农民和工匠来阻止无产阶级的进一步发展。工人和雇主协会将得到国家的鼓励，因为这是朝着法人代表结构（a structure of corporate representation）迈出的一步，这种结构将避免非德国的多数人统治制度，并将工人和实业家纳入一个由真正的德国统治阶

---

①　*Grundlegung* I, loc. cit. I, secs. 348—349，358—359，361，371—375；cf. 瓦格纳早期基于经济基础对普鲁士军国主义的辩护见：*Preuss. Jahrb.* XXI（1886），392—393；*Finanzw*. I（3d ed.，1883），secs. 27—29，182—192.

②　*Grundlegung* I, secs. 18，62—64，151，300—302，313—314，320，348，354，360，365；*Quart. J. of Ec.* I（1886），123，128.

③　例如，国家鼓励工人储蓄银行、联合住房协会、合作保险协会、国家对幼儿园的援助、慈善服务、娱乐等。

级——军队、教会、普鲁士官僚机构和君主——所安全控制的国家有机体，所有这些人作为代表着德意志民族真正意愿的"国民经济的机构"（organs of the national economy）。

著名的"瓦格纳定律"（Wagner's law）① 宣称，国家控制将持续增加，因为这是国家力量持续增加的自然的和必要的必然结果，它是文化国家增长的标志，正如军队的作用越来越大一样。他冷静地设想（并预言！）这一趋势的最终结果是增加开支和税收，以扩大陆军、海军、外交战、常设战争参谋部、军需品、工厂，直到最后国家成为公务员国家（a State of functionaries），并且军事机构对国家经济和财政实行支配性控制②。

教会是国民经济的一个重要机构，因此，必须停止成为一个封建的、阶级的机构，而成为一个充满活力的国家教会（a living national church）。必须有一个民族的道德和宗教的再生，将民族团结于真正的德国基督教。这是"社会君主制"及其民族伟大政策（policy of national greatness）的必要条件。瓦格纳的这种民族虔诚主义不仅在他的著作和演讲中得到了有力的表达，而且通过他在基督教社会党形成和发展中的领导作用所产生的直接政治行动中也得到了有力的表达。早些时候，他通过在福音派社会大会上的活动表达了他的伦理社会主义思想，他 1871 年在那发表了"关于社会问题"的划时代演讲。

在施托克（Stoecker）于 1878 年创立的基督教协会中，瓦格纳与施托克保持了 20 年的密切联系，并很早就接替他担任主席③。人道主义的激进主义最初让俾斯麦和容克们（the Junkers）有些惊慌失措，他们没有立即意识到其根本性的反对革命的目的（counter-

---

① *Grundlegung* I, secs. 357, 362—370, esp. 363 and 367; *Finanzw*. I, 36.

② *Grundlegung* I, secs. 354, 371—375; *cf. Handiv. d. Stw.* (3d ed., 1911), 738; *Finanzw.* I (3d ed.), secs. 27—29, 32—37.

③ Walter Frank, *Hofprediger Adolf Stoecker* (2d ed., Hamburg, 1935), ch. 2 and pp. 24, 174 *et seq.*, 396—398, and *passim*; Kurt W. awrzinek, *Die Entstehung der deutschen Anti-Semiten Parteien*, 1873—1890 (Berlin, 1927), 18—30.

revolutionary purpose），但其家长式作风和爱国主义①因国内外经济和政治斗争以及瓦格纳和施托克日益激烈的辩论煽动而强化，直到它变得专制、反动、民族主义和不宽容。它既不是基督教的，也不是社会的，而是反犹太人的，几乎完全是这样。不管是作为原因还是作为结果，因为它未能触及有阶级意识和持怀疑态度的工人，而变成了一个由小店主、工匠和农民组成的政党，即小资产阶级的政党，工人被取消资格，它将其反犹太主义提升为一项政治纲领，因此基督教社会党（Christlichsoziale Partei）成为第一个反犹太主义政党②。对于反犹太主义的传播，似乎不可否认的是，瓦格纳和施托克必须承担很大一部分责任。他们被朋友和敌人视为反犹太运动的领导人，并在普鲁士议会中被公开攻击为对俄罗斯、匈牙利和罗马尼亚的诺伊施泰廷暴乱（Neustettin riots）和大屠杀负有责任③。作为阿道夫·希特勒自己承认的反犹太主义的精神之父，他们承担着更沉重的责任。

瓦格纳坚持认为，他的反犹太主义仅仅是出于经济和社会原因，事实上，反犹太主义的第一次政治表现，即基督教社会党的"柏林运动"，产生于 1878—1879 年间的关税争议和整个经济政策革命，

① *Cf. Frank, op. cit.*, 39—48. 党的纲领："基督教社会主义工人党是在基督教信仰和对国王与祖国的爱的基础上成立的。它拒绝接受目前的社会民主，认为它是不可行的、非基督教的和不爱国的。它寻求一个和平的工人组织，以准备与民族生活的其他要素相协调的实际改革……权威和虔诚是当前的正确解决方法。除了国家，没有人能永远改善你的命运。"它要求工人们与普鲁士政府和解，并以接受社会改革来作为报答。参看 1891 年的纲领，"我们告诉工人们，他们必须努力地工作，做到节约、认真，即使他们从来没有得到更好的处境。"

② L. L. Snyder, *From Bismarck to Hitler*, Pt. I, ch. 2, Pt. II, ch. 8；Kurt Wawrzinek, *op. cit.*；D. von Oertzen, *Adolf Stoecker, Lebensbild und Zeitgeschichte*, 2 vols. (Schwerin i. Meckl., 1912), chs. 5—8；Frank, *op. cit.*, ch. I, esp. 39—43, 70—78, 174 *et seq.*

③ Proceedings of the 61st session of the Prussian Diet, March I4, I884, *Stenographische Berickte über die Verhandlungen des preussiscken A bgeordnetenlauses, 1884*, pp. 1823—1825；B. Lazare, *Antisemitism, Its History and Its Causes* (Eng. tr., New York, 1903), 221；*Antisemiten Spiegel* (2d ed., Danzig, 1900), 41.

俾斯麦抛弃了自由党，并与农民、保护主义者和保守派容克结盟。瓦格纳和施托克随后团结"积极基督教"党，共同反对自由主义、国际主义、大规模资本主义、民主和犹太人。这种融合得益于这样一个事实，即犹太人卷入了 1873 年的金融危机，并且是自由贸易者（因此也是自由党）和社会民主党的主要领导者。

下层中产阶级憎恨犹太人，认为犹太人毁了他们的生活，是投机资本主义的代表；上层中产阶级痛恨他们是社会主义无产阶级的领导者；农业保护主义者憎恨犹太人，认为他们是工业主义的象征和自由贸易的捍卫者；容克们担心，如果自由主义的经济和政治思想继续传播，1848 年自由主义的死灰复燃将危及他们的政治权力，他们对农民近乎封建的社会权威也会被削弱。犹太人被指责为无政府主义、民主共产主义和国际主义。因此，犹太人既被当作资本家，又被当作共产主义者而遭人憎恨，即使现在也是如此。换句话说，对许多人来说，社会问题变成了犹太人的问题。

瓦格纳本人在普鲁士议会的一次演讲中将社会问题简化为犹太人问题，他是在反犹太主义的平台上当选的："施托克和我本人以及我们所代表的那些人的反犹太倾向，并不是针对作为宗教党派的犹太人，而是针对经济和社会生活中的邪恶做法，不幸的是，这些做法在很大程度上是由我们的犹太同胞造成的。"[1] 在国会中，他再次将反犹太主义表现出的普遍性归咎于犹太人搞高利贷和土地投机，他们的"欺诈性破产和不择手段的欺诈"是"犹太人种族"的特征。"反犹太运动不是别的，它是我们最近的社会和工业发展的产物"，来自源于犹太伦理的对利润不施加限制的新的经济情况[2]。他认为那些被他归为犹太人的经济实践不是对个人的伤害，而是对德意志民族的伤害。1871 年至 1873 年的泡沫风险，"参与其中的大部分是

---

[1]　*Stenographisclte Berichte*，1885，vol. I，581；cf. also Wagner's review of S. Neumann's *Die Fabel von der jüdiselen Masseneinwanderung*，in *Zts*．*f*．*d*．*g*．*Stw*．XXXVI (1880)，777—83；*cf*．*Offener Brief*，3，I7，27.

[2]　*Stenographische Berichte*，1884，pp. 1823—1825.

犹太人……结果使我们的国家走向毁灭"。

总的来说,无论瓦格纳反犹太主义的最初动机是什么,其民族主义特征都是不可否认的,事实上,这似乎是其主导的方面。这是瓦格纳对犹太人"无与伦比的排他性"的怨恨,对他们异己的方式和信仰的怨恨,对他们拒绝或不能融入国家有机体的怨恨,对他们获得解放后的"傲慢"的怨恨,以及对他们对政治生活的"统治"的怨恨。他的民族主义还表现在他将犹太人与曼彻斯特主义、国际主义、金融资本主义和高利贷、政治自由主义以及破坏忠诚的农民和容克及其对祖国土地的依恋的工业主义等同起来。他还将犹太教与所有他担心会破坏真正的日耳曼精神——有机论、虔诚主义、责任、绝对服从和自我牺牲——的力量联系在一起,即与现代主义、机械主义、批判理性主义和世界主义联系在一起。正是犹太人,"通过他们,我们的祖国在经济上、社会上和道德上变得越来越腐败",反对这种腐败是"我们国家的光荣";奥地利不能像普鲁士那样拯救自己,因为"新闻界在更大程度上掌握在犹太人手中,货币市场仍然很大程度上依赖于犹太人"①。

此外,他们对媒体的控制使他们能够通过攻击所有爱国的德国人并使他们殉难,来对抗这种民族复兴,比如他自己和施托克,这些人将拯救他们的祖国。所有自由派媒体,在很大程度上都反对反犹太主义,其观点是相当国际化的,当犹太人拥有这些自由媒体时,他就对它们进行攻击②。

瓦格纳和施托克的反犹太煽动变得如此激烈,甚至疏远了与基督教社会党结盟的保守派,并因此将瓦格纳和其他基督教社会党候选人选入国会。因此,在 1885 年,保守党党团决定在其党纲中放弃反犹太主义,于是瓦格纳在 1885 年的选举中被击败③。

---

① *Stenographische Berichte*,1884,pp. 1823—1825.

② *Ibid.*;*cf. Offener Brief*,3,17,他和 Bahr 的面谈参见:H. B. ahr,*Anti-Semitismus*(Berlin,1894),75.

③ *Allgemeine Zeitung des Judenthlums*(1885),22,39,55,89,108 et seq.

　　随着反犹太主义政党的失败，瓦格纳宣布他将退出政治生活并专注于他的学术研究。尽管如此，他仍然是福音派社会大会的主席或名誉主席，直到 1896 年也仍然是基督教社会党的领导者，他在1910—1917 年间还是普鲁士上议院议员，他积极参加其他具有民族主义性质的活动，特别是土地改革联盟和海军扩张主义，直到他去世。

　　尽管瓦格纳发表了声明，但他最后一段时期的作品①在很大程度上是民族主义的小册子，而不是严肃的学术著作，并且与战前时期的作品一样，标志着瓦格纳民族主义逐渐发生但是重大改变的顶峰。即使是继承了他早期的浪漫文化的民族主义的强权政治和经济民族主义，也已经不够了，其民族主义最终屈服于新的泛日耳曼主义的海军至上主义（navalism）和世界政策，以及他们对大德国和德意志世界帝国的梦想。

　　这些著作揭示了瓦格纳早期更具理论性的著作以及与他同时代的新历史学派和讲坛社会主义者的大多数著作所隐含的军国主义和民族主义，瓦格纳的著作更加明确地表明，在威廉二世领导下的德国新外交政策中，经济服从于军事目的。他宣称，他深信，国家的军事性质对德意志民族来说异常重要：

　　　　普鲁士政府在 19 世纪的贡献甚至比 1818 年关税同盟的国民经济措施更大，是的，甚至是最大的……我在这里发言是根据我的信念，尽管我是国民经济学家……这支军队是一支防止内部和外部法律、秩序和安全受到干扰的伟大预

---

① 他的大部分著作都致力于以国防和海军扩张为目的的财政和土地改革，如他的 *Agrar- und Industriestaat*（ist ed., Jena, 1901），2d ed.（1902）；"Die Notwendigkeit der Reichsfinanzreform" in *Die nationale Bedeutung der Rekcksflnanzreform*（Berlin, 1908），24—44；*Die Reicksfinanznot und die Pflichten des deutschen Volks wie seiner politisclen Parteien*（Berlin, 1908）；*Staatsbürgerliche Bildung*, a lecture before the Land Reform League in 1912, *Soziale Streitfragen*, Heft LIX（Berlin, 1915）；*Wohnungsnot und städtische Bodenfrage*（Berlin, 1901），*Soziale Streitfragen*, Heft XI.

防机构，虽然这一机构已经让我们为此付出了代价，而且仍要为此付出代价，但它通过对国家和民族的有利影响，尤其是对经济的有利影响，直接和间接地完全偿还了这一代价，它不是一个"非生产性"的机构，如果不是仅仅从政治的角度也从经济的角度来看的话，它是一个真正富有成效的机构。只有忽视国家实力、安全、荣誉与经济发展和繁荣之间联系的人才会犯这种错误。在拿破仑之后，我们欠普鲁士军队的东西，在 1864 年、1866 年、1870 年、1871 年和 1848 年至 1849 年的史册上都有记载，在本世纪我国人民和国民经济的发展中也有清楚的表现①。

瓦格纳的泛日耳曼人的中欧理想再次出现在他的著作中，但现在得到了泛德联盟的支持。他声称，民族军事国家将在未来更多地帮助德国的经济利益，因为 20 世纪的德国可能成为一个大德国（a Greater Germany）的核心，一个伟大的中欧经济集团，这将是加洛林帝国的复兴。这个集团的成立，主要不是为了经济原因，而是为了国家原因，是为了解决人口问题和重农主义问题，是为了解决社会问题，为了使德国在战时能够自给自足，使其免于对英国封锁的恐惧，并使德国能够"作为抗衡政治经济世界超级大国的力量"，以便我们能够"要求我们的国家在地球上的国家中享有应有的地位"②……

战前时期的两部强烈的民族主义著作揭示了瓦格纳与泛日耳曼思想的密切关系：一部是《从领土国家到世界强国》（*Vom Territorialstaat zur Weltmacht*，1900），实际上是由泛德联盟在其《舰队的贡献》（*Beitrage zu Beleuchtung der Flottenfrage*）中出版的，作为其"首屈一指的

---

①　*Vom Territorialstaat zur Weltmacht*（Berlin，1900），11—12.

②　*Ibid.*，27—32；cf. *Agrar- und Industriestaat*（2d ed.），*passim*；and Heinrich Dietzel，"Agrar- oder Industriestaat"，*Handw. d. Stw.*（4th ed.，1923），I，62—72；*cf. Preuss. Jakrb.* XX（1867），42.

海军"运动的一部分；另一部是《抗击英格兰！》（Gegen England!），一本暴力小册子，反映了战争前夕的仇英症（Anglophobia）、帝国主义和海军主义①。

《抗击英格兰！》对入侵比利时和小国权利的冷嘲热讽，对吞并阿尔萨斯-洛林和石勒苏益格-荷尔斯坦因的自吹自擂，对普鲁士强权政治的颂扬和对德国胜利的傲慢自信，以及对斯拉夫人、法国人、捷克人，尤其是英国人的不宽容和仇恨，是德国皇帝和外交部在战前几年所影响的现实主义和虚张声势的一个令人不快的例子。正如标题所示，瓦格纳的全部攻击力量都落在了英格兰身上。他对英国不愿放弃她对海洋的控制，不愿承认她在经济上被德国的国民经济所击败深恶痛绝。他尤其憎恨"低估我们的政治力量，是的，我们的军事力量"和霍恩佐勒帝国的荣耀。他声称，德国被误解了，从而显示出战前德国的自卑情结，并愤怒地重复说，德国将不再让英国做她的家庭女教师。然而，最深的伤口是英格兰背叛了她的血亲穆特沃尔克（Muttervolk）。不仅德国国王爱德华七世对"包围"政策负有责任，而且英国建国的核心力量也是德国的②。

尽管瓦格纳在鼓吹殖民主义、海军主义和更大的军事开支时已经接近 70 岁，而且似乎没有在泛德联盟中担任任何正式职务，但他确实在 1900 年与施穆勒和塞林（Sering）一起编辑了一本由海军联盟出版的书《贸易与强权政治》（Handels- und Machtpolitik），这是一本典型的泛日耳曼人呼吁在南美洲扩张和德国需要超越英国海军力量的书。1901 年，他在一次公开会议上宣称：

> 我高兴地欢呼，德国已经成为一个世界强国，年轻的

---

① 1912 年发表在军事机关报 Illustrierte Zeitschrift Ueberall für Armee und Marine，并作为一篇单独的文章被重印。其第 6 版出现在 1914 年，正如瓦格纳 1870 年出版《阿尔萨斯和洛林》（Elsass und Lothringen）时所做的一样，其所有收益都用于照顾退伍军人的寡妇和孤儿。

② Gegen England!，I et seq.，9.

德皇已经证明自己是一个真正的霍亨佐伦，因为他为自己设定了一项伟大的新任务——建立一支高效的海军，这一次使我们为了自己的利益而独立于英国①。

瓦格纳在 1898 年 1 月 1 日的《未来》(*Die Zukunft*) 上发表了一篇题为"海军与财政"(Flotte und Finanzen)② 的文章，攻击了军国主义和世界政策的反对者，以及随后主张对德国与法国、俄罗斯和英国的军备和海军竞赛征收新的更重的税收。

与此同时，瓦格纳在公开会议上演讲，并在大众杂志上发表关于国家财政问题的文章，坚持认为有必要进行财政修订和税收改革，以满足新的和日益增长的国家需求。在 1908 年的一次公开会议上，瓦格纳回答了对更高税收的抱怨：

> 事实上，它是为克里格斯马赫特（Kriegsmacht）而花的，是为所有国家中排在第一位的因而也是最为重要的事情而花的，请允许我补充一句，这些事情也是所有经济必需品中最为重要的……③。因此，所有阶层的人都必须学会承受奢侈税和因农业关税增加而导致的食品价格上涨所造成的贫困……我们能够而且必须以适当的民族的、社会的和政治的责任感来承担它们……我们不能放弃我们强大的武装力量——我们不能也不会放弃我们在海上的强大武装力量。一支强大的海军是德意志帝国应对一切可能发生的事情所需要完成的任务。
>
> 我们能够而且将会承受这些负担。贫穷的普鲁士土地和人民以更大的牺牲为强大的德意志国家的政治重生做好了准备，并没有因此而走向毁灭，反而因此变得更加强

---

① 　*Agrar- und Industriestaat*，I.

② 　"Flotte und Finanzen"，*Die Zukunft* XXII（1898），30—40.

③ 　*Die nationale Bedeutung der Reichsfinanzreform*，26—27.

大······我们德国充分发展的国民经济和我们德国健全的财政状况为我们提供了必要的物质手段①。

重要的是瓦格纳对税收的独特观点，即他在十九世纪七十年代、八十年代和九十年代向几代学生所表达和教导的观点，是作为泛德联盟的官方计划而被采纳的，而且瓦格纳为他的政策被采纳而重新开展的公共活动与 1908 年格拉夫·恩斯特·祖·雷文特洛（Graf Ernst zu Reventlow）和联盟的财政改革运动是平行发展的②。泛德国联盟甚至要求以吸烟和饮酒的乐趣作为一种爱国牺牲，正如瓦格纳所主张的③。这种自私的放纵是不符合德国需要的。德国需要的是枪支而不是黄油！

瓦格纳的国家社会主义中所隐含的民族主义，在1895年后他越来越多的代表土地改革的公共活动中表现得非常明显，当时德国的工业化已经覆盖到其人口的50%。是以农业国家还是以工业国家作为不断增强德国国家力量的最佳方法的问题，引起了经济学家和公众的分歧。瓦格纳是农业国家的主要拥护者：

> 一个令人满意的农业保护关税，一个比现在更高的关税，是符合整个国家利益的，如果真是这样，工业国家的发展和人口的增长将受到阻碍，以符合工人和德国经济的普遍利益。保护多产的土地经济意味着在现在和未来保护德意志民族④。

农业经济是"我们人民的基础，我们国防军的基础。"⑤

---

① *Gegen England*., 41；cf. *Preuss. Jahrb*. XXI（1868），393，398.
② 参见联盟财政计划声明：A lldeutsche Blätter XXXVIII（1908）.
③ *Die nationale Bedeutung der Rewksfinanzreform*，33.
④ *Agrar- und Industriestaat*，1—2；cf. *Terr. z. Welt*.，26.
⑤ *Die nationale Bedeutung der Rekksfinanzreform*，35.

　　此外，瓦格纳的民族主义式的重农主义，提供了国家社会主义（National Socialism）的一个主要根源，几乎全部被泛德联盟和土地改革联盟所接收①。之所以会如此，是因为瓦格纳首先提出的理由，就是捍卫其维护德国以农业特质为主的政策，即通过保护农民来保持军队的水平，"这是我们的国家军事力量的活力的基础"，"这是健康民族精神的源泉"，必须避免形成无根的革命无产阶级，以保证德国在和平与战争中的自给自足，并避免进口外国（即波兰和犹太）的劳工。"②泛德联盟和土地改革联盟所采取的手段与瓦格纳的相同，即过于注重农业的保护性关税，扩大德意志帝国的边界以培育更大的农民阶级并缓解城市革命区的过度拥挤，通过结束高利贷和对祖国土地的投机来保证农民的土地保有权。将私人财产的利润动机和权利纳入国家目标。人高于财富（*Volkstum steht höher als Reichtum*）。

　　瓦格纳的国家社会主义的极端表现是他与德国土地改革联盟的关系，该联盟在世界大战前不久开始蓬勃发展，至今在德国也仍是蓬勃发展的。这是一种为了国家社会的目的而主张单一税的协会，带有对血统和土地（Blut und Boden）、人民和家园（Volk und Heimat）的崇拜③。瓦格纳的小册子《公民教育》（Staatsbürgerliche Bildung）免费赠送给该联盟的所有订阅人，其领导人达马施克（Damaschke）强调瓦格纳对该联盟的不断鼓励，即使在其作为领导

_____

　　①　关于泛德联盟的农业和社会改革对瓦格纳学说的认同以及纳粹对泛德联盟的国家社会主义的认可，参见：L. Werner, *Der alldeutsche Verband*，1890—1918（Berlin，1935），94—98；*Alldeutsche Blätter*，during 1898 and 1899，尤其是 Hugenberg 关于重农主义的文章；*the Handbuch des alldeutschen Verbandes* for 1918 by Heinrich Class, 72 *et seq.*；M. S. Wertheimer, *The Pan-German League*，1890—1914（New York，1924），1oo *et seq.*；A. Damaschke, *Geschichte der Nationalökonomie*，12th ed.（Jena，1920），I，390 *et seq.*，II，74.

　　②　*Terr. z. Welt.*，22；*Staats. Bild.*，10—11；*Agrar- und Industriestaat*，*passim*.

　　③　特别参见 Damaschke 的 *Kriegerheimstätte*（1915）的附录 A，*Soziale Streitfragen*，Heft 66，重印的 Peter Rosegger 和维也纳市长的信件。其中还包括该联盟 1915 年的计划："德国土地改革者联盟主张将作为所有民族存在基础的土地置于一项法律之下，该法律进一步将其用于工作场所和家园，防止对土地的所有滥用，并将所有不是通过个人劳动获得的增值用于整个人民的利益。"

人、教师和赞助人的粗俗和夸张的描述中也是如此，他是第一个，在很长一段时间里，也是唯一一位倡导这些原则的德国教授。达玛施克坚持认为，联盟目前的成功是由于瓦格纳和他的原则，即"土地租金从根本上取决于武装保护，只有武装保护才能维护帝国"；因此，由于德意志帝国成长为世界强国，帝国对这种价值增长的征税应部分满足帝国武装保护的成本①。

　　土地改革联盟主张其改革的四个目的是实力（Wekrkraft）、教育（Erziekung）、道德（Sittlichkei）和公务员（Beamtenschaft）。它宣布国家的有机统一必须以祖国的土地为基础。国家是一个植根于土地中的有机体，它的任务是通过与人民更紧密的结合来组织土地，直到人民深深扎根于土地中，任何风暴都无法撼动他们。这可以通过土地财产法的改革和真正的国民教育计划来实现②。

　　德国公民的这种教育将包括教导爱国的自我牺牲精神，放弃个人主义和曼彻斯特主义的自由以及绝对私有财产的罗马法律。公民将被教导真正的中世纪德国关于财产的法律概念，即私有财产并不意味着"个人的任意意志"③，而是对土地的责任和对国家的管理。德国公民必须将他们自己置于"真正的国家立场之上"，停止从绝对私有财产的角度来思考问题。

　　这一关于财产的国家社会概念必须适用于四个紧迫的国家问题：（1）维持土地上的农民，这是忠诚、强大的国家军队和国家忠诚的最佳来源；（2）改善城市住房条件；（3）在国家控制下提供退伍军人的家园；（4）解除小农和中产阶级的债务奴役。这些改革对于防止革命和对国家的不信任是非常必要的。正是投机、高租金和高物价，造成从普法战争归来的退伍军人后来引发了骚乱和社会民主的增长，瓦格纳警告说，这可能会在 1914 年的战争中再次发生。"我

　　①　*Wagner，Staats．Bild．*，11.

　　②　*Ibid．*，13—14；A. Damaschke，*Kriegerheimstätte*，20.

　　③　*Staats．Bild．*，10，14，22；*Woknungsnot*，10—16；Damaschke，*Kriegerkeimstätte*，1 *et seq．*，14—17，20.

们将被称赞为从一场社会革命中拯救了我们的人民。"瓦格纳和达马施克宣称，这不是社会主义，而是反社会主义；马克思的社会主义只有在被赶出土地和家园（土地和土地）的城市无产阶级中才能繁荣①。

具有重大意义的是，这一纲领被泛德联盟全盘采纳，并得到了纳粹评论家卢瑟·维尔纳（Luther Werner）对这一运动的认可，他将其解释为"通过使民族主义和社会主义共同努力实现国家繁荣来调和德国民族运动和社会主义运动的一种手段，这必须是所有种族同志（racial comrrades）以及一个国家的所有居民的目标。"② 当我们回顾从讲坛社会主义到国家社会主义以及从基督教社会主义到土地改革联盟和泛德联盟的演变，最后到《我的奋斗》（Mein Kampf），我们认为，国家社会主义在这里有了稳步发展，瓦格纳是早期"资产阶级知识分子"之一，其劳动成果被阿道夫·希特勒如此成功地收集起来。

鉴于此，很容易理解为什么在世界大战期间瓦格纳的讣告强调他的国家服务。蒂尔曼（Tillmann）列举了瓦格纳为之奋斗的所有改革，如土地改革、社会保险、铁路国有化、遗产税，并表示所有这些改革的良好效果都体现在对国家的忠诚和战争期间的自给自足之上③。

桑巴特（Sombart）对瓦格纳的服务采取了同样的解释，并表明他是推动从君主社会主义过渡到国家社会主义的一个因素④。

　　　　既然德国的社会主义是国家社会主义，有待于在国家

---

① Wagner, *Woknungsnot*, 9—12, 16; Damaschke, *Kriegerheimstätte*, 1 *et seq*., 8.

② Werner, *Der alldeutsche Verband*, 97—98.

③ H. Tillmann, "Adolph Wagner", *Westermanns Monatskefte* CXXIII（1918），679—80; cf. F. Tönnies, "Adolph Wagner", *Deutsche Rundschau* CLXXIV（1918），107—116.

④ Werner Sombart, *A New Social Philosophy*（tr. from *Der deutsche Sozialismus* [1934], Princeton，1937），154 and ch. 13，esp. 159 *et seq*.

联合体的范围内实现，那么，实现这种国家社会主义的力量就纯粹是政治力量；这完全是政治家的问题，他们的职责是指导和决定利益和思想的游戏。

国家就是民族、社会、人民、社会秩序，因此德国的国家哲学就是社会主义或国家社会主义。

这种社会主义的代表人物比比皆是……在十九世纪，它在德国的代表是洛伦兹·冯·斯坦因（Lorenz von Stein）、卡尔·罗德贝图斯（Karl Rodbertus）……阿尔伯特·谢夫勒（Albert Schaeffle）、阿道夫·施托克（Adolf Stoecker）、阿道夫·瓦格纳（Adolf Wagner）、阿道夫·赫尔德（Adolf Held）、弗里德里希·尼采（Friedrich Nietzsche）……等等。现在，我们在它的主角中发现了许多意大利法西斯主义者和德国国家社会主义者①。

威廉·弗卢格尔斯（Wilhelm Vleugels）公开承认自己是纳粹，在他关于瓦格纳诞辰一百周年的文章中②，同样列出了瓦格纳作为一个德国社会主义者，即马克思的社会主义的敌人和纳粹主义的先驱，他对私有财产权的限制，他对工农业生产的政府管制计划，他在经济学中对伦理原则的坚持，他的社会保障立法，他认为所有的财政措施都是社会和政治措施，他在经济学中对个人关系的要求，他不喜欢快速工业化，他对收入、劳动和工作权利的社会主义态度。因此——

---

① Werner Sombart, *A New Social Philosophy*（tr. from *Der deutsche Sozialismus* [1934], Princeton, 1937), 113.

② Wilhelm Vleugels, "Adolph Wagner, Gedenkworte zur Iooten Wiederkehr seines Geburtstages", *Schmoller's Jahrbuch für Gesetzgebung*, *Verwaltung und Volkswirtschaft im deutschen Reich*, Neue Folge, LIX（1935), 1—13.

德国国民经济学会（German National Economy）在 3
月 25 日庆祝其最重要的斗争者（champion）的 100 岁生日
纪念日。我们的时代有特别的理由来纪念阿道夫·瓦格纳，
作为德国社会主义的领导者，他将战斗学者（the fighting
scholar）的理想与精英中罕见的纯洁结合在一起①。

尽管这种说法可能会被认为是有倾向性的，但与许多其他国家
社会主义者对过去思想的解释相比，这种说法更有道理。瓦格纳的
国家社会主义原本是普鲁士官房主义、黑格尔主义和一种宗教社会
主义的奇妙融合，这种宗教社会主义在反资本主义和反个人主义方
面是如此激进，以至于他被认为奉行的是马克思主义的集体主义，
但他的普鲁士主义和对俾斯麦的忠诚决定了在 1880 年以后，这种激
进的社会主义将发展为保守的重农主义和军国主义。他早期坚持认
为，有机的社会经济仅仅意味着个人与社会之间更理智的平衡，这
导致了一种信念，即这种平衡必须有利于社会。然而，瓦格纳在他
内心深处的感情和信念中是如此强烈和不宽容的民族主义，以至于
对他来说，社会意味着国家，意味着整体，而不是那些必须在必要
时通过武力协调成国家有机体的部分。因此，必须重新解释自由和
财产的概念，使之与这种有机的国家和社会改革保持一致，必须对
所有经济、政治、宗教、科学、教育和法律思想和行动进行整体重
组，以实现德意志民族的全面复兴。

（刘志广　译）

---

① Wilhelm Vleugels, "Adolph Wagner, Gedenkworte zur Iooten Wiederkehr seines Geburtstages", *Schmoller's Jahrbuch für Gesetzgebung*, *Verwaltung und Volkswirtschaft im deutschen Reich*, Neue Folge, LIX (1935), I.